Projeto LUMIRÁ

MATEMÁTICA 5

Organizadora: Editora Ática S.A.
Obra coletiva concebida pela Editora Ática S.A.
Editora responsável: Heloisa Pimentel

Material de apoio deste volume:
- Cartonados
- Caderno de Atividades

editora ática

editora ática

Diretoria editorial
Lidiane Vivaldini Olo

Gerência editorial
Luiz Tonolli

Editora responsável
Heloisa Pimentel

Coordenação da edição
Ronaldo Rocha

Edição
Pamela Hellebrekers Seravalli, Letícia Mancini Martins e
André Luiz Ramos de Oliveira

Gerência de produção editorial
Ricardo de Gan Braga

Arte
Andréa Dellamagna (coord. de criação),
Talita Guedes (progr. visual de capa e miolo),
André Gomes Vitale (coord.),
Claudemir Camargo Barbosa, Mauro Fernandes e
Christine Getschko (edição)
e Casa de Tipos (diagram.)

Revisão
Hélia de Jesus Gonsaga (ger.), Rosângela Muricy (coord.),
Ana Curci, Claudia Virgilio, Heloísa Schiavo,
Luís Maurício Boa Nova, Paula Teixeira de Jesus
e Vanessa de Paula Santos;
Brenda Morais e Gabriela Miragaia (estagiárias)

Iconografia
Sílvio Kligin (superv.), Denise Durand Kremer (coord.),
Daniel Cymbalista (pesquisa),
Cesar Wolf e Fernanda Crevin (tratamento de imagem)

Ilustrações
Estúdio Icarus CI – Criação de Imagem (capa),
Alexandre Matos, Ampla Arena Estúdio, Diogo Cesar,
Eduardo Medeiros, Estúdio Zota, Flavio Pereira,
Giz de Cera, Igor Ras, Ilustra Cartoon, Mauro Souza,
Paulo Manzi e Valter Ferrari;
Estúdio Zota e Ilustra Cartoon (Caderno de Atividades)

Direitos desta edição cedidos à Editora Ática S.A.
Avenida das Nações Unidas, 7221, 3º andar, Setor A
Pinheiros – São Paulo – SP – CEP 05425-902
Tel.: 4003-3061
www.atica.com.br / editora@atica.com.br

Dados Internacionais de Catalogação na Publicação (CIP)
(Câmara Brasileira do Livro, SP, Brasil)

Projeto Lumirá : matemática : ensino fundamental I /
obra coletiva concebida pela Editora Ática ;
editor responsável Heloisa Pimentel. –
2. ed. – São Paulo : Ática, 2016.

Obra em 4 v. para alunos do 1º ao 5º ano.

1. Matemática (Ensino fundamental) I. Pimentel,
Heloisa.

16-00040   CDD-372.7

Índices para catálogo sistemático:
1. Matemática : Ensino fundamental 372.7

2017

ISBN 978 85 08 17892 6 (AL)
ISBN 978 85 08 17893 3 (PR)

Cód. da obra CL 739165

CAE 565 999 (AL) / 566 000 (PR)
2ª edição
2ª impressão

Impressão e acabamento
A.R. Fernandez

Elaboração dos originais

Lígia Baptista Gomes
Licenciada em Matemática pelo Centro
Universitário Fundação Santo André (SP)

Sonia Maria Pereira Vidigal
Pedagoga, mestra e doutoranda pela
Faculdade de Educação da
Universidade de São Paulo (USP)
Especialista em Relações Interpessoais (Unifran)
e em Administração de Empresas (FGV-SP)
Lecionou na Educação Básica da
Educação Infantil ao Ensino Médio
Atualmente leciona em curso de graduação
e pós-graduação e de formação de professores
nas áreas de Matemática e Psicologia
do Desenvolvimento Humano com ênfase
no desenvolvimento moral

Projeto LUMIRÁ

Este é o seu livro de **Matemática do 5º ano**.

Escreva aqui o seu nome:

....

....

Escreva aqui a sua idade:

....

Este livro vai ajudar você a pensar sobre o que já sabe, a investigar o mundo, a questionar o que vai aprender e a descobrir muito mais sobre a matemática.

Bom estudo!

Caro aluno

Você cresceu bastante. Está pronto para aprender mais coisas importantes e enfrentar novos desafios, como:

- ler e escrever com mais desenvoltura, compreendendo melhor diferentes palavras e textos;
- identificar e operar com números cada vez maiores, frações e decimais, e explorar figuras, medidas, tabelas e gráficos;
- compreender melhor o corpo humano, os fenômenos da natureza e a importância da conservação do ambiente;
- conhecer mais do planeta Terra e do Brasil;
- entender a história do Brasil e das pessoas que vivem em nosso país.

O **Projeto Lumirá** vai ajudá-lo com textos, atividades, jogos, ilustrações e fotografias muito interessantes. Você vai continuar aprendendo sempre mais e se divertindo com as novas descobertas.

Bom estudo!

COMO É O MEU LIVRO?

Este livro tem 4 Unidades, cada uma delas com 3 capítulos. No final, na seção **Para saber mais**, há indicações de livros, vídeos e *sites* para complementar seu estudo.

ABERTURA DE UNIDADE

Você observa a imagem, responde às questões e troca ideias com os colegas e o professor sobre o que vai estudar.

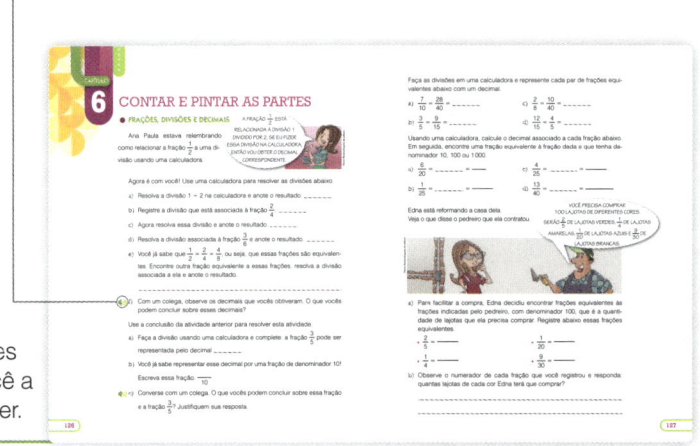

CAPÍTULOS

Textos, fotografias, ilustrações e atividades vão motivar você a pensar, questionar e aprender.

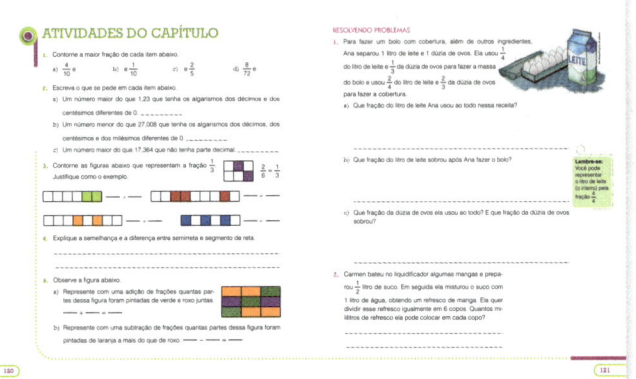

ATIVIDADES DO CAPÍTULO

Você encontra esta seção no final de cada capítulo. Ela traz mais atividades para completar seu estudo, acompanhadas de um programa de **Resolução de problemas**.

TRABALHANDO COM JOGOS E CÁLCULO MENTAL

Jogos e cálculos mentais vão levar você a usar a matemática para entender e transformar o mundo.

ÍCONE

 Atividade oral

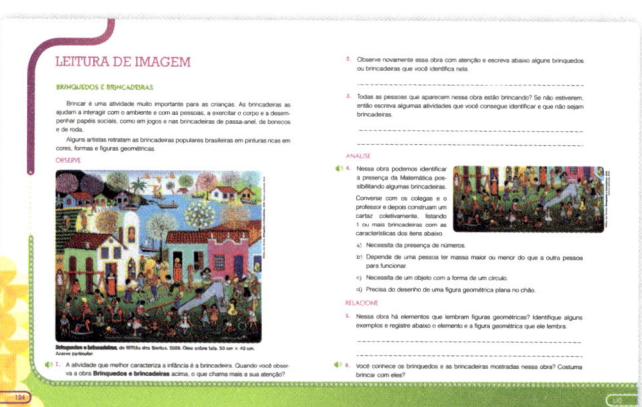

LEITURA DE IMAGEM

Aqui você vai fazer um trabalho com imagens que vão ajudar você a refletir sobre os temas estudados: o que é parecido com seu dia a dia, o que é diferente.

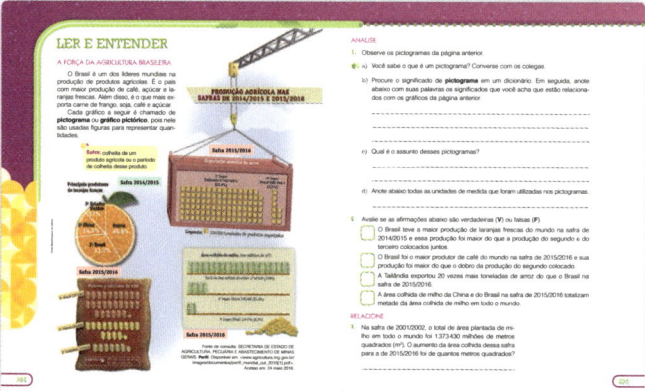

LER E ENTENDER

Nesta seção você vai ler diferentes textos. Um roteiro de perguntas vai ajudar você a ler cada vez melhor e a relacionar o que leu aos conteúdos estudados.

O QUE APRENDI?

Aqui você encontra atividades para pensar no que aprendeu, mostrar o que já sabe e refletir sobre o que precisa melhorar.

SUMÁRIO

UNIDADE 1

UM OLHAR SOBRE O BRASIL 10

Capítulo 1: Paisagens e números 12
- Usos dos números 12
- A classe dos milhares 14
- Operações com números da classe dos milhares 18
- Poliedros e corpos redondos 22
- Medidas de tempo 26
- **Atividades do capítulo** 28
- • **Trabalhando com jogos** 30

Capítulo 2: Organizar com números e imagens 32
- A classe dos milhões 32
- Trocando algarismos 36
- Sistema de numeração romano 38
- Arredondamentos 40
- Ampliação e redução 42
- Prismas 44
- Organizar com tabela e gráfico 46
- **Atividades do capítulo** 48
- • **Cálculo mental** 50

Capítulo 3: Bilhões, múltiplos e combinações 52
- A classe dos bilhões 52
- Adição e subtração com bilhões 54
- Características das adições e das subtrações 56
- Múltiplos 58
- Pirâmides e suas planificações 62
- Medidas de comprimento 64
- Possibilidades e combinações 68
- **Atividades do capítulo** 70
- • **Cálculo mental** 72
- • **Ler e entender** 74

O QUE APRENDI? 76

UNIDADE 2

FESTAS E COMEMORAÇÕES 78

Capítulo 4: Diferentes representações dos números 80
- Relembrando frações 80
- Perímetro 82
- Frações impróprias e números mistos 84
- Frações nas medidas de tempo 86
- Divisão: divisor de 3 algarismos 88
- Estratégias da divisão 90
- Números decimais 92
- Os decimais nas unidades de medida 94
- Tabela de dupla entrada 96
- **Atividades do capítulo** 98
- • **Trabalhando com jogos** 100

Capítulo 5: Repartir e contar 102
- Comparação de frações e frações equivalentes 102
- Comparação de decimais 106
- Frações e decimais 108
- Adição e subtração de frações com o mesmo denominador 110
- Segmento de reta, semirreta e reta 112
- Ideia de ângulo 114
- O ábaco e os decimais 116
- Unidades de medida de comprimento 118
- **Atividades do capítulo** 120
- • **Cálculo mental** 122
- • **Leitura de imagem** 124

Capítulo 6: Contar e pintar as partes 126
- Frações, divisões e decimais 126
- Adição e subtração de frações com denominadores diferentes 128
- Adição de decimais no ábaco 132
- Subtração de decimais no ábaco 134
- Medidas de massa 136
- Ângulo 138
- Gráfico de colunas e tabela de dupla entrada 142
- **Atividades do capítulo** 144
- • **Cálculo mental** 146
- • **Ler e entender** 148

O QUE APRENDI? 150

UNIDADE 3

COMPRAS E ECONOMIA 152

Capítulo 7: Números, ângulos e tabela de dupla entrada 154
- Adição de decimais 154
- Subtração de decimais 156
- Leitura de tabela de dupla entrada ... 158
- Porcentagem 160
- Porcentagem de quantidade 162
- Decimais e operações com medidas ... 164
- Ângulos e unidade de medida 166
- Expressões numéricas 168
- Medidas de superfície 172
- **Atividades do capítulo** 176
- • Trabalhando com jogos 178

Capítulo 8: Retas, multiplicação de decimais e quadriláteros 180
- Decomposição de porcentagens 180
- **Quadrado mágico** com frações, decimais e porcentagens 182
- Multiplicação de decimal 184
- Multiplicação de decimal por 10, 100 e 1000 ... 186
- Retas concorrentes e retas paralelas ... 188
- Quadriláteros 190
- Medidas de capacidade 194
- **Atividades do capítulo** 196
- • Cálculo mental 198
- • Leitura de imagem 200

Capítulo 9: Divisão de decimal, área, perímetro e gráfico de setores ... 202
- Divisão de decimal 202
- Divisão de decimal por 10, 100 e 1000 ... 206
- Decimais na reta numerada 208
- Medidas de tempo e de temperatura .. 210
- Área e perímetro 212
- Perímetro de triângulos 214
- Gráfico de setores com porcentagens ... 216
- **Atividades do capítulo** 218
- • Cálculo mental 220
- • Ler e entender 222

O QUE APRENDI? 224

UNIDADE 4

A MATEMÁTICA EM JOGOS E BRINCADEIRAS 226

Capítulo 10: A Matemática dos jogos ... 228
- Probabilidade 228
- Frações na reta numerada 232
- Multiplicação de frações 234
- Média aritmética 236
- Quilograma, grama e miligrama 240
- Composição de figuras 242
- Gráfico de setores e gráfico de colunas ... 246
- **Atividades do capítulo** 248
- • Trabalhando com jogos 250

Capítulo 11: Quem parte reparte... ... 252
- Medidas de tempo 252
- Triângulos 256
- Desenhos e figuras geométricas planas ... 258
- Área e perímetro 260
- **Atividades do capítulo** 262
- • Cálculo mental 264
- • Leitura de imagem 266

Capítulo 12: Qual é sua chance? 268
- Retomando porcentagens 268
- Figuras geométricas 272
- Medidas de volume 276
- Construções e triângulos 280
- Mais gráficos 282
- **Atividades do capítulo** 284
- • Cálculo mental 286
- • Ler e entender 288

O QUE APRENDI? 290

PARA SABER MAIS 292

BIBLIOGRAFIA 296

CAPÍTULO 1

PAISAGENS E NÚMEROS

● USOS DOS NÚMEROS

Observe no mapa do Brasil abaixo a área destacada em **laranja**. Essa área é conhecida como **Cerrado**, que é um dos 6 grandes **biomas** existentes no território continental brasileiro.

Bioma: região com clima, vegetação e fauna característicos.

Cerrado brasileiro (2012)

Fonte: IBGE. **Atlas geográfico escolar**. Rio de Janeiro, 2012.

Grande extensão
O Cerrado brasileiro localiza-se principalmente na região central do território continental e ocupa uma área de aproximadamente 2 036 448 quilômetros quadrados.

Flora riquíssima
A vegetação do Cerrado é constituída por árvores relativamente baixas. No Cerrado brasileiro são encontradas mais de 11 627 espécies de plantas nativas.

Diversidade de animais
No Cerrado brasileiro é possível encontrar aproximadamente 199 espécies de mamíferos, cerca de 837 espécies de aves, 1 200 espécies de peixes, 180 espécies de répteis e 150 espécies de anfíbios já conhecidas.

Fonte de consulta: MINISTÉRIO DO MEIO AMBIENTE (MMA). **Biomas**. Disponível em: <www.mma.gov.br/biomas/cerrado>. Acesso em: 3 mar. 2016.

1. Observe o mapa da página anterior e analise as informações sobre o Cerrado.

   a) No Brasil, em quantos estados há presença do bioma Cerrado?

   _____

   b) Qual número serviu para expressar a área do Cerrado brasileiro?

   _____

   c) O que expressa o número 199 em relação ao Cerrado brasileiro?

   _____

Você já conhece os usos que os números podem ter?
Nos textos da página anterior, os números foram usados como **medida** e como **contagem**. Mas os números podem ter outros usos: representar uma **ordem** ou um **código**.

2. Qual é o uso dos números apresentados em cada situação abaixo? Registre as respostas utilizando os termos ordem, medida, código ou contagem.

   As imagens destas páginas não estão representadas em proporção.

   a) _____

   Espécies de animais ameaçadas de extinção no Brasil

1ª	Onça-pintada
2ª	Jaguatirica
3ª	Lobo-guará
4ª	Tamanduá-bandeira
5ª	Onça-parda

   Atlas da fauna brasileira ameaçada de extinção em unidades de conservação federais, dos organizadores Jorge Luiz do Nascimento e Ivan Braga Campos. Brasília: Instituto Chico Mendes de Conservação da Biodiversidade (ICMBIO), 2011.

   c) _____

   A lesma é um dos animais mais lentos do mundo, demorando mais de 2 minutos para percorrer 31 centímetros.

   Fonte de consulta: Almanaque **Recreio**. São Paulo: Abril, 2011. p. 27.

   b) _____

   d) _____

   No Cerrado brasileiro existem cerca de 2 570 espécies de animais e aproximadamente 11 627 espécies de plantas nativas.

   Fonte de consulta: MMA. **Biomas**. Disponível em: <www.mma.gov.br/biomas/cerrado>. Acesso em: 3 mar. 2016.

A CLASSE DOS MILHARES

Os números fazem parte do nosso dia a dia. Usamos números frequentemente em diversas situações, como para juntar figurinhas, contar pontos de um jogo, resolver problemas de Matemática ou fazer compras no mercado.

Há números que não precisam ser muito grandes. Quando ouvimos o placar de uma partida de futebol, por exemplo, os números geralmente são pequenos. Já quando lemos notícias sobre o Brasil e o mundo, acompanhamos o resultado das votações para presidente da República ou conhecemos o valor de um prêmio, os números costumam ser grandes.

1 Pense nos números que você já conhece.

a) Você já conhecia os números apresentados nas imagens acima?

b) Registre o maior número que você conhece. _____

Vamos conhecer alguns números grandes? Leia a notícia abaixo.

> **Depósito com milhares de pneus vira criadouro de mosquitos, no RS**
>
> Uma força-tarefa está tentando livrar uma cidade do interior do Rio Grande do Sul de uma quantidade inacreditável de pneus abandonados. É que lá, acredite, tem mais pneu do que gente. É o paraíso para o *Aedes aegypti*.
>
> Ernestina, a 240 quilômetros de Porto Alegre, tem pouco mais de 3 mil moradores e um terreno com milhares de pneus abandonados. [...] A prefeitura diz que são 100 mil pneus. Já a empresa que vai reciclar o material acredita que sejam 140 mil.
>
> G1-GLOBO. **Bom dia Brasil.** Disponível em: <http://g1.globo.com/bom-dia-brasil/noticia/2016/02/deposito-com-milhares-de-pneus-vira-criadouro-de-mosquitos-no-rs.html>. Acesso em: 2 mar. 2016.

2 Circule os números que aparecem no texto acima. Quais desses números você já conhecia?

No texto da página anterior foram apresentados os números 3 mil, 100 mil e 140 mil, sem escrever todos os seus algarismos. Esses números pertencem à classe dos milhares.

Veja no quadro de valor posicional abaixo como escrever o número 140 mil usando apenas algarismos.

2ª classe ou classe dos milhares			1ª classe ou classe das unidades simples		
6ª ordem	5ª ordem	4ª ordem	3ª ordem	2ª ordem	1ª ordem
CM	DM	UM	C	D	U
Centena de milhar	Dezena de milhar	Unidade de milhar	Centena	Dezena	Unidade
1	4	0	0	0	0

Também podemos escrever os números por extenso. Observe os exemplos abaixo de como as classes nos ajudam a ler os números.

140 000
└── classe dos milhares
Cento e quarenta mil.

152 101
classe dos milhares ──┘ └── classe das unidades simples
Cento e cinquenta e dois mil, cento e um.

3 Considere os seguintes números: 124 900, 74 580 e 989 555.

a) Registre esses números no quadro de valor posicional abaixo.

2ª classe ou classe dos milhares			1ª classe ou classe das unidades simples		
CM	DM	UM	C	D	U

b) Observe a separação de classes dos números que você anotou no quadro de valor posicional acima e escreva-os por extenso.

_____

_____

_____

c) Agora, escreva esses números em ordem crescente.

_____

O ÁBACO E A CLASSE DOS MILHARES

Você se lembra do ábaco? Veja abaixo como representar o número 345021 em um ábaco.

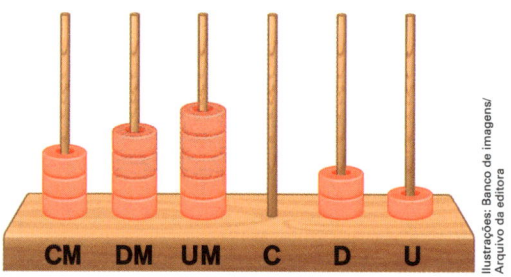

O ábaco e o quadro de valor posicional ajudam a compreender o valor posicional de cada algarismo.

4 Observe abaixo o número 345021 e complete o valor posicional dos algarismos.

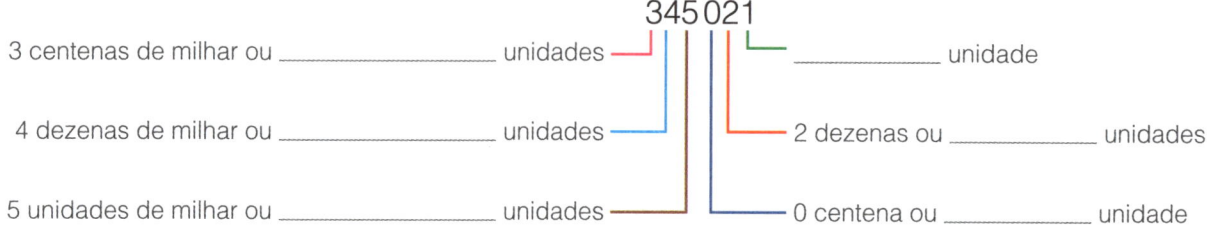

3 centenas de milhar ou _____ unidades

4 dezenas de milhar ou _____ unidades

5 unidades de milhar ou _____ unidades

_____ unidade

2 dezenas ou _____ unidades

0 centena ou _____ unidade

5 Escreva o número que está representado em cada ábaco abaixo.

a)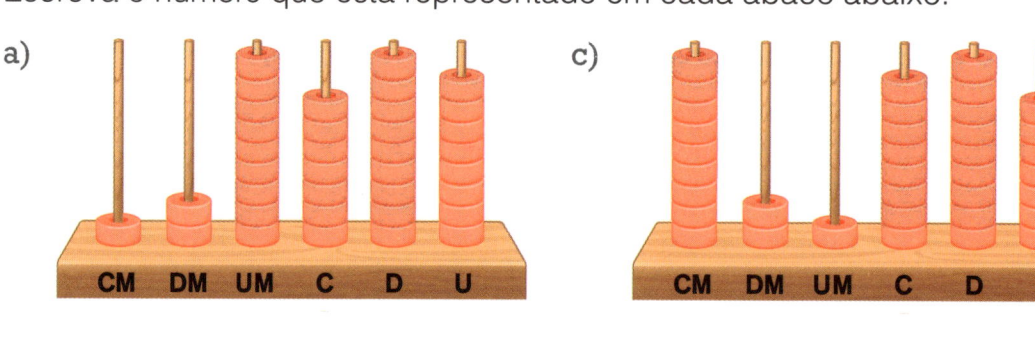

_____

b)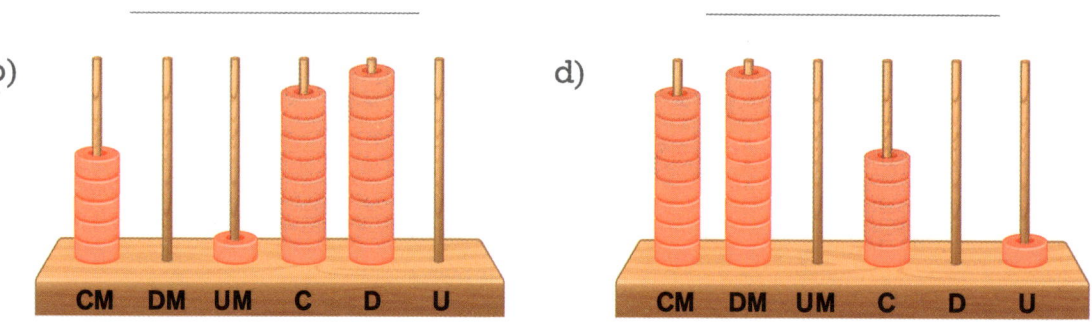

_____

c)

_____

d)

_____

16

DECOMPOSIÇÃO DE NÚMEROS DA CLASSE DOS MILHARES

Veja na tabela abaixo os 5 estados do Brasil com maior população que se declara indígena.

Estados do Brasil com maior população autodeclarada indígena (2010)

Estado	População autodeclarada indígena
Amazonas	168 680
Mato Grosso do Sul	73 295
Bahia	56 381
Pernambuco	53 284
Roraima	49 637

Fonte de consulta: IBGE INDÍGENAS. **Estudos especiais**. Disponível em: <www.ibge.gov.br/indigenas/indigena_censo2010.pdf>. Acesso em: 3 mar. 2016.

O número 168 680 representa a população do estado do Amazonas que se declara indígena. Veja abaixo 2 maneiras de decompor esse número.

100 000 + 60 000 + 8 000 + 600 + 80

1 × 100 000 + 6 × 10 000 + 8 × 1 000 + 6 × 100 + 8 × 10

6 Faça as decomposições dos outros números apresentados na tabela acima.

- População de Mato Grosso do Sul: _____

  ou _____

- População da Bahia: _____

  ou _____

- População de Pernambuco: _____

  ou _____

- População de Roraima: _____

  ou _____

7 Escreva apenas com algarismos o número correspondente a cada decomposição abaixo.

a) 90 000 + 900 + 9 _____

b) 4 × 10 000 + 3 × 100 + 2 × 10 _____

OPERAÇÕES COM NÚMEROS DA CLASSE DOS MILHARES

Você já estudou como resolver adições, subtrações, multiplicações e divisões com números da ordem das unidades de milhar. Agora você vai ver que pode usar os mesmos procedimentos para resolver essas operações com números das ordens das dezenas de milhar e das centenas de milhar!

1 Complete os quadros de valor posicional abaixo com os números que faltam.

2 Luís aprendeu que ele pode resolver adições, subtrações, multiplicações e divisões sem usar o quadro de valor posicional. Veja abaixo como ele armou essas operações e complete com o que falta.

a) 145 322 + 141 018 = _____

```
    1 4 5 3 2 2
  + 1 4 1 0 1 8
  ───────────────
              6 3
```

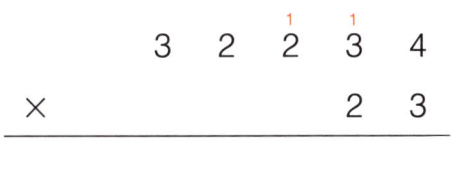

b) 553 871 − 343 753 = _____

```
    5 5 3 8 7 ¹1
  − 3 4 3 7 5 3
  ───────────────
              2 1
```

c) 23 × 32 234 = _____

```
        3 2 ¹2 ¹3 4
  ×             2 3
  ─────────────────
  +     6 4
  ─────────────────
                  2
```

d) 121 410 ÷ 9 = _____

```
  1 2 1 4 1 0 | 9
  − _____    ─────
      2 7
    − _____
          8 1
        − ___
            0 0 0
```

3 Agora é a sua vez! Arme as operações abaixo e resolva-as.

a) 145 408 + 748 669 = _____

b) 879 065 − 453 158 = _____

c) 41 × 24 386 = _____

Você já ouviu as expressões "do Oiapoque ao Chuí" ou "para lá de Bagdá"? Observe o mapa abaixo.

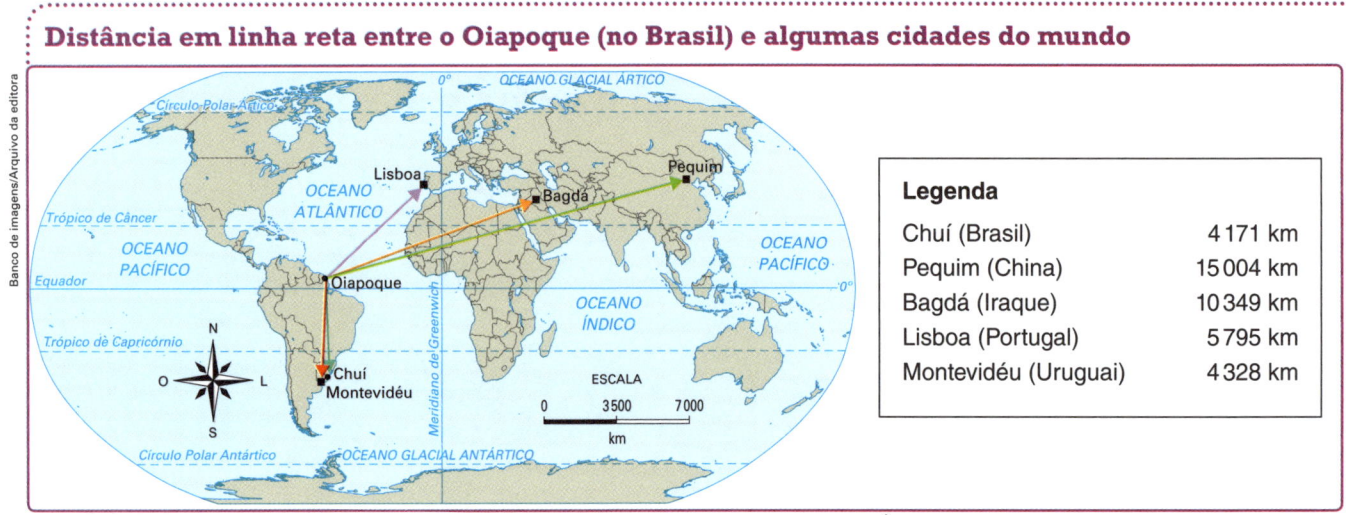

Distância em linha reta entre o Oiapoque (no Brasil) e algumas cidades do mundo

Legenda

Chuí (Brasil)	4 171 km
Pequim (China)	15 004 km
Bagdá (Iraque)	10 349 km
Lisboa (Portugal)	5 795 km
Montevidéu (Uruguai)	4 328 km

Fonte de consulta: CALCULADORA DE DISTÂNCIA. Disponível em: <http://pt.distance.to/>.
Acesso em: 15 abr. 2016.

4 As distâncias apresentadas acima correspondem à distância em linha reta do Oiapoque até cada cidade indicada.

a) Observe a distância do Oiapoque até o Chuí. O que você acha que significa a expressão "do Oiapoque ao Chuí"? Justifique sua resposta.

_____

_____

_____

b) Organize as distâncias apresentadas em ordem crescente.

_____

c) O que você acha que significa a expressão "para lá de Bagdá"? Relacione essa expressão com a distância de Oiapoque até Bagdá.

_____

_____

d) Considere que alguém disse: "A Bárbara não se mudou para lá de Bagdá, ela se mudou para lá de Pequim". O que a pessoa quis dizer com isso? Justifique sua resposta.

_____

_____

5 Observe as distâncias indicadas no mapa da página anterior.

a) Uma pessoa quer ir do Chuí até o Oiapoque e depois do Oiapoque até Bagdá. Quantos quilômetros essa pessoa percorreria ao todo se pudesse fazer esses trajetos em linha reta?

_____

_____

b) Quantos quilômetros Pequim é mais longe de Oiapoque, em linha reta, do que Lisboa? E do que Montevidéu?

_____

_____

6 Uma concessionária de carros anunciou sua grande liquidação do ano: os modelos esportivos custam R$ 50 000,00, e os modelos populares custam R$ 20 000,00. Em cada item abaixo, represente a operação e a resposta.

a) Quantos reais custam 6 carros esportivos?

_____

b) Quantos reais custam 10 carros populares?

_____

c) E quantos reais custam 15 carros populares e 10 carros esportivos?

_____

d) O pagamento dos carros pode ser feito com uma entrada de 1 décimo do valor total, mais 10 prestações iguais do restante do valor. Quais são o valor da entrada e o valor de cada prestação de 1 carro esportivo? E de 1 carro popular?

_____

_____

Entrada de um pagamento: valor pago no ato da compra.

POLIEDROS E CORPOS REDONDOS

Oscar Niemeyer e Lúcio Costa foram os arquitetos responsáveis por fazer de Brasília uma capital moderna. Sua arquitetura é marcada pelas grandes construções que lembram sólidos geométricos, como a construção abaixo.

Congresso Nacional em Brasília, no Distrito Federal. Foto de 2015.

1 Vamos relembrar?

a) A construção acima lembra alguns sólidos geométricos que você já estudou. Quais são eles?

_____

_____

b) Você conhece essa construção?

_____

c) Quem são as pessoas que trabalham nesse prédio? Se não souber, então faça uma pesquisa com a ajuda do professor.

_____

_____

_____

2 Você já conhece as definições abaixo. Complete-as.

Poliedros são sólidos geométricos que têm todas as faces _____.

O paralelepípedo, também chamado de _____

é um exemplo de _____.

3 Veja abaixo mais alguns exemplos de poliedros que você já estudou e escreva seus nomes.

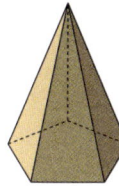 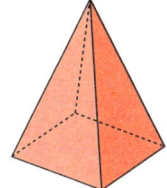 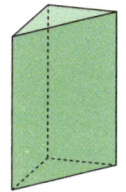 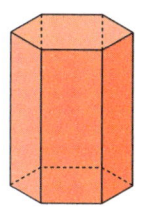

_____ _____ _____ _____

4 Os poliedros têm faces, vértices e arestas. Observe as ilustrações abaixo e indique a quantidade de faces, de vértices e de arestas de cada poliedro.

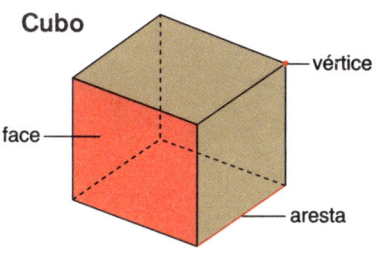

_____ faces, _____ vértices

e _____ arestas.

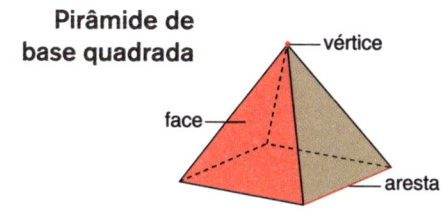

_____ faces, _____ vértices

e _____ arestas.

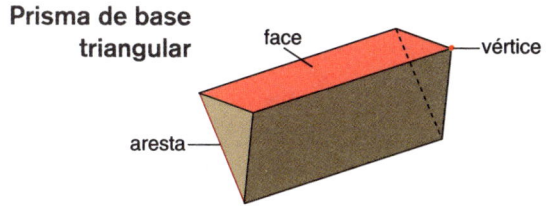

_____ faces, _____ vértices

e _____ arestas.

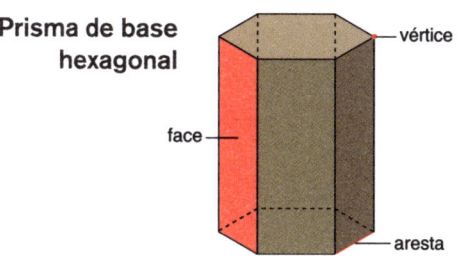

_____ faces, _____ vértices

e _____ arestas.

Há sólidos geométricos que não são poliedros. Alguns desses sólidos geométricos têm formas arredondadas, como os representados abaixo.

_____   _____   _____

5 Você já sabe o nome desses sólidos geométricos! Escreva-os acima.

6 Você também já sabe! Complete: os sólidos geométricos arredondados são chamados de _____.

7 Tiago está brincando de adivinhar o nome do sólido geométrico em que Carolina está pensando. Ela escolhe um sólido geométrico e só pode responder **sim** ou **não** às perguntas de Tiago. Veja abaixo um dos desafios que eles fizeram.

a) E você, também descobriu? Em qual sólido geométrico Carolina pensou?

_____

b) Carolina respondeu **não** à pergunta "É arredondado?". Quais sólidos geométricos Tiago pôde descartar com essa resposta?

_____

c) Com a resposta **não** à pergunta "Tem alguma face triangular?", quais sólidos geométricos ele pôde descartar?

_____

8 No desafio da página anterior, que outra pergunta Tiago poderia ter feito a Carolina para que ela respondesse **sim**?

_____

9 Agora foi Tiago quem pensou no sólido geométrico para Carolina adivinhar!

a) Em qual sólido geométrico Tiago pensou?

_____

b) Tiago respondeu **sim** à pergunta "Tem 2 bases?". Quais sólidos geométricos Carolina pôde descartar com essa resposta? Justifique.

_____

_____

10 Agora é sua vez de jogar! Pense em um sólido geométrico e peça a um colega que faça perguntas e adivinhe o sólido geométrico em que você pensou. Registre abaixo as perguntas que ele fez e as respostas que você deu. Lembre-se de que você só pode responder **sim** ou **não**!
Depois, faça perguntas para adivinhar o sólido geométrico em que seu colega pensou.

_____

_____

_____

_____

MEDIDAS DE TEMPO

Henrique fez uma lista com algumas unidades de medida de tempo que ele já estudou.

- 1 mês tem 30 dias.
- 1 bimestre tem 2 meses.
- 1 trimestre tem 3 meses.
- 1 semestre tem 6 meses.
- 1 dia tem 24 horas.
- 1 hora tem 60 minutos.
- 1 minuto tem 60 segundos.

1 Observe a lista acima e responda.

a) Henrique entra às 7:15 na escola. Para não se atrasar, ele acorda todos os dias às 6:10, se veste em 10 minutos, toma café da manhã em 15 minutos e em seguida vai de ônibus de casa até a escola, junto com seu tio. Quantos minutos Henrique demora para percorrer o caminho de sua casa até a escola?

b) Henrique volta da escola até sua casa com a mãe e demora o mesmo tempo que na ida. Se ele sair às 12:30 da escola, então em que horário vai chegar em casa?

c) As aulas de Renata, a irmã de Henrique, começam às 7:30. Ela demora 15 minutos para tomar seu café da manhã, 10 minutos para trocar de roupa e escovar os dentes e 12 minutos para caminhar até a escola junto com seu pai. Para não se atrasar, em qual horário Renata precisa acordar?

2 Calçoene, na região amazônica do Amapá, é o município mais chuvoso do Brasil. Entre janeiro e junho de certo ano já foram registrados mais de 25 dias de chuva a cada mês! Isso significa que choveu em quase todos os dias desse período.

a) Complete: os meses de janeiro a junho correspondem a 1 _____. De janeiro a junho há _____ bimestres.

b) Se em 1 semestre chovesse exatamente 25 dias por mês em Calçoene, então em quantos dias desse semestre não haveria chuva? Considere que todos os meses desse semestre têm 30 dias.

_____

_____

Megalítico no Parque Arqueológico do Solstício, no município de Calçoene, no Amapá. Foto de 2015.

3 Marcos montou uma *playlist* com os tipos de música ao lado.

Duração dos tipos de música da *playlist*

Tipo de música	Duração
Rock nacional	12 minutos e 20 segundos
Rock internacional	9 minutos e 30 segundos
Sertanejo	10 minutos e 50 segundos
MPB	6 minutos e 10 segundos

Tabela elaborada para fins didáticos.

a) Quanto tempo duram as músicas de *rock* nacional e *rock* internacional juntas?

_____

_____

b) Quantos minutos duram as músicas de sertanejo e MPB juntas?

_____

c) Marcos selecionou músicas suficientes para ouvir durante 30 minutos sem precisar repeti-las? Justifique.

_____

_____

27

ATIVIDADES DO CAPÍTULO

1. Dê um exemplo de situação que envolva um número com cada uso abaixo.

   a) Medida: _____

   b) Ordem: _____

   c) Código: _____

   d) Contagem: _____

2. Escreva apenas com algarismos o número que corresponde a cada decomposição.

   a) 40 000 + 5 000 + 600 + 90 + 6 _____

   b) 100 000 + 3 000 + 200 + 4 _____

   c) 9 × 10 000 + 6 × 1 000 + 4 × 100 + 9 × 10 + 8 × 1 _____

3. Assinale com um **X** o maior número de cada item abaixo.

   a) ☐ 2 dezenas de milhar   ☐ 9 × 100 + 3 × 10

   b) ☐ 6 unidades de milhar   ☐ 1 dezena de milhar

   c) ☐ 14 unidades de milhar   ☐ 2 dezenas de milhar

4. Os atletas Adauto, Carlos e Mário disputaram uma corrida. Veja abaixo o tempo de cada um e escreva a ordem de chegada deles na corrida.

Tempo dos atletas na corrida

Atleta	Tempo	Ordem de chegada
Adauto	135 segundos	
Carlos	1 minuto e 20 segundos	
Mário	130 segundos	

Tabela elaborada para fins didáticos.

RESOLVENDO PROBLEMAS

- Uma distribuidora de figurinhas organiza sua produção da seguinte maneira.

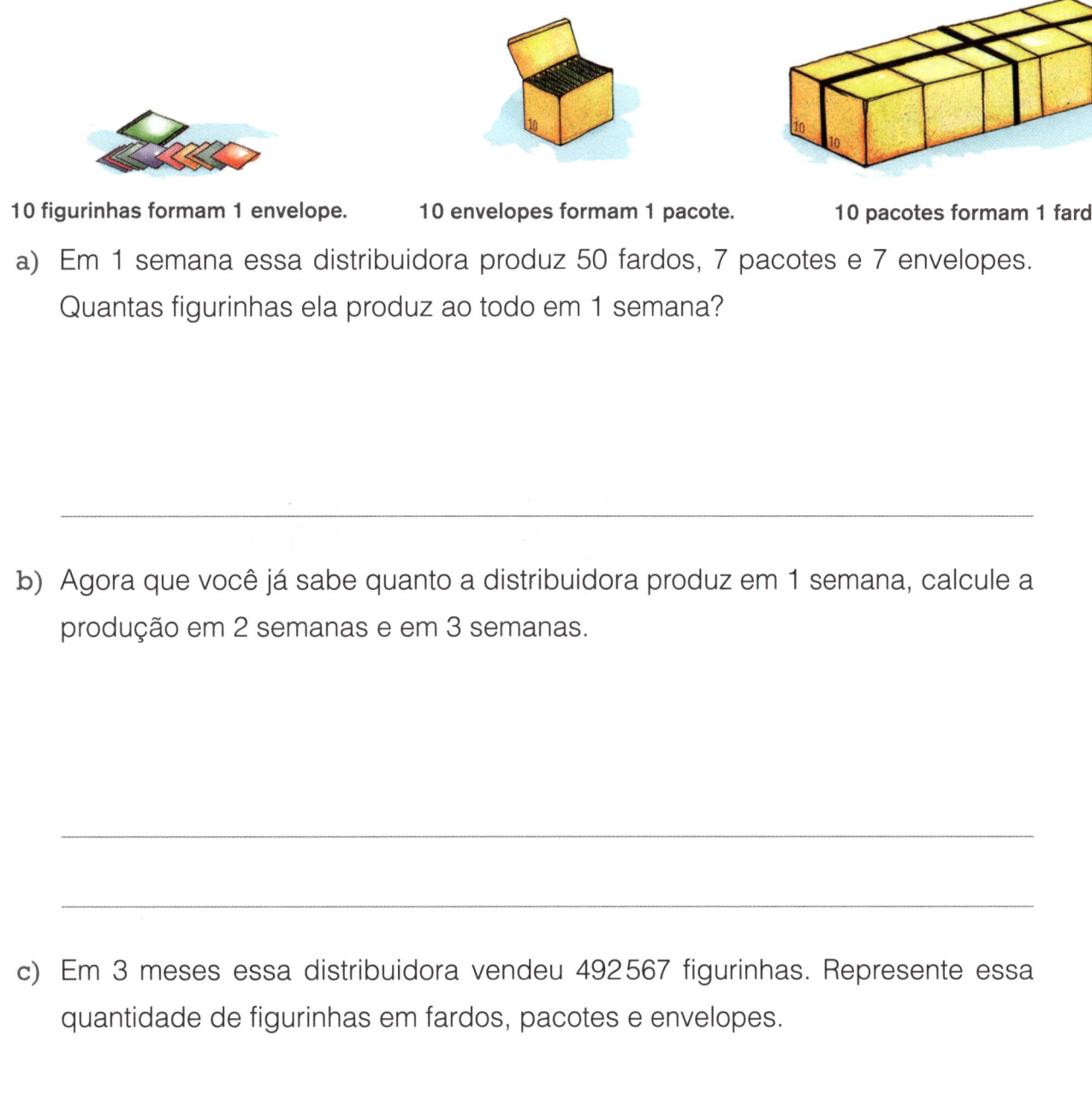

10 figurinhas formam 1 envelope.   10 envelopes formam 1 pacote.   10 pacotes formam 1 fardo.

a) Em 1 semana essa distribuidora produz 50 fardos, 7 pacotes e 7 envelopes. Quantas figurinhas ela produz ao todo em 1 semana?

_____

b) Agora que você já sabe quanto a distribuidora produz em 1 semana, calcule a produção em 2 semanas e em 3 semanas.

_____
_____

c) Em 3 meses essa distribuidora vendeu 492 567 figurinhas. Represente essa quantidade de figurinhas em fardos, pacotes e envelopes.

_____
_____

TRABALHANDO COM JOGOS

DESCUBRA SE PUDER

Número de jogadores: 3

Como jogar

MATERIAL NECESSÁRIO
- 1 calculadora para cada jogador
- Lápis
- Papel para registro

- Cada jogador deve escolher um número de 5 algarismos e registrá-lo em sua calculadora.

- Na sua vez, escolha um algarismo e uma ordem para elaborar uma pergunta ao próximo jogador. Veja abaixo um exemplo.

- Se o jogador responder **sim** à sua pergunta, então você deve adicionar na calculadora o número correspondente a sua pergunta e ele deve subtrair esse número na calculadora dele. Em seguida, você joga novamente.

    No exemplo dado acima, o jogador deve adicionar na calculadora o número 60 000, e o colega deve subtrair 60 000 de seu número na calculadora.

- Se o jogador responder **não**, então sua jogada termina e passa-se a vez para o próximo jogador.

- Atenção! Não vale perguntar sobre o algarismo 0.

- A partida termina quando um dos jogadores obtiver um número menor do que 1 000 no visor da calculadora.

- Ganha a partida quem estiver com o maior número na calculadora.

Pensando sobre o jogo

1. Joaquim, Ana e Cláudio estão jogando **Descubra se puder**. No início da partida, Joaquim tinha o número ao lado no visor de sua calculadora.

   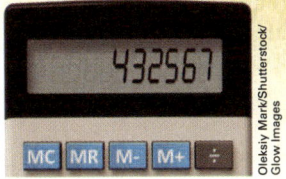

   a) Na primeira jogada, Joaquim acertou um algarismo do número de Ana e pôde adicionar 60 000 ao seu número. Com qual número ele ficou na calculadora?

   _____

   b) Quanto Ana teve que subtrair do número de sua calculadora?

   _____

   c) Ana tentou acertar um algarismo do número de Cláudio, mas não conseguiu. Em seguida, Cláudio acertou um algarismo do número de Joaquim. Joaquim teve que subtrair 90 000 de seu número. Com qual número Joaquim ficou no visor de sua calculadora?

   _____

2. Jogue uma partida de **Descubra se puder** com os colegas.

   a) Como cada jogador de seu grupo decidiu qual era o melhor número para iniciar a partida?

   b) Você e seus colegas acharam importante ficar atentos às jogadas de todos os jogadores? Por quê?

   c) Imagine que no início de uma jogada você tem o algarismo 9 na ordem das dezenas de milhar do número na calculadora. O que acontecerá com os algarismos desse número se você adicionar 1 dezena de milhar a ele?

   d) Durante a partida vocês precisaram fazer alguma anotação? Qual?

3. Escreva abaixo algumas dicas para os colegas de outro grupo. Essas dicas devem ser úteis para ganhar uma partida desse jogo.

   _____

   _____

CAPÍTULO 2

ORGANIZAR COM NÚMEROS E IMAGENS

A CLASSE DOS MILHÕES

No capítulo anterior você conheceu alguns números que foram apresentados sem escrever todos os algarismos, como 3 mil, 100 mil e 140 mil. Agora vamos conhecer números maiores, da classe dos milhões! Leia o texto abaixo.

População do Brasil

No Censo 2000, éramos quase 170 milhões de habitantes no Brasil. Em 2010, esse número aumentou para mais de 190 milhões. Desse total, existem aproximadamente 97 milhões de mulheres e 93 milhões de homens. De acordo com o lugar onde moram, essas pessoas distribuem-se em áreas urbanas ou rurais.

IBGE. **Vamos conhecer o Brasil.** Disponível em: <http://7a12.ibge.gov.br/vamos-conhecer-o-brasil/nosso-povo/caracteristicas-da-populacao>. Acesso em: 11 mar. 2016.

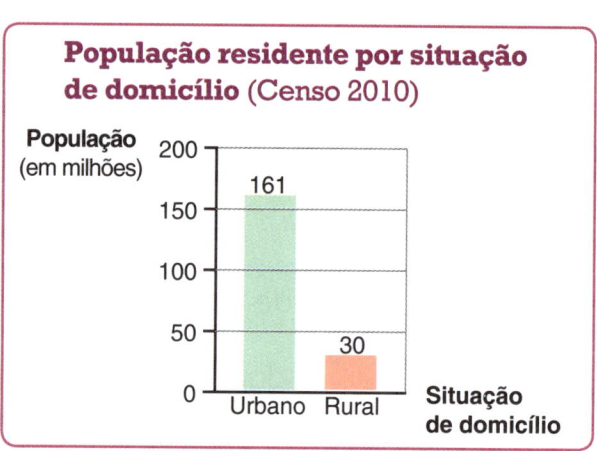

1 Observe os números citados no texto e representados no gráfico acima.

a) Por que o número **170 milhões** não foi escrito apenas com algarismos?

b) Qual era a população brasileira em 2010?

c) De acordo com o Censo 2010, havia mais homens ou mais mulheres no Brasil? Quantos a mais?

d) Qual população era maior em 2010: a urbana ou a rural? Explique a um colega como você pensou para responder a essa pergunta.

Os números 170 milhões, 190 milhões, 161 milhões e 30 milhões citados na página anterior pertencem à classe dos milhões. Veja no quadro de valor posicional abaixo como escrever o número 170 milhões usando apenas algarismos. Veja também como escrevemos esse número por extenso.

3ª classe ou classe dos milhões			2ª classe ou classe dos milhares			1ª classe ou classe das unidades simples		
9ª ordem	8ª ordem	7ª ordem	6ª ordem	5ª ordem	4ª ordem	3ª ordem	2ª ordem	1ª ordem
Centena de milhão	Dezena de milhão	Unidade de milhão	Centena de milhar	Dezena de milhar	Unidade de milhar	Centena	Dezena	Unidade
1	7	0	0	0	0	0	0	0

Por extenso: cento e setenta milhões.

2 Agora é com você! Escreva apenas com algarismos o número que representa a população brasileira que morava em áreas urbanas em 2010. _____

3 Complete o quadro de valor posicional a seguir com o resultado de cada adição.

a) 9 + 1 = _____

b) 99 + 1 = _____

c) 999 + 1 = _____

d) 9 999 + 1 = _____

e) 99 999 + 1 = _____

f) 999 999 + 1 = _____

3ª classe ou classe dos milhões			2ª classe ou classe dos milhares			1ª classe ou classe das unidades simples		
Centena de milhão	Dezena de milhão	Unidade de milhão	Centena de milhar	Dezena de milhar	Unidade de milhar	Centena	Dezena	Unidade

4 Pense no quadro de valor posicional e escreva os números pedidos abaixo.

a) O maior número da classe das unidades: _____

b) O maior número da classe dos milhares: _____

c) O maior número da classe dos milhões: _____

5 Escreva por extenso cada número representado no quadro de valor posicional abaixo.

3ª classe ou classe dos milhões			2ª classe ou classe dos milhares			1ª classe ou classe das unidades simples		
Centena de milhão	Dezena de milhão	Unidade de milhão	Centena de milhar	Dezena de milhar	Unidade de milhar	Centena	Dezena	Unidade
			4	5	0	0	0	0
		2	5	0	0	0	0	0
5	2	0	0	0	0	0	0	0

_____

_____

_____

6 Pense na população brasileira em 2010 e responda: qual dos números abaixo pode ser usado para representar a população brasileira atual? Escreva esse número por extenso.

| 129 989 050 | | 1 049 549 | | 201 000 000 |

_____

Também podemos escrever números da classe dos milhões e da classe dos milhares usando decimais. Veja os exemplos abaixo.

4,1 mil → 4 100   3,2 milhões → 3 200 000

Quatro mil e cem.   Três milhões e duzentos mil.

7 Escreva os números a seguir usando apenas algarismos.

a) 37 mil _____

b) 5 milhões _____

c) 9,9 mil _____

d) 12,5 milhões _____

e) 990 mil _____

f) 110,1 milhões _____

8 Segundo o Censo 2010, a população brasileira não era distribuída igualmente nas 5 regiões do país. Veja na tabela ao lado a população em cada região do Brasil em 2010.

População brasileira por região (Censo 2010)

Região	População
Norte	15 864 454
Nordeste	53 081 950
Centro-Oeste	14 058 094
Sudeste	80 364 410
Sul	27 386 891

Fonte de consulta: IBGE. **Censo 2010.** Disponível em: <www.ibge.gov.br/home/estatistica/populacao/censo2010/tabelas_pdf/Brasil_tab_1_15.pdf>. Acesso em: 11 mar. 2016.

a) Em que região do Brasil você mora? Qual era a população em 2010 nessa região?

_____

_____

b) Qual região tinha a menor população em 2010? E qual região tinha a maior população em 2010?

_____

_____

c) Qual era a diferença entre essas populações?

_____

_____

Atenção!
Você pode resolver adições, subtrações, multiplicações e divisões com números da classe dos milhões usando os mesmos procedimentos que usa com números menores.

9 Compare cada afirmação a seguir com os dados do Censo 2010 apresentados na tabela acima. Faça os cálculos necessários e classifique cada afirmação em verdadeira (**V**) ou falsa (**F**).

a) ☐ Juntas, as regiões Sul e Nordeste tinham uma população maior do que a população da região Sudeste em 105 531 habitantes.

b) ☐ A diferença entre as populações das regiões Nordeste e Norte era igual à diferença entre as populações das regiões Sudeste e Nordeste.

c) ☐ Juntas, as regiões Norte, Nordeste e Centro-Oeste tinham uma população de um pouco mais de 83 000 000 habitantes.

Use uma calculadora para conferir seus cálculos.

TROCANDO ALGARISMOS

MATERIAL NECESSÁRIO

- 2 conjuntos de 10 cartas numeradas do **Material Complementar**

Camila e Roberto estão jogando **O maior leva**, com números de 7 algarismos. Quer jogar também?

Número de jogadores: 2

Como jogar

- Um dos jogadores deve destacar os 2 conjuntos de 10 cartas numeradas de seu **Material Complementar**.

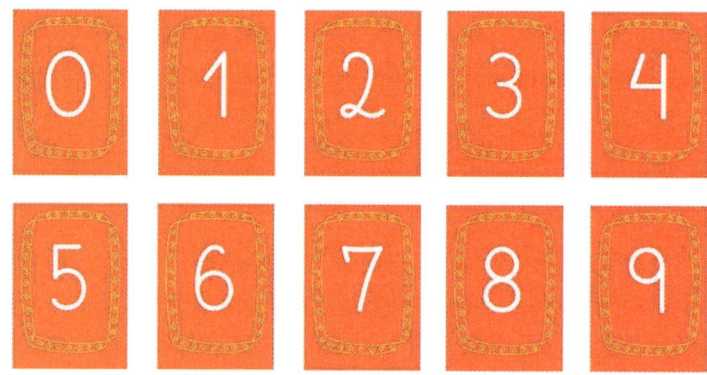

- Em seguida, o mesmo jogador deve embaralhar as cartas e formar um único monte sobre a mesa, com os números virados para baixo.

- Um a um, os jogadores devem pegar 1 carta do monte, até que cada um tenha 7 cartas. Então, cada jogador tenta formar o maior número possível com suas 7 cartas.

- Vence a partida quem formar o maior número.

Atenção! Guarde as cartas do **Material Complementar**, pois elas serão usadas novamente.

1 Jogue uma partida de **O maior leva** com um colega e registre abaixo o número que cada um formou. Quem ganhou a partida?

Número que eu formei: _____

Número que meu colega formou: _____

Vencedor da partida: _____

2 Observe ao lado os números formados por Camila e Roberto em uma partida de **O maior leva**.

a) Quem formou o maior número nessa partida?

_____

b) Usando as cartas de Camila, é possível formar um número maior do que o número 7 431 220 que ela formou? Qual é o maior número que ela podia ter formado?

_____

_____

🔊 c) Ao mudar a ordem das cartas de Camila, o que acontece com o número formado? Por que isso acontece?

d) Se Camila tivesse tirado uma carta com o algarismo 6 no lugar da carta com o algarismo 4, então qual seria o maior número que ela poderia formar? E quem teria ganhado essa partida?

_____

_____

e) Qual é o valor posicional do algarismo 7 no número que Roberto formou?

_____

f) Se as regras do jogo fossem obter o menor número possível, com 7 algarismos, então qual número Roberto deveria formar? E qual seria o valor posicional do algarismo 7 nesse número?

_____

_____

🔊 **3** Se você pudesse escolher 7 cartas para formar o maior número, então quais cartas escolheria? Explique para os colegas como você formaria o maior número.

_____

SISTEMA DE NUMERAÇÃO ROMANO

Você já viu números escritos como abaixo? Sabe que símbolos foram usados para escrevê-los?

> As imagens desta página não estão representadas em proporção.

Relógio com números escritos com símbolos romanos.

Estação de metrô Pedro II, em São Paulo (SP). Foto de 2016.

Esses símbolos foram criados pela civilização romana há mais de 2 000 anos. Veja abaixo os símbolos que os romanos usavam para escrever os números.

Símbolo romano	I	V	X	L	C	D	M
Nosso sistema de numeração	1	5	10	50	100	500	1 000

Agora, veja algumas regras e exemplos para escrever números usando símbolos romanos.

- Os símbolos I, X, C e M podem ser repetidos até 3 vezes.

I	II	III	X	XX	XXX
1	2	3	10	20	30
C	CC	CCC	M	MM	MMM
100	200	300	1 000	2 000	3 000

- Se um símbolo de valor maior é seguido de um ou mais símbolos de valor menor, então adicionamos os valores.

VI	LV	DL
5 + 1 = 6	50 + 5 = 55	500 + 50 = 550
XII	CCLX	ML
10 + 2 = 12	100 + 100 + 50 + 10 = 260	1 000 + 50 = 1 050

- Se um símbolo de valor menor (I, X ou C) é seguido de outro símbolo de valor maior, então subtraímos o menor do maior.

IV 5 − 1 = 4	XL 50 − 10 = 40	CD 500 − 100 = 400
IX 10 − 1 = 9	XC 100 − 10 = 90	CM 1000 − 100 = 900

O símbolo I só pode ser escrito antes dos símbolos V e X. O símbolo X só pode ser escrito antes dos símbolos L e C. E o símbolo C só pode ser escrito antes dos símbolos D e M.

Por exemplo, para escrever o número 199 com símbolos romanos, não podemos escrever CIC. O correto é escrever CXCIX.

$$\underbrace{C}_{100} \quad \underbrace{XC}_{100-10=90} \quad \underbrace{IX}_{10-1=9}$$
$$100 + 90 + 9 = 199$$

1 Os números abaixo estão escritos com os nossos algarismos. Escreva-os com símbolos romanos, como no exemplo.

$$70 = 50 + 10 + 10$$
LXX

a) 18 _____   c) 751 _____   e) 3200 _____

b) 53 _____   d) 610 _____   f) 1216 _____

2 Escreva os números abaixo usando nossos algarismos. Veja os exemplos.

IV   XL
5 − 1 = 4   50 − 10 = 40

a) IX _____   d) XC _____

b) XL _____   e) CDXXV _____

c) XCV _____   f) MCMXCIX _____

3 Em cada par de números abaixo há um número escrito corretamente com símbolos romanos e um número escrito incorretamente. Contorne o número escrito incorretamente e corrija-o.

| CCIL   CCXLI | CMXCI   LM | MCCCC   DCXC |

_____   _____   _____

ARREDONDAMENTOS

No início deste capítulo usamos o número 97 000 000 para representar a quantidade de mulheres no Brasil, em 2010. Mas será que existiam exatamente 97 milhões de mulheres no Brasil quando o Censo foi feito?

Na realidade, o número 97 000 000 foi **arredondado**, ou seja, havia aproximadamente 97 milhões de mulheres.

Vamos entender como se arredonda um número? Observe na reta numerada abaixo que o número 865 está entre 800 e 900, porém é mais próximo de 900. Portanto, o arredondamento de 865 para a centena mais próxima é 900.

1 Com a orientação do professor, construa com uma régua uma reta numerada para cada item a seguir. Depois, faça o que se pede.

a) Represente o número 455 na reta numerada que você construiu. Depois, faça o arredondamento desse número para a centena mais próxima. Para qual número o 455 foi arredondado?

b) Represente o número 18 359 na reta numerada que você construiu. Depois, faça o arredondamento para a unidade de milhar mais próxima. Para qual número o 18 359 foi arredondado?

2 Arredonde o número 18 359 para a centena mais próxima. _____

3 Arredonde o número 123 465 para a dezena de milhar mais próxima. _____

4 Arredonde os números abaixo para cada ordem indicada. Veja o exemplo.

Número	Arredondamento para a unidade de milhar mais próxima	Arredondamento para a dezena de milhar mais próxima	Arredondamento para a centena de milhar mais próxima
8 642 900	8 643 000	8 640 000	8 600 000
5 873 541			
1 897 425			
7 340 369			

Tabela elaborada para fins didáticos.

5 Faça 3 arredondamentos diferentes para o número 19 308 678.

_____

_____

_____

6 Sempre que arredondamos um número precisamos dizer que ele foi arredondado. Para isso, podemos usar, por exemplo, as expressões **aproximadamente**, **mais de** e **cerca de**. Procure em jornais e revistas frases que utilizam essas expressões seguidas de números e cole no espaço abaixo. Compartilhe com os colegas as frases encontradas.

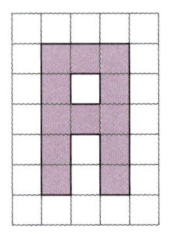

Letra A que André pintou.

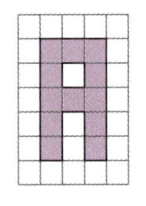

Letra A que Caio pintou.

● AMPLIAÇÃO E REDUÇÃO

André pintou a letra **A** em uma malha quadriculada com quadradinhos de lados medindo 4 mm. Seu irmão Caio pintou a mesma letra, mas em uma malha quadriculada com quadradinhos de lados medindo 3 mm. Veja ao lado essas letras **A**.

1 Você se lembra o que significa ampliar e reduzir uma figura plana? Complete as frases abaixo.

Podemos dizer que a letra **A** que Caio pintou é uma _____ da letra **A** que André pintou ou que a letra **A** que André pintou é uma

_____ da letra **A** que Caio pintou.

_____ uma figura plana é o mesmo que aumentar seu tamanho mantendo sua forma. E _____ uma figura é o mesmo que diminuir seu tamanho mantendo sua forma.

A quantidade de quadradinhos das letras **A** que Caio e André pintaram é a mesma, o que variou foi o tamanho dos quadradinhos e, consequentemente, o tamanho das letras pintadas. A letra **A** é menor na malha quadriculada que tem quadradinhos menores.

Agora, observe as figuras abaixo, em malhas quadriculadas com lados medindo 4 mm. Será que essas figuras são ampliações da letra **A** que André pintou?

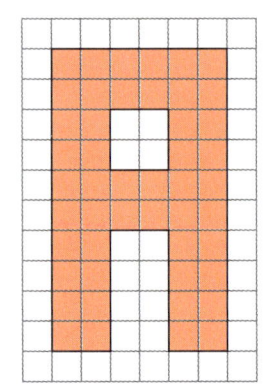

Esta figura é uma ampliação da letra **A** que André pintou, com o dobro de quadradinhos na largura e o dobro de quadradinhos na altura dessa figura. Assim, a quantidade de quadradinhos é maior, mas sem alterar a forma da letra **A**.

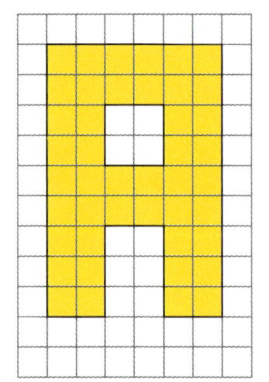

Esta figura não é uma ampliação da letra **A** que André pintou, pois alterou sua forma. Nesse caso, há o dobro de quadradinhos na largura, mas há menos quadradinhos na altura dessa figura.

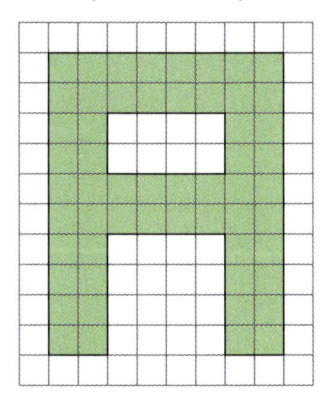

Esta figura não é uma ampliação da letra **A** que André pintou, pois alterou sua forma. Nesse caso, há o dobro de quadradinhos na altura, mas há mais quadradinhos na largura dessa figura.

2 Observe o desenho na malha quadriculada abaixo.

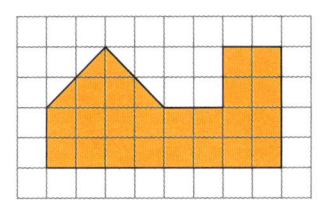

Identifique qual das figuras abaixo é uma ampliação desse desenho e qual figura é uma redução dele.

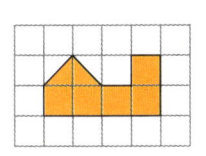

Figura A

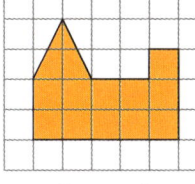

Figura C

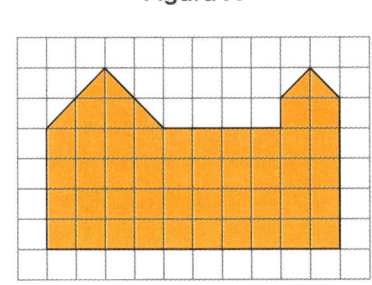

Figura B

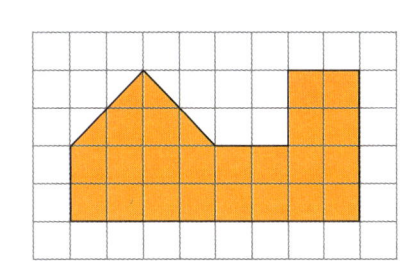

Figura D

Ampliação: _____

Redução: _____

3 Amplie a figura roxa abaixo nas 2 malhas quadriculadas de modo que a ampliação tenha o dobro do tamanho.

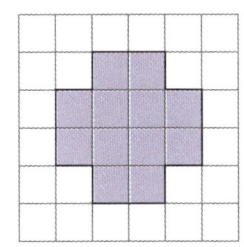

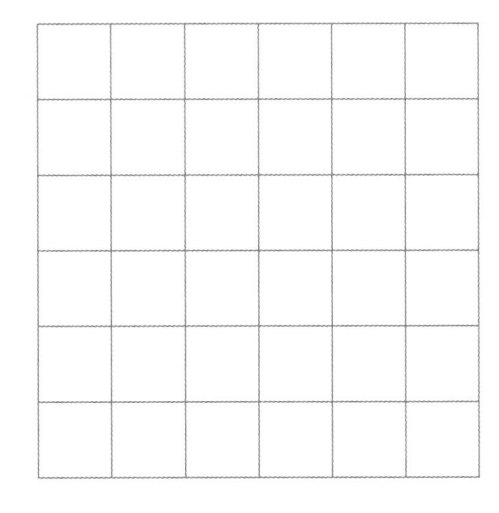

PRISMAS

As imagens abaixo mostram objetos de madeira que lembram sólidos geométricos.

Objeto com a forma de um prisma de base hexagonal.

Objeto com a forma de um paralelepípedo ou prisma de base retangular.

Objeto com a forma de um prisma de base triangular.

Objeto com a forma de um cubo ou prisma de base quadrada.

1. Pense nos sólidos geométricos que os objetos acima lembram. O que esses sólidos geométricos têm em comum?

2. A professora de Maria propôs um desafio a seus alunos! Ela pediu a eles que desenhassem uma planificação que fosse diferente da planificação de um paralelepípedo que ela desenhou na lousa.

Maria desenhou a planificação abaixo. Você acha que a planificação dela está correta?

3 Veja abaixo as planificações de um cubo que Ana fez. Assinale com um **X** as planificações que estão corretas.

☐ A   ☐ B   ☐ C   ☐ D

4 Observe os prismas abaixo.

A   B   C

a) Quais desses prismas também podem ser chamados de paralelepípedo?
_____

b) Os paralelepípedos têm todas as faces com a forma da mesma figura geométrica plana. Que figura é essa?
_____

c) Qual é o nome do prisma acima que não pode ser chamado de paralelepípedo?
_____

d) Quantas faces esse prisma tem ao todo? Quais são as formas das faces desse prisma? Quantas faces têm cada forma?
_____
_____

ORGANIZAR COM TABELA E GRÁFICO

Clara, Júlio e Sandra disputaram uma partida em um campeonato de *videogame* com o jogo **Pontos turísticos brasileiros**. A pontuação final da partida foi calculada pelo total de pontos ao final de 3 rodadas.

Veja abaixo a lista com a pontuação que eles fizeram em cada rodada.

> Na 1ª rodada Clara fez 44 080 pontos, Júlio fez 38 840 pontos e Sandra fez 39 040 pontos.
> Na 2ª rodada Clara fez 41 220 pontos, Júlio fez 40 600 pontos e Sandra fez 42 280 pontos.
> Na 3ª rodada Clara fez 34 581 pontos, Júlio fez 39 670 pontos e Sandra fez 41 750 pontos.

1 Complete a tabela abaixo com a pontuação de cada jogador em cada rodada.

Pontuação no campeonato de *videogame*

Partida / Jogador	1ª rodada	2ª rodada	3ª rodada	Total
Clara	44 080			
Júlio			39 670	
Sandra				

Tabela elaborada para fins didáticos.

2 Observe a lista e a tabela com a pontuação no campeonato.

a) Qual das duas formas de apresentação das pontuações você considera a melhor: a lista ou a tabela? Justifique.

b) Complete a tabela com a pontuação total de cada jogador na partida.

c) Qual deles fez mais pontos ao todo na partida?

d) De todos os participantes do campeonato, a maior pontuação total obtida em uma partida foi 170 280 pontos. Calcule quantos pontos cada um deles fez na partida a menos do que essa pontuação.

- Clara: _____
- Júlio: _____
- Sandra: _____

3 Impulsionada pelo campeonato, uma loja de brinquedos começou a vender o jogo **Pontos turísticos brasileiros** no formato de tabuleiro. Para registrar as vendas mensais desse jogo, a gerente da loja construiu um gráfico.
Observe abaixo o gráfico que ela construiu.

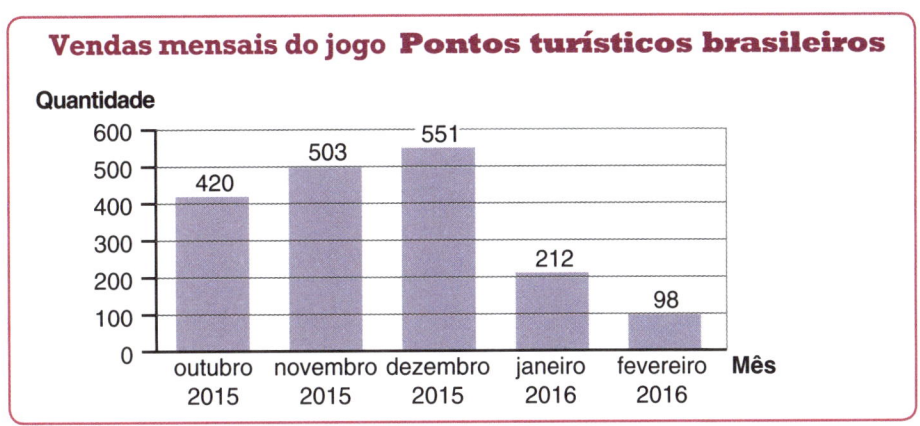

Vendas mensais do jogo Pontos turísticos brasileiros

- outubro 2015: 420
- novembro 2015: 503
- dezembro 2015: 551
- janeiro 2016: 212
- fevereiro 2016: 98

Gráfico elaborado para fins didáticos.

a) Qual desses meses teve a maior venda do jogo? E a menor venda?

_____

b) No mês de janeiro de 2016 as vendas diminuíram ou aumentaram em relação às vendas do mês de dezembro de 2015? Por que você acha que isso aconteceu?

_____

c) Em março de 2016 a loja vendeu o dobro de jogos em relação a janeiro de 2016. Quantos jogos essa loja vendeu nesse mês?

_____

d) A venda de abril de 2016 foi a metade da venda de outubro de 2015. Quantos jogos essa loja vendeu nesse mês?

_____

ATIVIDADES DO CAPÍTULO

1. Escreva os números abaixo como nos exemplos.

   12 000 000 → 12 milhões

   7 200 000 → 7,2 milhões ou
   7 milhões e 200 mil

   a) 123 000 000 → _____

   b) 2 340 000 → _____

2. Escreva o número 1 345 com símbolos romanos: _____

3. Observe abaixo os arredondamentos dos números para a ordem das centenas. O que você pode concluir sobre as regras para fazer os arredondamentos?

   3 4 0 2 → 3 4 0 0
   3 4 1 2 → 3 4 0 0
   3 4 2 2 → 3 4 0 0
   3 4 3 2 → 3 4 0 0
   3 4 4 2 → 3 4 0 0

   3 4 5 2 → 3 5 0 0
   3 4 6 2 → 3 5 0 0
   3 4 7 2 → 3 5 0 0
   3 4 8 2 → 3 5 0 0
   3 4 9 2 → 3 5 0 0

   | Ordem que será arredondada. | Quando este algarismo é 0, _____, 2, _____ ou 4, ao arredondar o número, mantemos o algarismo da ordem que será arredondada e todos os algarismos à direita dele viram _____. |

   | Ordem que será arredondada. | Quando este algarismo é _____, 6, _____, 8 ou _____, ao arredondar o número, aumentamos em 1 unidade o algarismo da ordem que será arredondada e todos os algarismos à direita dele viram _____. |

4. Qual das figuras é uma ampliação da figura **A**?

   _____
   _____

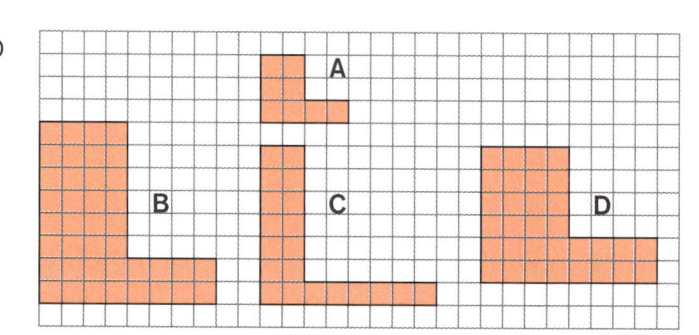

RESOLVENDO PROBLEMAS

- O gráfico abaixo indica a quantidade de embarques e desembarques de passageiros em alguns dos aeroportos do Brasil, em março de 2016.

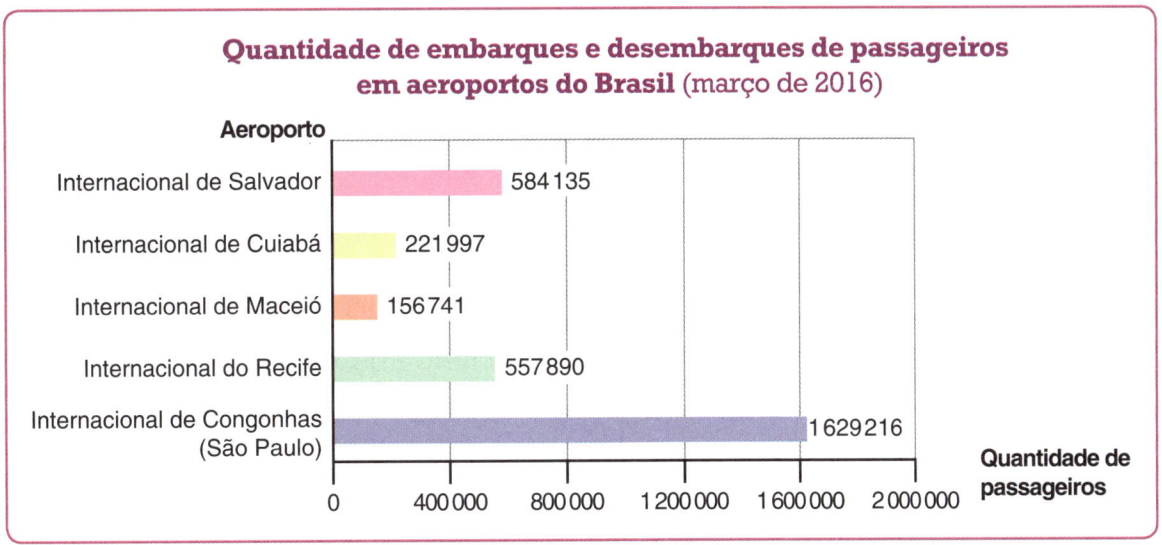

Embarque: ato de entrar em um meio de transporte.

Desembarque: ato de sair de um meio de transporte.

Quantidade de embarques e desembarques de passageiros em aeroportos do Brasil (março de 2016)

Aeroporto	Quantidade de passageiros
Internacional de Salvador	584 135
Internacional de Cuiabá	221 997
Internacional de Maceió	156 741
Internacional do Recife	557 890
Internacional de Congonhas (São Paulo)	1 629 216

Fonte de consulta: INFRAERO AEROPORTOS. **Estatísticas**. Disponível em: <www.infraero.gov.br/index.php/br/estatistica-dos-aeroportos.html>. Acesso em: 17 abr. 2016.

a) Qual desses aeroportos teve mais embarques e desembarques de passageiros em março de 2016?

_____

b) Nesses aeroportos, qual foi a menor quantidade de embarques e desembarques de passageiros em março de 2016? Escreva esse número por extenso.

_____

_____

c) Nesse mês, qual foi a diferença entre a quantidade de embarques e desembarques de passageiros nos Aeroportos Internacionais de Cuiabá e de Maceió?

_____

_____

d) É correto afirmar que o Aeroporto Internacional do Recife precisaria ter feito cerca de 1 milhão de embarques e desembarques de passageiros a mais no mês de março de 2016 para alcançar a quantidade de embarques e desembarques de passageiros do Aeroporto Internacional de Congonhas? Justifique.

CÁLCULO MENTAL

1. Calcule mentalmente o dobro de cada número abaixo e registre.

   a) 800 _____
   b) 1 800 _____
   c) 4 800 _____
   d) 7 800 _____
   e) 14 800 _____
   f) 840 _____
   g) 850 _____
   h) 870 _____
   i) 2 870 _____
   j) 875 _____
   k) 2 875 _____
   l) 5 875 _____

2. Calcule mentalmente a metade de cada número abaixo e registre.

   a) 800 _____
   b) 900 _____
   c) 950 _____
   d) 600 _____
   e) 700 _____
   f) 750 _____
   g) 2 950 _____
   h) 2 550 _____
   i) 4 350 _____
   j) 6 750 _____

Observe abaixo como Rafael encontra o triplo de um número.

$$3 \times 800 = 2 \times 800 + 800 = 2400$$

> JÁ SEI QUE O DOBRO DE 800 É 1 600. SE EU ADICIONAR 800 A 1 600, ENTÃO TEREI O TRIPLO DESSE NÚMERO.

3. Agora é com você! Calcule o triplo de cada número abaixo da mesma maneira que Rafael fez.

   a) 3 × 1 600 = 2 × 1 600 + 1 600 = _____
   b) 3 × 820 = _____
   c) 3 × 640 = _____
   d) 3 × 280 = _____
   e) 3 × 370 = _____
   f) 3 × 471 = _____

4. Quando Selma calculou o triplo de 425, ela pensou de outra maneira. Veja abaixo.

> 425 É O MESMO QUE 400 + 20 + 5.
> PARA CALCULAR O TRIPLO DE 425, PRIMEIRO EU CALCULO
> 3 × 400, 3 × 20 E 3 × 5. DEPOIS, ADICIONO OS RESULTADOS.

$$3 \times 400 + 3 \times 20 + 3 \times 5 = 1\,200 + 60 + 15 = 1\,275$$

Agora é a sua vez de calcular o triplo dos números abaixo da mesma maneira que Selma fez. Complete com o que falta.

a) 2 820 = 2 000 + 800 + 20

3 × 2 820 = _____

b) 6 340 = 6 000 + _____ + _____

3 × 6 340 = _____

c) 8 690 = _____ + _____ + _____

3 × 8 690 = _____

● MINHAS DICAS

Anote algo que você aprendeu nestas atividades e que pode ajudar a realizar cálculos mais rapidamente.

_____
_____
_____

51

CAPÍTULO 3

BILHÕES, MÚLTIPLOS E COMBINAÇÕES

A CLASSE DOS BILHÕES

No capítulo anterior você estudou números da classe dos milhões. Você conhece algum número maior do que os milhões?

Leia o texto abaixo.

Escassez de água atinge 4 bilhões de pessoas todo ano

Mais de 4 bilhões de pessoas [no mundo] lidam com severa falta de água por pelo menos 1 mês ao ano, afirma um novo estudo publicado pela revista *Science Advances* [...]. Metade dessas pessoas vive na China e na Índia. Milhões a mais vivem em Bangladesh, Paquistão, Nigéria, México e nos Estados Unidos – em estados como Califórnia, Texas e Flórida.

Os números encontrados são muito piores do que se esperava. Estudos anteriores afirmavam que a escassez atingia de 1,7 a 3,1 bilhões de pessoas.

TNONLINE. **Cotidiano**. Disponível em: <http://tnonline.uol.com.br/noticias/cotidiano/67,362313,12,02,escassez-de-agua-atinge-4-bilhoes-de-pessoas-todo-ano.shtml>. Acesso em: 11 mar. 2016.

---

1 Você sabe como escrever os números que aparecem no texto acima usando apenas algarismos?

Para escrever números da classe dos bilhões usamos mais de 9 algarismos. Veja o número **4 bilhões** no quadro de valor posicional abaixo.

4ª classe ou classe dos bilhões			3ª classe ou classe dos milhões			2ª classe ou classe dos milhares			1ª classe ou classe das unidades simples		
12ª ordem	11ª ordem	10ª ordem	9ª ordem	8ª ordem	7ª ordem	6ª ordem	5ª ordem	4ª ordem	3ª ordem	2ª ordem	1ª ordem
Centena de bilhão	Dezena de bilhão	Unidade de bilhão	Centena de milhão	Dezena de milhão	Unidade de milhão	Centena de milhar	Dezena de milhar	Unidade de milhar	Centena	Dezena	Unidade
		4	0	0	0	0	0	0	0	0	0

2 Agora, escreva abaixo os outros números do texto usando apenas algarismos.

3 Complete a sequência numérica abaixo acrescentando 100 000 000 ao número anterior.

100 000 000, 200 000 000, _____, _____,

_____, _____, _____,

_____, _____, _____.

4 Escreva por extenso os números abaixo.

a) 2 500 000 000 _____

b) 2 348 000 000 _____

c) 1 032 512 000 _____

5 Agora você vai conhecer as classes dos números maiores do que os bilhões! Observe no quadro abaixo o menor número de cada classe e a quantidade de zeros desse número.

1 unidade	1
1 mil	1 000
1 milhão	1 000 000
1 bilhão	1 000 000 000
1 trilhão	1 000 000 000 000
1 quatrilhão	1 000 000 000 000 000
1 quintilhão	1 000 000 000 000 000 000
1 sextilhão	1 000 000 000 000 000 000 000
1 setilhão	1 000 000 000 000 000 000 000 000

Quantas vezes o menor número de uma classe é maior do que o menor número da classe anterior? Explique sua resposta.

_____

_____

ADIÇÃO E SUBTRAÇÃO COM BILHÕES

1 Leia novamente o texto **Escassez de água atinge 4 bilhões de pessoas todo ano**. Converse com os colegas sobre como calcular a diferença entre a quantidade de pessoas atingidas pela seca de acordo com o novo estudo e de acordo com os estudos anteriores.

2 Ligue os números da coluna da esquerda aos números da coluna da direita de modo que a adição desses números resulte em 1 bilhão.

500 000 000	900 000 000
100 000 000	750 000 000
110 000 000	890 000 000
250 000 000	700 000 000
300 000 000	550 000 000
450 000 000	500 000 000

3 Registre o número 3 045 000 000 no visor de uma calculadora. Usando apenas as teclas de algarismos e as teclas [+] e [=], como você faria para transformar esse número em 8 901 000 000? Registre abaixo as teclas que você usou.

_____
_____
_____

4 E como você faria para transformar o número 5 643 000 000 em 9 007 000 000 usando apenas as teclas de algarismos e as teclas [+] e [=]? Registre abaixo as teclas que você usou.

_____
_____
_____

5 Agora, compare sua estratégia de resolução nas atividades **3** e **4** com a estratégia usada por um colega. Em seguida, experimente usar a estratégia dele para transformar o número 7 947 000 000 em 9 187 000 000.

6 Em uma calculadora, use apenas as teclas de algarismos e as teclas [−] e [=] para transformar o número 1 000 000 000 em cada número abaixo. Registre as teclas que você usou.

a) 100 000 000

b) 10 000 000

c) 1 000 000

d) 100 000

7 Observe ao lado o número registrado no visor da calculadora.

a) Como você pode adicionar 5 unidades de milhar a esse número sem usar a tecla [5]? Registre abaixo as teclas que você usaria.

b) E se você quisesse adicionar 5 centenas de milhar a esse número? Registre abaixo as teclas que você usaria.

55

CARACTERÍSTICAS DAS ADIÇÕES E DAS SUBTRAÇÕES

A professora Leila pediu a seus alunos que calculassem o valor de 345 + 125 + 55 + 425.

Acompanhe abaixo como Válter e Lúcia fizeram seus cálculos.

Válter:

PARA ENCURTAR A CONTA, VOU CALCULAR PRIMEIRO 345 MAIS 125.

```
  1
  3 4 5
+ 1 2 5
  4 7 0
```

AGORA, CALCULO 55 MAIS 425.

```
  1
    5 5
+ 4 2 5
  4 8 0
```

NO FINAL, ADICIONO OS DOIS RESULTADOS.

```
  1
  4 7 0
+ 4 8 0
  9 5 0
```

Lúcia:

```
  1
  1 2 5
+ 4 2 5
  5 5 0
```

VOU USAR O QUE APRENDI NO CÁLCULO MENTAL. PRIMEIRO, JUNTO OS DOIS NÚMEROS QUE TERMINAM EM 25, POIS SEI QUE O RESULTADO DA ADIÇÃO TERMINARÁ EM 50.

AGORA, CALCULO 345 MAIS 55.

```
  1 1
  3 4 5
+   5 5
  4 0 0
```

POR FIM, CALCULO MENTALMENTE O RESULTADO FINAL.

550 + 400 = 950

1 Você acha que a ordem em que adicionamos as parcelas de uma adição muda o resultado?

_____

Em Matemática, **propriedade** é uma característica de uma operação ou de uma figura geométrica. Na adição, temos a **propriedade associativa** que garante que podemos associar as parcelas de diferentes maneiras e o resultado da adição não se altera. Ou seja, podemos escolher a ordem em que adicionamos as parcelas.

2 Resolva as adições escolhendo a ordem que preferir para associar as parcelas.

a) 137 + 1 202 + 2 013 + 450 = _____

b) 56 857 + 145 000 + 205 000 + 123 = _____

3 Compare a maneira com que você associou as parcelas das adições na atividade anterior com a maneira usada por 2 colegas. Vocês escolheram a mesma ordem das parcelas? Vocês obtiveram os mesmos resultados?

4 Agora vamos conhecer uma característica das adições e subtrações? Resolva as adições e as subtrações abaixo da maneira que preferir. Depois, troque ideias com um colega sobre o que é possível perceber entre essas operações.

245 + 3 129 = _____	3 374 − 3 129 = _____	3 374 − 245 = _____
12 835 + 1 250 = _____	14 085 − 12 835 = _____	14 085 − 1 250 = _____

A adição e a subtração são **operações inversas**. Podemos usar uma subtração para conferir o resultado de uma adição e vice-versa.

5 Descubra a parcela que está faltando em cada adição, fazendo os cálculos da maneira que preferir. Depois, escreva as 2 subtrações correspondentes.

a) 230 450 + _____ = 450 722

_____ − _____ = _____ e _____ − _____ = _____

b) 35 458 + _____ = 50 999

_____ − _____ = _____ e _____ − _____ = _____

6 Escreva a adição correspondente a cada subtração abaixo.

a) 754 228 − 325 456 = 428 772   _____ + _____ = _____

b) 840 032 − 34 002 = 806 030   _____ + _____ = _____

MÚLTIPLOS

Veja abaixo quantas jarras de 1 litro cada garrafa de suco concentrado de uva e de manga rende.

Suco de uva: 2 litros.   Suco de manga: 3 litros.

1 Podemos registrar em tabelas o rendimento de cada tipo de suco concentrado. Complete as tabelas abaixo com os números e as multiplicações que faltam.

Rendimento do suco concentrado de uva

Quantidade de garrafas	Rendimento (em litros)
0	0 × 2 = 0
1	1 × 2 = 2
2	2 × 2 = _____
3	3 × 2 = 6
4	4 × 2 = _____
5	_____
6	_____
7	7 × 2 = 14
8	8 × 2 = _____
9	_____ × 2 = 18
10	_____ × 2 = 20

Rendimento do suco concentrado de manga

Quantidade de garrafas	Rendimento (em litros)
0	0 × 3 = 0
1	1 × 3 = 3
2	_____
3	_____
4	4 × 3 = 12
5	_____
6	_____ × 3 = 18
7	_____
8	_____
9	9 × _____ = 27
10	10 × 3 = _____

Tabelas elaboradas para fins didáticos.

2 Observe as tabelas da página anterior.

a) O que as multiplicações da tabela **Rendimento do suco concentrado de uva** têm em comum?

_____
_____
_____

> Dizemos que os resultados dessas multiplicações são **múltiplos** de 2. Assim, 0, 2, 4, 6, 8, 10, 12, 14, 16, 18 e 20 são múltiplos de 2.

b) O que as multiplicações da tabela **Rendimento do suco concentrado de manga** têm em comum?

_____
_____
_____

c) Nessa tabela, quais são os múltiplos de 3?

_____
_____
_____

Agora, veja abaixo quantas jarras de 1 litro cada garrafa de suco de maracujá rende.

Suco de maracujá: 6 litros.

3 Também podemos registrar em uma tabela o rendimento do suco concentrado de maracujá.

a) Complete a tabela abaixo com os números e as multiplicações que faltam.

Rendimento do suco concentrado de maracujá

Quantidade de garrafas	Rendimento (em litros)
0	_____
1	_____
2	_____
	3 × 6 = 18
4	_____
5	_____ × 6 = 30
6	_____
7	_____
	8 × _____ = 48
9	_____
10	_____

Tabela elaborada para fins didáticos.

b) Pense nas multiplicações da tabela **Rendimento do suco concentrado de maracujá** e complete abaixo.

Nessa tabela, os múltiplos do número _____ são _____, _____, _____, _____, _____, _____, _____, _____, _____ e _____.

4 Pense na tabuada do 5 e escreva abaixo alguns múltiplos de 5.

_____

5 Observe os 2 grupos de multiplicações ao lado.

Grupo 1	Grupo 2
1 × 24 = 24	1 × 30 = 30
2 × 12 = 24	2 × 15 = 30
3 × 8 = 24	3 × 10 = 30
6 × 4 = 24	6 × 5 = 30

a) O que as multiplicações do grupo **1** têm em comum?

_____

_____

b) Quais são os fatores dessas multiplicações?

_____

> Dizemos que 24 é **múltiplo** de 1, 2, 3, 4, 6, 8, 12 e 24.

c) E o que as multiplicações do grupo **2** têm em comum?

_____

d) Complete: dizemos que 30 é múltiplo de _____, _____, _____,

_____, _____, _____, _____ e _____.

6 O número 36 é múltiplo de 2 e é múltiplo de 18, pois 2 × 18 = 36.

a) Escreva abaixo outras multiplicações que resultem em 36.

_____

b) Compare as multiplicações que você escreveu com as que os colegas escreveram. O número 36 é múltiplo de quais números?

_____

7 Agora é com você! Pense nas outras multiplicações com mesmo resultado de cada multiplicação abaixo e conclua de que números esse resultado é múltiplo.

a) 3 × 6 = 18

_____

b) 2 × 24 = 48

_____

PIRÂMIDES E SUAS PLANIFICAÇÕES

1 Observe as pirâmides abaixo.

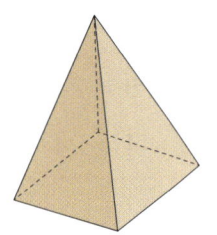

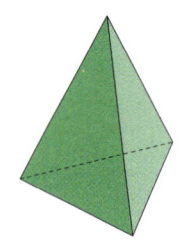

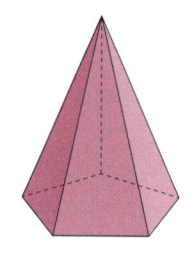

_____   _____   _____

Lembre-se: as faces das pirâmides que não são base são chamadas de **faces laterais**.

a) Pense na forma das bases dessas pirâmides e escreva o nome de cada uma delas.

b) Qual é a forma das faces laterais dessas pirâmides?

_____

c) Se a base da pirâmide é quadrada, então quantas faces laterais triangulares ela tem?

_____

d) Se a base da pirâmide é triangular, então quantas faces laterais triangulares ela tem? E se a base é pentagonal?

_____

_____

2 Observe novamente as pirâmides da atividade **1** e complete as frases abaixo.

a) A pirâmide de base triangular tem _____ vértices.

b) A pirâmide de base quadrada tem _____ vértices.

c) A pirâmide de base pentagonal tem _____ vértices.

d) A pirâmide de base _____ tem 3 vértices na base.

e) A pirâmide de base _____ tem 5 vértices na base.

f) A pirâmide de base _____ tem 4 vértices na base.

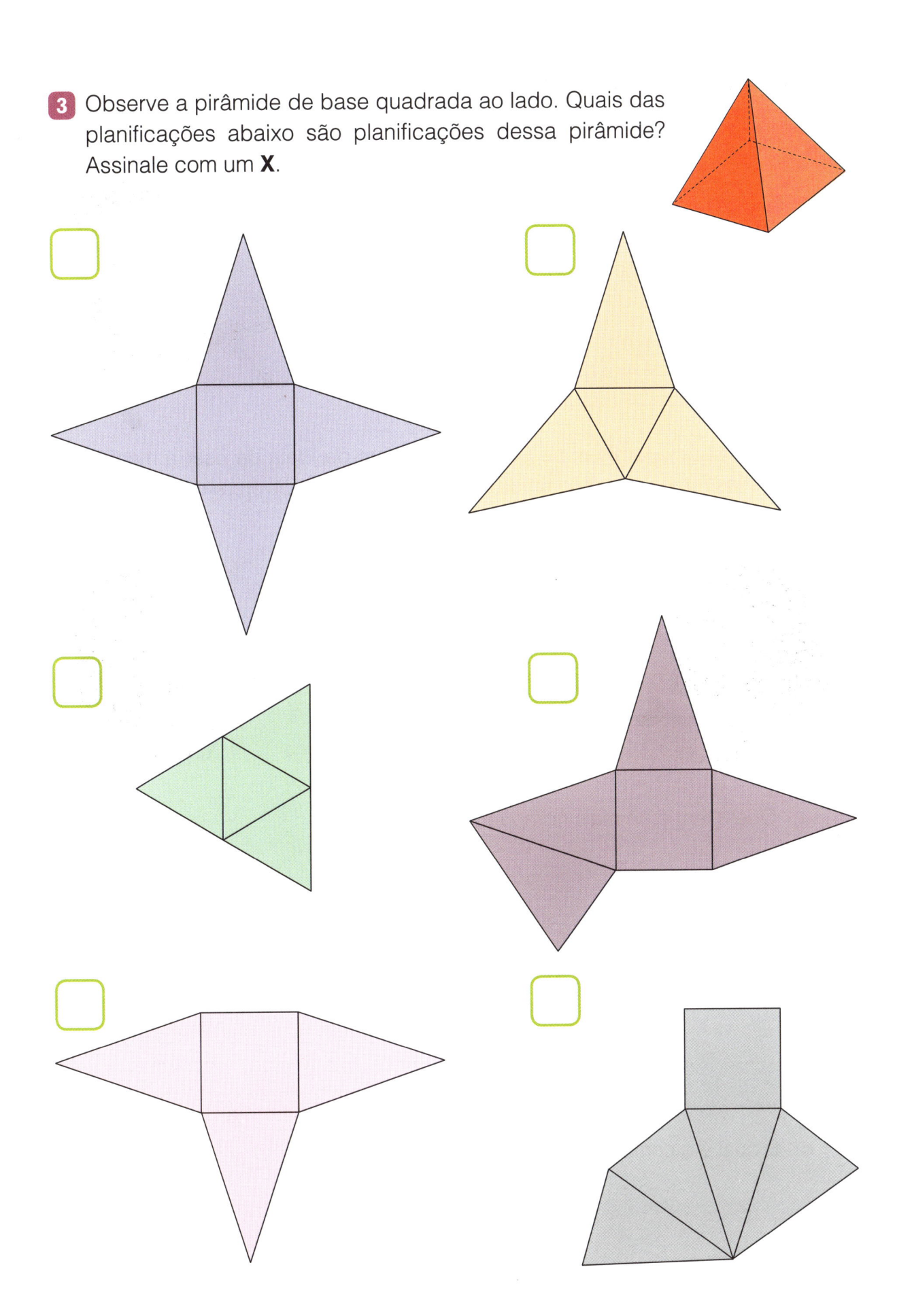

3 Observe a pirâmide de base quadrada ao lado. Quais das planificações abaixo são planificações dessa pirâmide? Assinale com um **X**.

MEDIDAS DE COMPRIMENTO

Veja ao lado como Camila usou sua lapiseira para medir o comprimento de sua carteira escolar.

VEJA, DEU CERTINHO! MINHA LAPISEIRA COUBE 4 VEZES NA CARTEIRA.

1 Se a lapiseira de Camila mede 15 cm, então qual é o comprimento da carteira escolar de Camila?

_____

_____

2 Matilde e Lúcia, amigas de Camila, gostaram da ideia de usar a medida de outros instrumentos como unidades de medida e resolveram medir o comprimento da sala de aula usando os pés.

O MEU PÉ COUBE 40 VEZES!

PUXA, LÚCIA, O MEU COUBE SÓ 36 VEZES!

a) Quem tem o pé mais comprido? Por quê?

_____

_____

b) Se o pé de Lúcia tem 18 cm de comprimento, então qual é o comprimento da sala de aula?

_____

c) E qual é o comprimento do pé de Matilde?

_____

3 Agora é a sua vez!

a) Faça como Matilde e Lúcia, meça o comprimento de sua sala de aula usando seus pés. Coloque um pé na frente do outro, encostando-os. Em seguida, meça o comprimento do seu pé.

Comprimento da sala de aula: _____ pés.

Comprimento do meu pé: _____ centímetros.

b) Qual é o comprimento em centímetros de sua sala de aula? E em metros?

_____

c) Observe as medições de um colega e verifique se ele obteve o mesmo comprimento da sala de aula.

4 Agora, vamos pensar nas unidades de medida padronizadas.

> Pés, passos e palmos são exemplos de unidades de medida de comprimento que variam de pessoa para pessoa.
>
> **Unidades de medida padronizadas** são aquelas que são iguais para todas as pessoas. Para medir comprimentos, o milímetro, o centímetro, o metro e o quilômetro são exemplos de unidades de medida padronizadas.

Converse com os colegas e decidam qual é a unidade de medida padronizada de comprimento mais adequada para cada medida abaixo.

a) A altura de uma casa. _____

b) A espessura deste livro de Matemática. _____

c) A distância entre 2 cidades. _____

d) O comprimento de uma folha de papel. _____

5 Complete a tabela abaixo. Lembre-se de que 1 metro é igual a 100 centímetros.

Conversão entre metros e centímetros

m	1	2	3			15		17		10	
cm				700	800		2000		600		3000

Tabela elaborada para fins didáticos.

6 Para entrar em determinada piscina de um clube é preciso ter no mínimo 1 m e 40 cm de altura, pois dessa maneira é possível permanecer em pé dentro da piscina com toda a cabeça para fora da água. Veja abaixo a altura de algumas crianças.

| Maria: 141 cm | Luísa: 107 cm | Mariana: 1 m e 8 cm | Paola: 1 045 mm |

Converse com os colegas e pinte o quadrinho com o nome da criança que pode entrar nessa piscina.

7 Joaquim correu 7 voltas em uma pista de atletismo que mede 350 metros.

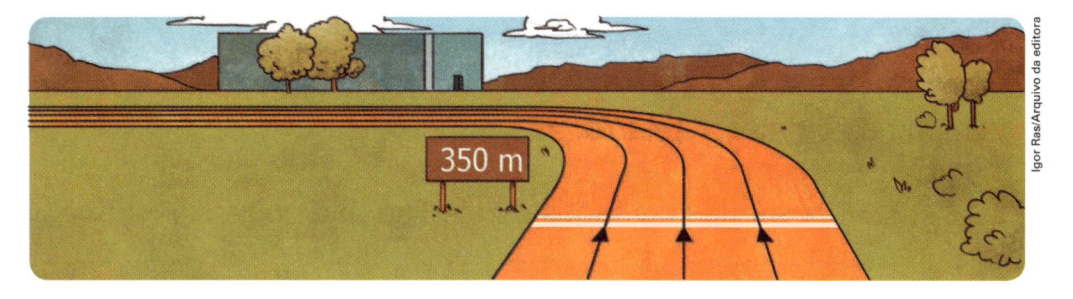

a) Quantos metros Joaquim correu ao todo?

_____

b) Quantos metros faltaram para Joaquim completar 3 quilômetros?

_____

c) Caio correu 3 500 metros nessa pista de atletismo. Quantas voltas ele deu nessa pista?

_____

d) Bernardo caminha 760 metros de sua casa até a pista de atletismo. Se ele saiu de sua casa até a pista de atletismo, correu 6 voltas nela e depois voltou para sua casa, então quantos metros ele percorreu ao todo?

_____

8 As estradas têm marcações indicando a quilometragem. Quando andamos em um dos lados da estrada, a quilometragem diminui e, quando andamos no outro lado, a quilometragem aumenta.

Observe na figura abaixo que, quando o caminhão amarelo percorrer 1 km, a quilometragem indicada na estrada vai aumentar 1 km. Quando o caminhão vermelho percorrer 1 km, a quilometragem indicada na estrada vai diminuir 1 km.

As imagens destas páginas não estão representadas em proporção.

a) No momento registrado na imagem acima, o motorista do caminhão vermelho já tinha percorrido 134 km por essa estrada. Em qual quilômetro da estrada ele iniciou o percurso?

b) Depois do momento registrado na imagem, o motorista do caminhão vermelho trafegou por 48 km por essa estrada até parar em um posto de gasolina. Em qual quilômetro da estrada fica esse posto?

c) O motorista do caminhão amarelo chegou ao seu destino no quilômetro 420 dessa estrada. Quantos quilômetros ele percorreu após o momento registrado na imagem acima?

POSSIBILIDADES E COMBINAÇÕES

Você conhece a bandeira do estado onde você mora? Veja ao lado a bandeira de Alagoas. O folclore regional desse estado serviu de inspiração para as cores de sua bandeira.

Bandeira do estado de Alagoas

1 Pesquise sobre a bandeira do estado em que você mora. Anote abaixo suas principais características e o significado de suas cores ou símbolos.

_____
_____
_____

Atenção!
Não é permitido repetir as cores na mesma bandeira e a ordem das faixas é importante.

2 É possível pintar outras bandeiras usando as mesmas 3 cores e 3 faixas da bandeira do estado de Alagoas. Use as cores vermelha, branca e azul e pinte abaixo todas as bandeiras possíveis. A primeira bandeira possível, que tem as cores na mesma ordem que a bandeira de Alagoas, já está feita!

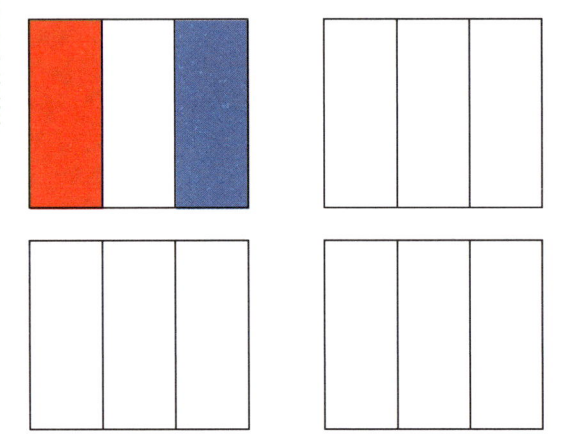

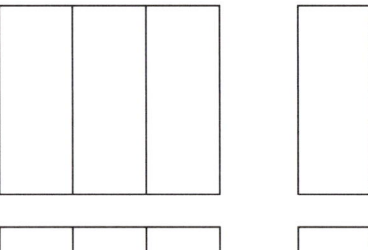

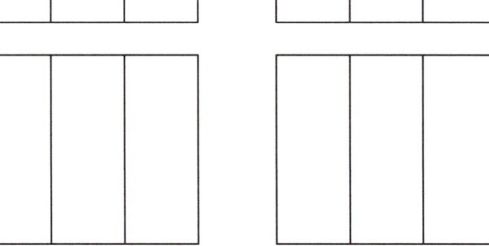

Usando 3 faixas e 3 cores podemos pintar 6 bandeiras diferentes. Então, temos 3 faixas em cada bandeira e 3 possibilidades de cores, totalizando 6 combinações de bandeiras.

3 Recorte 10 retângulos de papel para fazer cartelas como as do modelo ao lado.

Use essas cartelas para obter todas as combinações possíveis para cada item abaixo e registre quantas combinações você obteve e quais são elas.

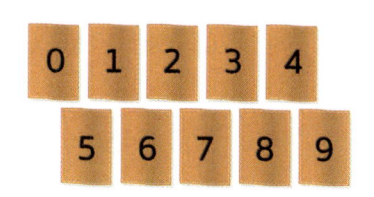

a) Forme números de 2 algarismos diferentes usando apenas as cartelas 1, 2 e 3. _____

b) Forme números de 2 algarismos diferentes usando apenas as cartelas 0, 4 e 5. _____

c) Forme números de 3 algarismos diferentes usando apenas as cartelas 6, 7 e 8. _____

4 Em um jogo, um jogador pode escolher entre 3 profissões para seu personagem (comerciante, lenhador ou mineiro) e entre 3 origens (citadino, campestre ou praiano).

a) Complete o quadro registrando todas as combinações para o personagem.

Combinações para o personagem do jogo

Profissão / Origem	Comerciante	Lenhador	Mineiro
Citadino	Comerciante citadino		
Campestre			Mineiro campestre
Praiano		Lenhador praiano	

b) Sendo 3 possibilidades de profissão e 3 possibilidades de origem para o personagem, quantas combinações é possível montar?

_____

c) Se aumentarmos para 4 possibilidades de profissão, então quantas combinações para o personagem o jogo passará a ter?

_____

Atenção! Pense em uma multiplicação para resolver os itens **b** e **c** e registre-a.

ATIVIDADES DO CAPÍTULO

1. Escreva os números abaixo usando somente algarismos.

    a) 2 bilhões e 100 milhões _____

    b) 6 bilhões e 758 mil _____

    c) 9 bilhões, 5 milhões, 6 mil e 9 _____

    d) 923 bilhões, 293 milhões, 197 mil e 13 _____

2. Indique qual é o valor posicional do algarismo 9 em cada número abaixo.

    a) 29 354 _____

    b) 400 956 _____

    c) 2 000 987 587 _____

    d) 91 203 000 000 _____

3. Pense nas tabuadas do 7 e do 2. Pinte de **azul** os números abaixo que são múltiplos de 7 e contorne de **roxo** os que são múltiplos de 2.

    | 14 | 35 | 70 | 49 | 51 | 17 | 12 | 10 | 33 | 21 |

4. Um trem se deslocou de uma cidade a outra em 4 horas. Sabendo que ele percorreu 42 km em cada hora, quantos metros ele percorreu ao todo?

    _____

5. Uma loja de presentes oferece 4 papéis de embrulho diferentes e 5 cores de laço para confeccionar uma embalagem de presente.

    a) Quantas combinações de embalagem de presente a loja oferece?

    _____

    b) A loja quer oferecer mais cores de laço para ter mais de 30 combinações de embalagem de presente. Qual é a menor quantidade de cores de laço que a loja deve oferecer?

    _____

RESOLVENDO PROBLEMAS

- Leia os problemas abaixo antes de responder aos itens.

   1º) Carolina levou as sobrinhas a uma livraria. Cada sobrinha escolheu 1 livro diferente: **As aventuras de Guto**, **Crônicas fantásticas**, **A tempestade no lago**, **A vida marinha e seus encantos** e **Uma manhã no jardim**. Quantos livros diferentes são vendidos nessa livraria?

   2º) Simone quer comprar uma enciclopédia nova. Todo mês ela guarda R$ 20,00 de sua mesada. Ela já tem R$ 120,00 guardados, e hoje seu tio lhe deu mais R$ 50,00. Quanto custa a enciclopédia?

   a) É possível resolver esses problemas? Explique sua resposta.

   _____

   _____

   b) Assinale com um **X** as perguntas abaixo que podem ser respondidas com os dados do primeiro problema. Depois, responda a essas perguntas.

   ☐ Quantas sobrinhas Carolina levou à livraria?

   _____

   ☐ Qual é o livro preferido de Carolina?

   _____

   ☐ Usando apenas os livros escolhidos pelas sobrinhas de Carolina, quantas combinações de compra de 2 livros diferentes cada sobrinha tem?

   _____

   c) Invente uma pergunta que possa ser respondida com os dados do segundo problema. Em seguida, peça a um colega que responda à sua pergunta enquanto você responde à pergunta que ele criou.

   Pergunta: _____

   Resposta: _____

CÁLCULO MENTAL

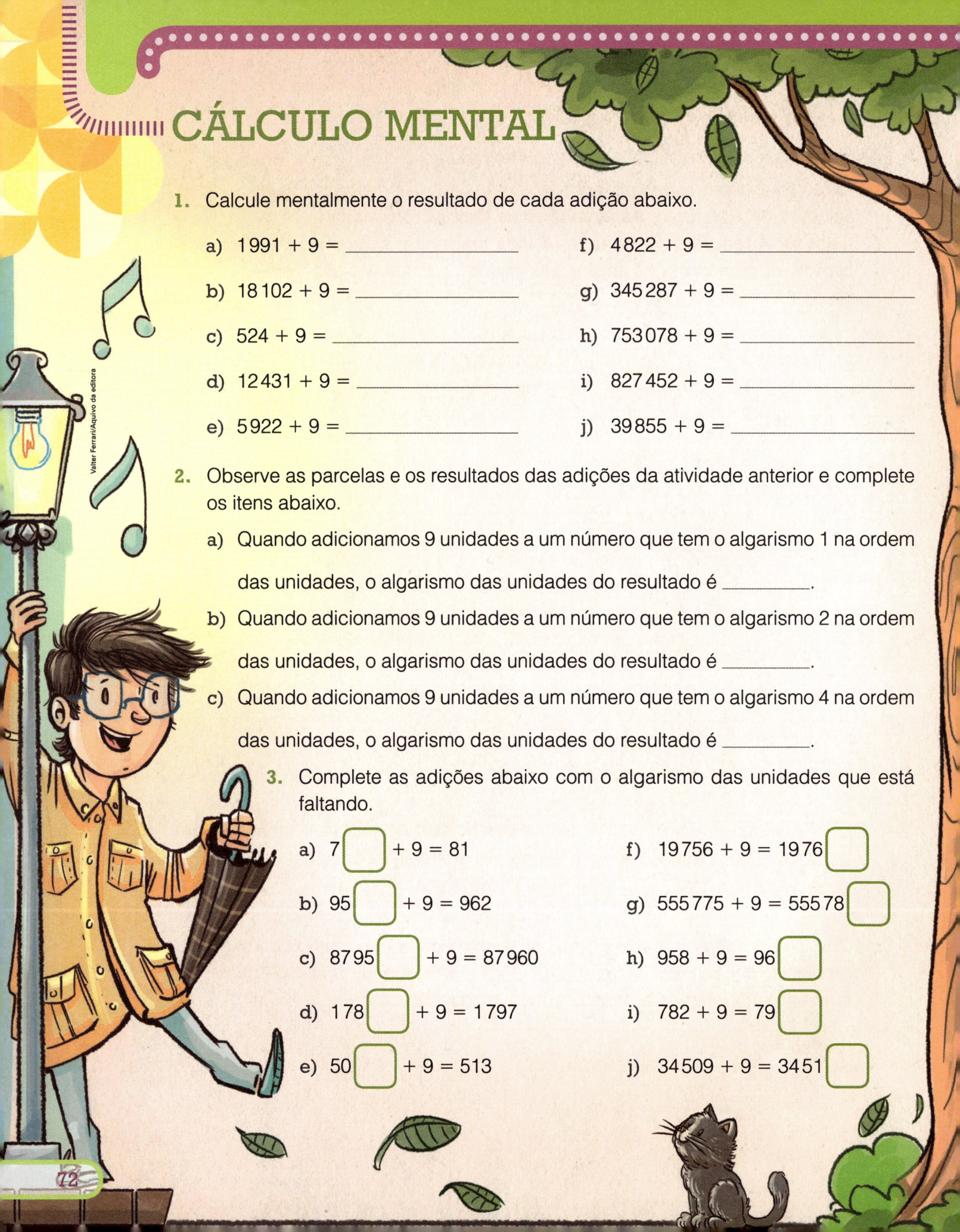

1. Calcule mentalmente o resultado de cada adição abaixo.

   a) 1991 + 9 = _____
   b) 18 102 + 9 = _____
   c) 524 + 9 = _____
   d) 12 431 + 9 = _____
   e) 5 922 + 9 = _____

   f) 4 822 + 9 = _____
   g) 345 287 + 9 = _____
   h) 753 078 + 9 = _____
   i) 827 452 + 9 = _____
   j) 39 855 + 9 = _____

2. Observe as parcelas e os resultados das adições da atividade anterior e complete os itens abaixo.

   a) Quando adicionamos 9 unidades a um número que tem o algarismo 1 na ordem das unidades, o algarismo das unidades do resultado é _____.

   b) Quando adicionamos 9 unidades a um número que tem o algarismo 2 na ordem das unidades, o algarismo das unidades do resultado é _____.

   c) Quando adicionamos 9 unidades a um número que tem o algarismo 4 na ordem das unidades, o algarismo das unidades do resultado é _____.

3. Complete as adições abaixo com o algarismo das unidades que está faltando.

   a) 7☐ + 9 = 81
   b) 95☐ + 9 = 962
   c) 87 95☐ + 9 = 87 960
   d) 178☐ + 9 = 1 797
   e) 50☐ + 9 = 513

   f) 19 756 + 9 = 19 76☐
   g) 555 775 + 9 = 555 78☐
   h) 958 + 9 = 96☐
   i) 782 + 9 = 79☐
   j) 34 509 + 9 = 34 51☐

4. Observe as adições da atividade anterior.

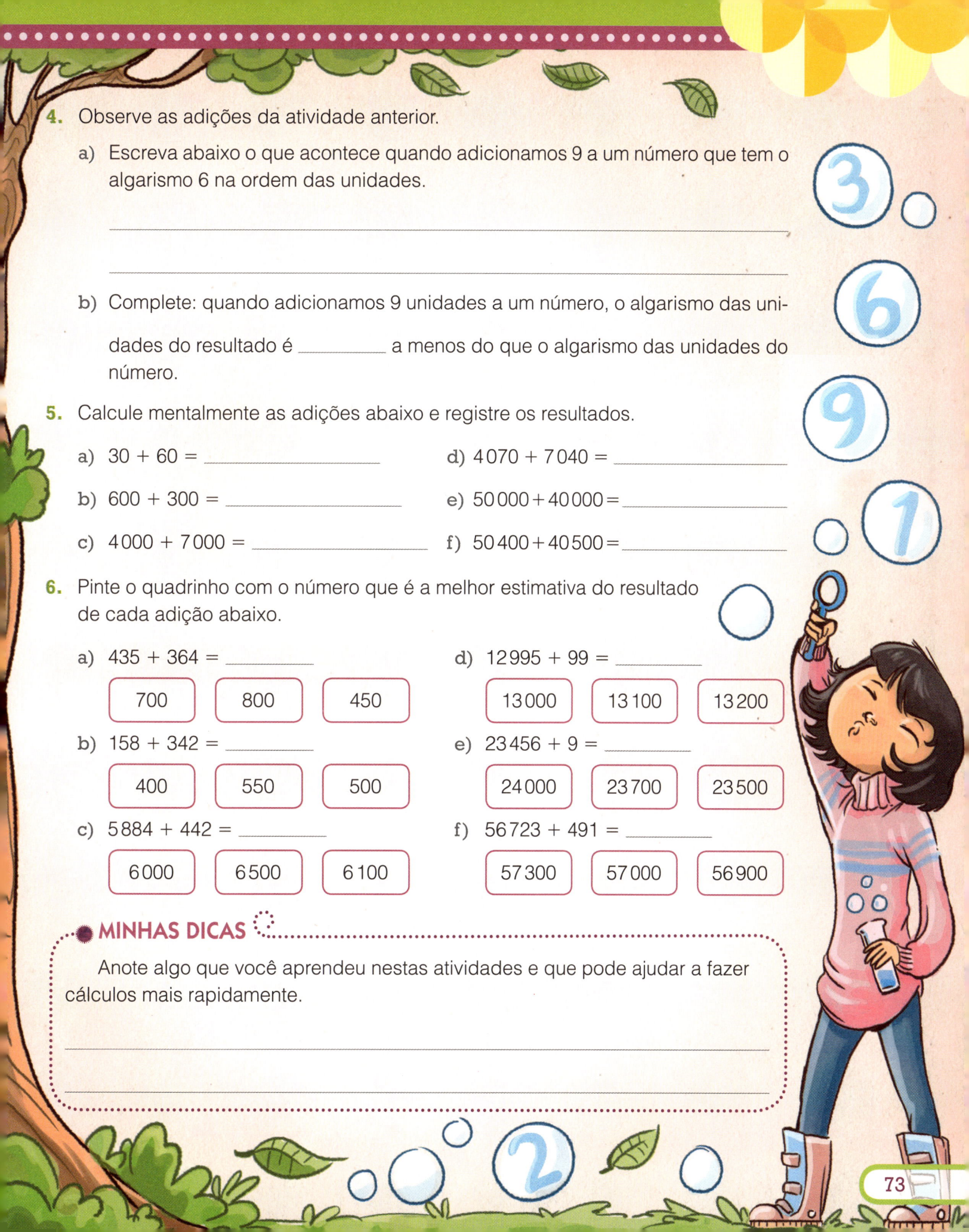

   a) Escreva abaixo o que acontece quando adicionamos 9 a um número que tem o algarismo 6 na ordem das unidades.

   _____

   _____

   b) Complete: quando adicionamos 9 unidades a um número, o algarismo das unidades do resultado é _____ a menos do que o algarismo das unidades do número.

5. Calcule mentalmente as adições abaixo e registre os resultados.

   a) 30 + 60 = _____

   b) 600 + 300 = _____

   c) 4 000 + 7 000 = _____

   d) 4 070 + 7 040 = _____

   e) 50 000 + 40 000 = _____

   f) 50 400 + 40 500 = _____

6. Pinte o quadrinho com o número que é a melhor estimativa do resultado de cada adição abaixo.

   a) 435 + 364 = _____

   | 700 | 800 | 450 |

   b) 158 + 342 = _____

   | 400 | 550 | 500 |

   c) 5 884 + 442 = _____

   | 6 000 | 6 500 | 6 100 |

   d) 12 995 + 99 = _____

   | 13 000 | 13 100 | 13 200 |

   e) 23 456 + 9 = _____

   | 24 000 | 23 700 | 23 500 |

   f) 56 723 + 491 = _____

   | 57 300 | 57 000 | 56 900 |

● **MINHAS DICAS**

Anote algo que você aprendeu nestas atividades e que pode ajudar a fazer cálculos mais rapidamente.

_____

_____

LER E ENTENDER

Os infográficos são um tipo de gráfico que apresenta informações em textos, números e imagens. Geralmente os textos são breves e as imagens têm a forma de ícones ilustrativos. Essas características permitem resumir informações, reunir dados e apresentar conteúdos de maneira fácil para a compreensão do leitor.

Observe o infográfico abaixo.

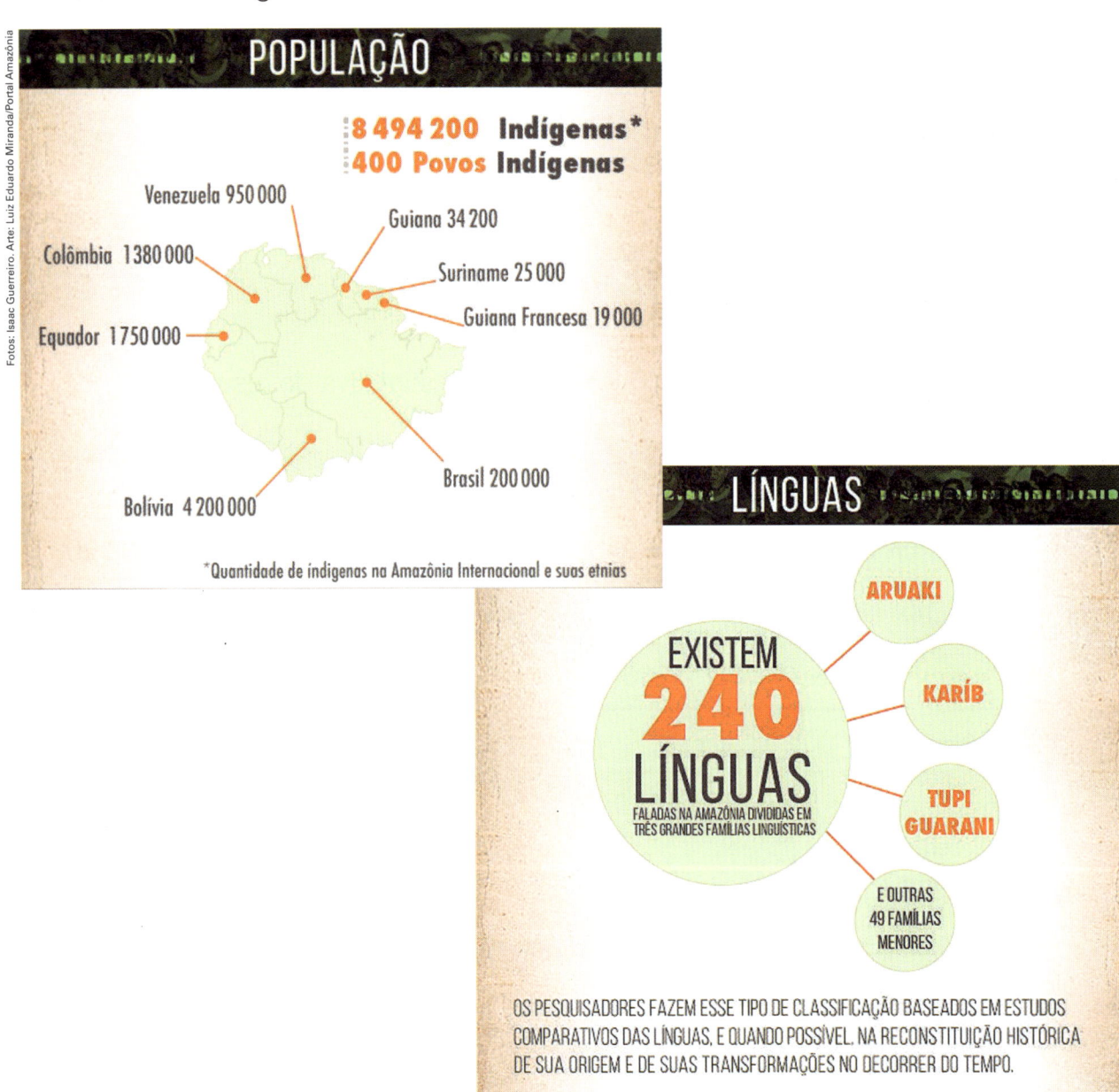

POPULAÇÃO

8 494 200 Indígenas*
400 Povos Indígenas

- Venezuela 950 000
- Colômbia 1 380 000
- Equador 1 750 000
- Guiana 34 200
- Suriname 25 000
- Guiana Francesa 19 000
- Brasil 200 000
- Bolívia 4 200 000

*Quantidade de indígenas na Amazônia Internacional e suas etnias

Fotos: Isaac Guerreiro. Arte: Luiz Eduardo Miranda/Portal Amazônia

LÍNGUAS

EXISTEM 240 LÍNGUAS FALADAS NA AMAZÔNIA DIVIDIDAS EM TRÊS GRANDES FAMÍLIAS LINGUÍSTICAS

- ARUAKI
- KARÍB
- TUPI GUARANI
- E OUTRAS 49 FAMÍLIAS MENORES

OS PESQUISADORES FAZEM ESSE TIPO DE CLASSIFICAÇÃO BASEADOS EM ESTUDOS COMPARATIVOS DAS LÍNGUAS, E QUANDO POSSÍVEL, NA RECONSTITUIÇÃO HISTÓRICA DE SUA ORIGEM E DE SUAS TRANSFORMAÇÕES NO DECORRER DO TEMPO.

PORTAL AMAZÔNIA. **Cidades**. Disponível em: <http://portalamazonia.com/noticias-detalhe/cidades/infografico-conheca-a-populacao-indigena-da-amazonia-internacional-em-numeros/>. Acesso em: 20 abr. 2016.

ANALISE

1. No infográfico da página anterior aparecem dados sobre uma população específica.

    a) Qual é a população dos dados desse infográfico?
    _____

    b) Quais países estão indicados no infográfico?
    _____

    c) Cite algumas das informações que são apresentadas no infográfico.
    _____
    _____

    d) Qual país mostrado no infográfico tem mais indígenas? E qual tem menos?
    _____
    _____

RELACIONE

2. Copie abaixo os 4 números da classe dos milhões que aparecem no infográfico e escreva-os por extenso.
    _____
    _____
    _____
    _____

3. De acordo com o infográfico, quantos são os indígenas que não vivem no Brasil?
    _____
    _____

4. Você conhece alguma das famílias de línguas indígenas citadas no infográfico?

5. Pesquise 3 palavras ou expressões que tenham origem indígena e registre em uma folha à parte. Registre também o nome da língua indígena e o significado da palavra.

O QUE APRENDI?

A imagem que você viu na abertura desta Unidade mostra uma banca de jornal com diversas notícias em jornais e revistas.

1. Observe as notícias e os números que aparecem nessa imagem.

   a) Em algumas das notícias presentes nessa imagem aparecem números da classe dos milhões. Escreva abaixo esses números utilizando apenas algarismos.

   _____

   b) Complete: a extensão do litoral brasileiro é _____ e a área do Cerrado é aproximadamente _____.

   c) Qual das notícias mais chamou a sua atenção? Por quê?

2. Essa banca tem disponíveis 6 revistas diferentes, 3 tipos de cruzadinha e 2 jornais. Imagine que um cliente da banca quer comprar 1 revista, 1 cruzadinha e 1 jornal. Quantas combinações ele pode fazer?

3. A área do Cerrado, mostrada na imagem, está aproximada. Veja abaixo a área do Cerrado e dos outros biomas continentais do Brasil.

Área dos biomas continentais do Brasil

Bioma	Área (em km²)
Amazônia	4 196 943
Cerrado	2 036 448
Mata Atlântica	1 110 182
Caatinga	844 453
Pampa	176 496
Pantanal	150 355

IBGE. **Geociências**. Disponível em: <www.ibge.gov.br/home/presidencia/noticias/21052004biomashtml.shtm>. Acesso em: 20 abr. 2016.

a) Qual foi a aproximação feita para a área do Cerrado?

_____

_____

b) Qual é a diferença entre a área da Amazônia e a área do Cerrado?

_____

_____

c) Qual bioma tem a menor área? _____

d) Qual é a área total ocupada por todos os biomas continentais do Brasil?

_____

Dica: adicione a área de todos os biomas.

4. Pesquise a quantidade de pessoas que residiam em seu estado em 2000 e em 2010. A população de seu estado aumentou ou diminuiu nesse período? De quantos habitantes foi a diferença?

_____

MINHA COLEÇÃO DE PALAVRAS

Escreva o significado de cada expressão abaixo.

- Bilhão: _____
- Arredondamento: _____
- Propriedade: _____
- Face lateral: _____

UNIDADE 2
FESTAS E COMEMORAÇÕES

Carnaval do Rio, de Aracy de Andrade, 2014. Acrílico sobre tela. 50 cm × 40 cm. Acervo particular.

- Descreva esta obra em poucas palavras.
- Você reconhece o local retratado na obra?
- As pessoas retratadas na obra estão participando de uma festa popular. Qual é essa festa?

CAPÍTULO 4

DIFERENTES REPRESENTAÇÕES DOS NÚMEROS

RELEMBRANDO FRAÇÕES

As frações são comuns no dia a dia. Veja abaixo alguns exemplos de usos das frações.

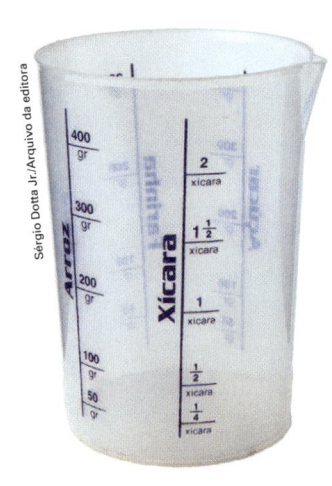

As imagens desta página não estão representadas em proporção.

Copo medidor

Medidor do tanque de combustível

Ferramenta chamada chave de boca.

Neste capítulo você verá também frações usadas em receitas, em divisões e nas medidas de tempo. Mas antes relembre como fazemos a leitura das frações.

- Começamos a ler uma fração sempre pelo numerador.
- Depois, lemos o denominador. Utilizamos a palavra **avos** quando o denominador da fração é maior do que 10 e diferente de 100 ou 1 000.

Acompanhe os exemplos abaixo.

- $\frac{1}{2}$ → um meio
- $\frac{2}{3}$ → dois terços
- $\frac{3}{4}$ → três quartos
- $\frac{4}{5}$ → quatro quintos
- $\frac{5}{6}$ → cinco sextos

- $\frac{6}{7}$ → seis sétimos
- $\frac{7}{8}$ → sete oitavos
- $\frac{8}{9}$ → oito nonos
- $\frac{1}{10}$ → um décimo
- $\frac{1}{11}$ → um onze avos

- $\frac{3}{13}$ → três treze avos
- $\frac{7}{20}$ → sete vinte avos
- $\frac{11}{50}$ → onze cinquenta avos
- $\frac{1}{100}$ → um centésimo
- $\frac{1}{1000}$ → um milésimo

1 Cada figura abaixo foi dividida em partes iguais. Pinte-as representando as frações. Depois, compare sua resposta com a dos colegas.

a) Um sexto.

c) Dois décimos.

b) Três quintos.

d) Quatro quartos.

2 Siga o exemplo abaixo e escreva como se lê cada item.

$\frac{1}{2}$ de 40 figurinhas → Um meio de quarenta figurinhas.

a) $\frac{2}{5}$ de 20 bolinhas → _____

b) $\frac{3}{12}$ de 120 livros → _____

c) $\frac{15}{100}$ de 300 canetas → _____

d) $\frac{3}{62}$ de 124 árvores → _____

3 Agora, calcule as frações de cada quantidade da atividade anterior e anote abaixo o resultado.

a) _____

c) _____

b) _____

d) _____

4 Luciana ganhou R$ 120,00 de seu avô. Ela vai usar $\frac{2}{6}$ dessa quantia para comprar uma boneca e vai guardar o restante em uma poupança.

a) Quanto custa a boneca que Luciana vai comprar?

_____

b) Quanto Luciana vai guardar na poupança?

_____

PERÍMETRO

Lúcia fez um trabalho de colagem de palitos e pintura na aula de Arte. Veja abaixo as 3 obras que ela criou.

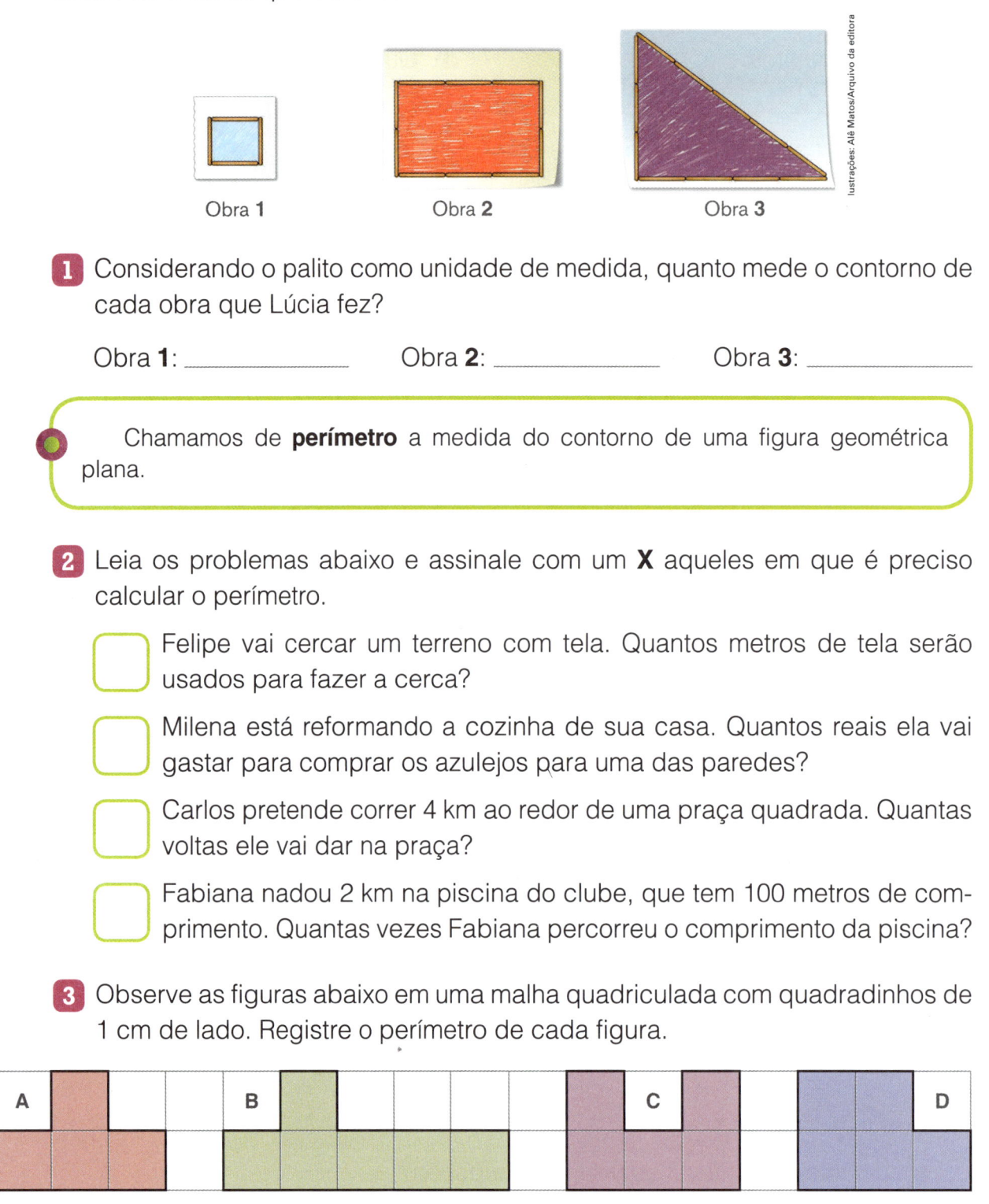

Obra **1**   Obra **2**   Obra **3**

1 Considerando o palito como unidade de medida, quanto mede o contorno de cada obra que Lúcia fez?

Obra **1**: _____   Obra **2**: _____   Obra **3**: _____

> Chamamos de **perímetro** a medida do contorno de uma figura geométrica plana.

2 Leia os problemas abaixo e assinale com um **X** aqueles em que é preciso calcular o perímetro.

☐ Felipe vai cercar um terreno com tela. Quantos metros de tela serão usados para fazer a cerca?

☐ Milena está reformando a cozinha de sua casa. Quantos reais ela vai gastar para comprar os azulejos para uma das paredes?

☐ Carlos pretende correr 4 km ao redor de uma praça quadrada. Quantas voltas ele vai dar na praça?

☐ Fabiana nadou 2 km na piscina do clube, que tem 100 metros de comprimento. Quantas vezes Fabiana percorreu o comprimento da piscina?

3 Observe as figuras abaixo em uma malha quadriculada com quadradinhos de 1 cm de lado. Registre o perímetro de cada figura.

4 Observe novamente as figuras da atividade anterior.

a) Qual figura tem maior perímetro: a figura **D** ou a figura **C**? Quantos centímetros a mais?

_____

b) Figuras com o mesmo perímetro precisam ter a mesma forma? Justifique.

5 Agora, observe os quadrados e os retângulos representados abaixo, também em uma malha quadriculada com quadradinhos de 1 cm de lado.

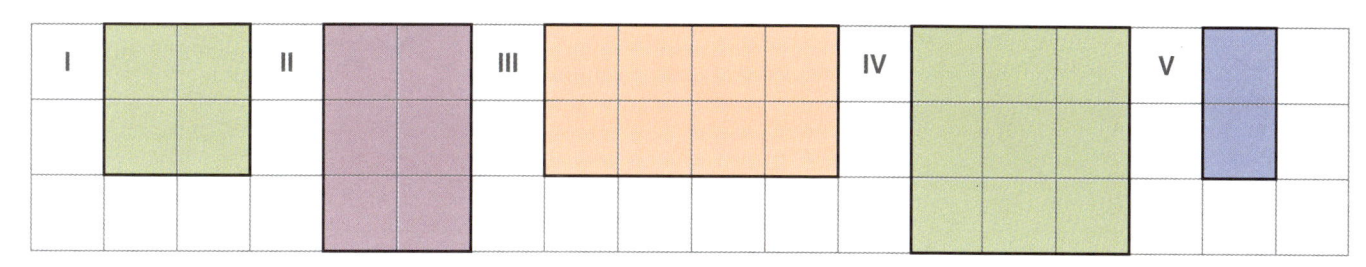

a) Como foram numeradas essas figuras?

b) Pense em multiplicações para calcular o perímetro de cada figura. Registre abaixo as multiplicações e o perímetro.

Figura **I**: _____

Figura **II**: _____

Figura **III**: _____

Figura **IV**: _____

Figura **V**: _____

c) Explique para um colega como calcular o perímetro de um quadrado e de um retângulo usando multiplicações.

6 Use a conclusão que você obteve na atividade anterior e calcule o perímetro de cada figura descrita abaixo.

a) Um quadrado com lados medindo 2 cm. _____

b) Um retângulo com lados medindo 3 e 6 cm. _____

c) Um retângulo com lados medindo 4 e 2 cm. _____

FRAÇÕES IMPRÓPRIAS E NÚMEROS MISTOS

Acompanhe abaixo a receita de torta de frango que Henrique vai usar para fazer o lanche de seus filhos.

Torta de frango

INGREDIENTES

Massa

- 1 colher de sopa de fermento em pó
- 2 ovos
- $\frac{1}{2}$ tablete de 200 g de manteiga
- $\frac{3}{2}$ xícaras de chá de leite
- $2\frac{1}{2}$ xícaras de chá de farinha de trigo
- $\frac{1}{2}$ xícara de óleo
- Sal a gosto

Recheio

- $\frac{1}{2}$ kg de frango cozido, desfiado e temperado a gosto

MODO DE PREPARO

1. Bata todos os ingredientes da massa no liquidificador.
2. Coloque a massa em uma assadeira grande e untada com manteiga e um pouco de farinha.
3. Depois de espalhar a massa na assadeira, coloque o frango cozido e desfiado.
4. Leve ao forno em temperatura média por 40 minutos.

Atenção! Evite acidentes. Somente um adulto pode usar o liquidificador e acender o forno.

1 Observe todos os números que aparecem na receita de Henrique.

a) Alguma das frações da receita tem numerador maior do que o denominador? Qual delas?

_____

> Uma fração com numerador igual ao denominador ou com numerador maior do que o denominador é chamada de **fração imprópria**.

O número $\frac{3}{2}$ é uma fração imprópria, que pode ser representada como ao lado.

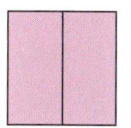

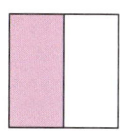

b) Há algum número da receita que está escrito em uma forma que você ainda não conhece? Se sim, então contorne esse número na receita.

> O número $2\frac{1}{2}$ significa $2 + \frac{1}{2}$ e é outra maneira de escrever a fração imprópria $\frac{5}{2}$, misturando a escrita do número 2 (partes inteiras da representação) e a fração $\frac{1}{2}$. Essa representação é chamada de **forma mista** ou, simplesmente, **número misto**.

Veja abaixo 2 maneiras de representar o número $2\frac{1}{2}$.

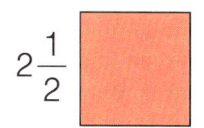

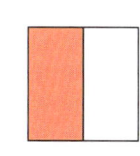

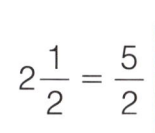

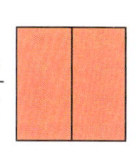

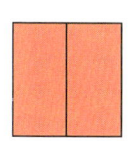

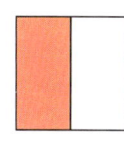

$2\frac{1}{2}$ $2\frac{1}{2} = \frac{5}{2}$

2 As figuras abaixo foram divididas em partes iguais. Pinte-as representando o número de cada item.

a) $1\frac{3}{4}$

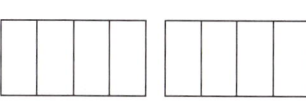

b) $3\frac{1}{3}$

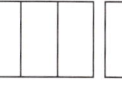

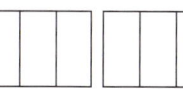

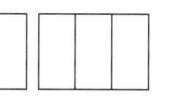

c) $\frac{7}{4}$

d) $\frac{10}{3}$

85

FRAÇÕES NAS MEDIDAS DE TEMPO

As frações também podem ser usadas nas medidas de tempo. Vamos aprender como?

1 O relógio abaixo está marcando um horário do período da tarde.

a) Complete: esse relógio está marcando _____ horas e _____ minutos.

b) Você conhece outra maneira de escrever o horário marcado por esse relógio?

_____

> Esse relógio está marcando 12 horas e 30 minutos. Esse horário também pode ser escrito como: **meio-dia e meia hora** ou, simplesmente, **meio-dia e meia**.
>
> 1 dia tem 24 horas, então **meio** dia ou $\frac{1}{2}$ dia tem 12 horas.
>
> 1 hora tem 60 minutos, então **meia** hora ou $\frac{1}{2}$ hora tem 30 minutos.

2 Complete os itens abaixo.

a) $\frac{1}{4}$ hora equivale a _____ minutos.

b) $\frac{1}{3}$ hora equivale a _____ minutos.

c) $\frac{1}{4}$ dia equivale a _____ horas.

d) $\frac{1}{3}$ dia equivale a _____ horas.

3 Agora, pense em quantos segundos tem 1 minuto e complete abaixo.

1 minuto tem _____ segundos. Então $\frac{1}{2}$ minuto tem _____ segundos.

4 Ligue os quadrinhos abaixo que representam a mesma medida de tempo.

- 20 minutos
- 12 segundos
- 12 horas
- 4 horas

- $\frac{1}{2}$ de 1 dia
- $\frac{1}{6}$ de 1 dia
- $\frac{1}{5}$ de 1 minuto
- $\frac{1}{3}$ de 1 hora

5 Use as frações $\frac{1}{4}$, $\frac{1}{3}$, $\frac{1}{2}$, $\frac{2}{3}$ e $\frac{3}{4}$ para representar o horário indicado em cada relógio abaixo. Veja o exemplo.

Atenção! Todos os relógios estão indicando horários entre meio-dia e meia-noite.

16 horas e $\frac{3}{4}$ de hora.
Ou 16 horas e $\frac{3}{4}$.

DIVISÃO: DIVISOR DE 3 ALGARISMOS

Uma biblioteca recebeu uma doação de 2904 livros, distribuídos igualmente em caixas com 121 livros. Então, quantas caixas com livros ela recebeu?

Podemos responder a essa pergunta calculando o valor de 2904 ÷ 121.

1 Podemos resolver uma divisão com divisor de 3 algarismos da mesma maneira que resolvemos uma divisão com divisor de 1 ou 2 algarismos. Acompanhe abaixo e complete com o que falta.

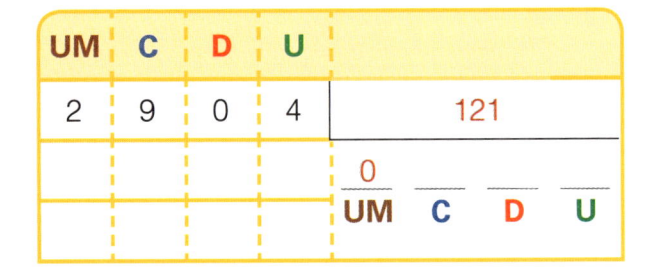

O número 2904 tem _____ unidades de milhar. Quando eu divido 2 unidades de milhar por 121, obtenho quociente 0 e resto 2 unidades de milhar.

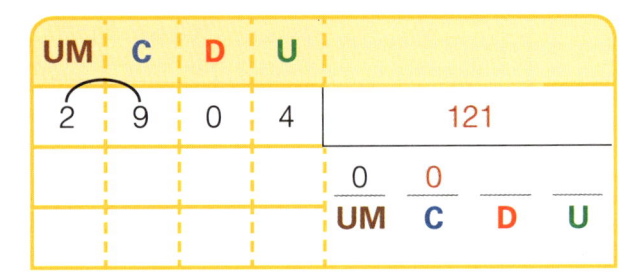

Essas 2 unidades de milhar equivalem a _____ centenas. Com o 9 na ordem das centenas de 2904, tenho _____ centenas.
Dividindo 29 centenas por 121, obtenho quociente 0 e resto 29 centenas.

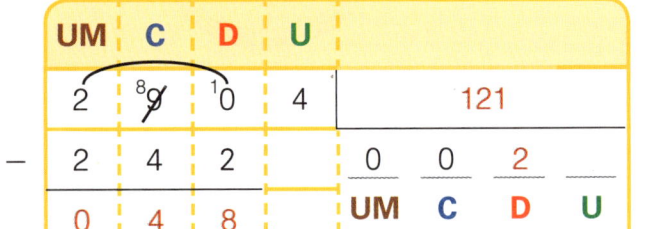

Essas 29 centenas equivalem a _____ dezenas. Com o 0 na ordem das dezenas de 2904, tenho _____ dezenas. Dividindo 290 dezenas por 121, obtenho _____ dezenas e sobram _____ dezenas.

2 × 121 = 242

Essas 48 dezenas equivalem a _____ unidades. Com o 4 na ordem das unidades de 2904, tenho _____ unidades. Dividindo _____ unidades por 121, obtenho _____ unidades e sobra _____ unidade.

Logo, a biblioteca recebeu 24 caixas com 121 livros em cada uma delas.

4 × 121 = 484

2 Carlos quer organizar os 2 904 livros recebidos pela biblioteca em estantes que, em cada uma delas, cabem 170 livros. De quantas estantes ele vai precisar? Resolva a divisão ao lado e justifique sua resposta.

_____

_____

UM	C	D	U	
2	9	0	4	170
				UM C D U

3 Resolva as divisões abaixo.

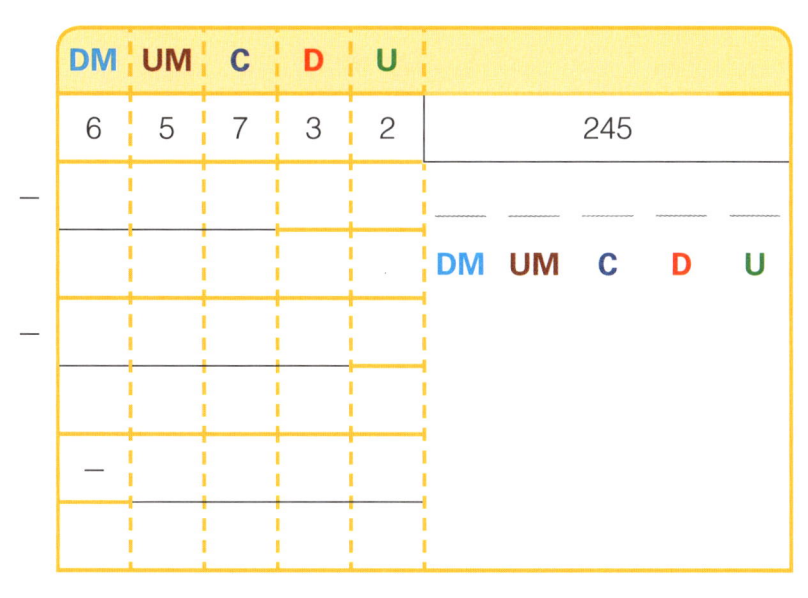

a) 65 732 ÷ 245 = _____

DM	UM	C	D	U	
6	5	7	3	2	245
					DM UM C D U

b) 368 242 ÷ 333 = _____

CM	DM	UM	C	D	U	
3	6	8	2	4	2	333
						CM DM UM C D U

ESTRATÉGIAS DA DIVISÃO

Quando Rafael resolve divisões, ele gosta de fazer uma lista com algumas multiplicações ao lado da resolução. Essa lista o ajuda a descobrir os algarismos do resultado. Veja abaixo uma divisão que ele resolveu.

```
  7 8 4 4 9  | 2 4 7         Rascunho:
- 7 4 1      | 3 1 7         2 × 247 = 494
  0 ³4 ¹²3 ¹4                3 × 247 = 741
    - 2 4 7                  4 × 247 = 988
      1 8 7 9                5 × 247 = 1235
    - 1 7 2 9                6 × 247 = 1482
      0 1 5 0                7 × 247 = 1729
```

1 Resolva as divisões abaixo do mesmo modo que Rafael fez. Depois, veja se seus colegas registraram as mesmas multiplicações.

a) 98 567 ÷ 451 = _____

b) 15 698 ÷ 230 = _____

2 Observe a legenda de cores das 3 faixas numéricas abaixo.

> 〰️ De 1 a 9.   〰️ De 10 a 99.   〰️ De 100 a 999.

a) Estime em qual dessas faixas numéricas está o resultado de cada divisão abaixo e pinte o quadrinho com a cor correspondente. Use a estratégia que preferir.

☐ 90 ÷ 10 = _____

☐ 500 ÷ 10 = _____

☐ 1 000 ÷ 2 = _____

☐ 1 881 ÷ 9 = _____

☐ 640 ÷ 16 = _____

☐ 4 500 ÷ 25 = _____

☐ 32 400 ÷ 100 = _____

☐ 3 960 ÷ 600 = _____

☐ 324 000 ÷ 4 000 = _____

🔊 b) Converse com um colega sobre as estratégias que vocês usaram para estimar o resultado dessas divisões.

3 Veja abaixo como Melissa resolveu uma divisão. Depois, usando essa estratégia, calcule mentalmente o resultado de cada divisão e o registre.

```
30000 | 15
-30     2000
-----
 0 0
```

> PENSEI EM 30 DIVIDIDO POR 15 É IGUAL A 2. DEPOIS COMPLETEI O RESULTADO COM OS 3 ALGARISMOS 0.

a) 10 000 ÷ 5 = _____

b) 40 000 ÷ 20 = _____

c) 250 000 ÷ 50 = _____

d) 200 000 ÷ 40 = _____

e) 250 000 ÷ 100 = _____

f) 200 000 ÷ 400 = _____

NÚMEROS DECIMAIS

Pedro notou que a toalha de piquenique da família era formada por 10 retalhos quadrados coloridos e de mesmo tamanho. Veja abaixo.

1 Você já estudou sobre décimos! Vamos relembrar?

a) Complete: a fração ——— representa cada retalho da toalha. Lemos essa fração como 1 _____ e podemos representá-la também pelo decimal _____.

b) As toalhas abaixo estão divididas em partes iguais. Represente as partes coloridas dessas toalhas usando frações e decimais.

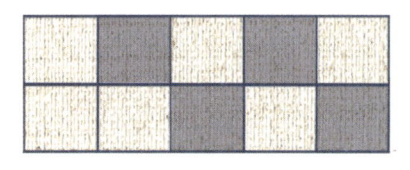

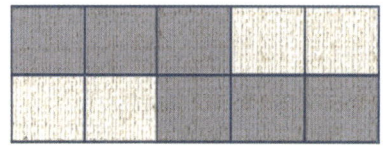

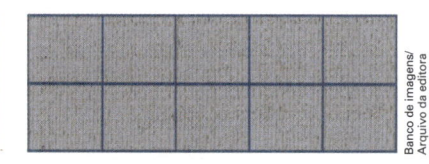

——— ou _____   ——— ou _____   ——— ou _____

2 Você também já estudou os centésimos e os milésimos! Complete os itens abaixo.

a) $\dfrac{1}{100}$ ou _____

b) ——— ou 0,001

c) ——— ou 0,03

d) $\dfrac{27}{1\,000}$ ou _____

e) $\dfrac{55}{100}$ ou _____

f) $\dfrac{176}{1\,000}$ ou _____

Veja os números registrados no quadro de valor posicional abaixo. O menor número da ordem das centenas é o número 100. Na ordem das dezenas, o menor número é 10, que equivale a 100 ÷ 10 = 10. Para obter o menor número na ordem das unidades, podemos dividir novamente por 10, obtendo 10 ÷ 10 = 1.

Seguindo o mesmo raciocínio e continuando as divisões por 10, obtemos o menor número da ordem dos décimos, dos centésimos e dos milésimos.

Parte inteira			Parte decimal		
C	D	U,	d	c	m
Centena	Dezena	Unidade	Décimo	Centésimo	Milésimo
1	0	0			
	1	0			
		1			
		0,	1		
		0,	0	1	
		0,	0	0	1

100
100 ÷ 10 = 10
10 ÷ 10 = 1
1 ÷ 10 = 0,1
0,1 ÷ 10 = 0,01
0,01 ÷ 10 = 0,001

3 Agora, represente os números abaixo no quadro de valor posicional.

> 12,5   107   0,032   1,001   22,01

Parte inteira			Parte decimal		
C	D	U,	d	c	m

4 Siga o exemplo e indique quantas unidades e quantos décimos, centésimos e milésimos cada número abaixo tem.

9,438 → 9 unidades, 4 décimos, 3 centésimos e 8 milésimos,
ou 9 unidades, 43 centésimos e 8 milésimos,
ou 9 unidades e 438 milésimos.

a) 0,502 → _____

b) 1,018 → _____

c) 0,083 → _____

d) 0,170 → _____

OS DECIMAIS NAS UNIDADES DE MEDIDA

Água mineral
Garrafa PET descartável de 1,5 L
R$ 2,49
Oferta válida só até sábado.

A propaganda ao lado contém 2 números na forma decimal: um deles indica a quantidade de água armazenada na garrafa e o outro indica o preço do produto.

Vamos entender melhor o que significam esses números? Observe como eles podem ser representados no quadro de valor posicional abaixo.

Parte inteira			Parte decimal		
C	D	U,	d	c	m
		1,	5		
		2,	4	9	

O primeiro número indica 1,5 L, ou seja, 1 litro e 5 décimos de litro. O segundo número indica 2,49 reais, ou seja, 2 reais, 4 décimos do real e 9 centésimos do real ou 2 reais e 49 centésimos do real.

A centésima parte do real é o **centavo**. Por isso dizemos que 2,49 reais é o mesmo que 2 reais e 49 centavos.

1 Complete as frases abaixo.

a) Em relação ao litro: 1 décimo de litro é o mesmo que _____ mL, 1 centésimo de litro é o mesmo que _____ mL e 1 milésimo de litro é o mesmo que _____ mL.

b) Em relação ao real: 2 centésimos de real é o mesmo que _____ centavos, 8 décimos de real é o mesmo que _____ centavos e 82 centésimos de real é o mesmo que _____ centavos.

2 A altura de Felipe é 1,72 m. Represente esse número no quadro de valor posicional abaixo e complete: a altura de Felipe é _____ metro, _____ décimos de metro e _____ centésimos de metro.

Parte inteira			Parte decimal		
C	D	U,	d	c	m

A centésima parte do metro é o **centímetro**. Então podemos dizer que Felipe mede 1 metro e 72 centímetros.

3 Leia abaixo o trecho de uma notícia.

> **Rio Grande do Sul tem temperaturas próximas de 0 °C e Santa Catarina tem registro de neve**
>
> O frio que atinge o Sul do Brasil proporcionou a primeira neve do ano na serra de Santa Catarina. [...]
>
> No Rio Grande do Sul, foram registradas baixas temperaturas. Em São José dos Ausentes, a temperatura registrada na estação do Inmet foi de 0,2 °C; em Canela e Lagoa Vermelha, foram registrados 2,9 °C; em Erechim, foram registrados 3,5 °C.
>
> PLANTÃO RS. **Rio Grande do Sul**. Disponível em: <http://plantao.rs/34171/brasil/2016/04/rio-grande-do-sul-tem-temperaturas-proximas-de-0oc-e-sc-registro-de-neve/>. Acesso em: 28 abr. 2016.

Inmet: Instituto Nacional de Meteorologia, órgão governamental responsável pelas informações meteorológicas no Brasil.

a) Represente os decimais dessa notícia no quadro de valor posicional abaixo.

Parte inteira			Parte decimal		
C	D	U,	d	c	m

b) O que indicam esses números? Que grandeza esses números representam? Qual é a unidade de medida dessa grandeza?

_____

_____

c) Essa notícia cita 3 cidades e 2 estados brasileiros. Quais são esses estados? A qual região do Brasil eles pertencem?

_____

_____

d) Essa notícia cita temperaturas registradas em 28 de abril de 2016. Se você já esteve em alguma cidade com temperaturas baixas, como as citadas nessa notícia, conte aos colegas como foi a experiência!

TABELA DE DUPLA ENTRADA

Os professores de Educação Física da escola de Ivan organizaram uma gincana esportiva com os alunos. O professor Maurício organizou os dados das inscrições para a gincana na tabela abaixo.

Quantidade de alunos inscritos na gincana por turma e por modalidade esportiva

Turma \ Modalidade	Queimada	Atletismo	Basquete	Vôlei	Futebol
A	23	25	35	27	35
B	23	18	28	32	15

Tabela elaborada para fins didáticos.

1 Observe as quantidades registradas na tabela acima.

a) Em qual modalidade esportiva estão inscritos mais alunos da turma **B**?

_____

b) Em qual modalidade esportiva estão inscritos mais alunos da turma **A**?

_____

c) Quantos alunos se inscreveram ao todo no atletismo?

_____

d) O total de alunos inscritos no basquete é maior ou menor do que o total de alunos inscritos no vôlei?

_____

A professora Roberta também registrou as inscrições para a gincana, mas usando a tabela abaixo.

Quantidade de alunos inscritos na gincana por modalidade esportiva

Modalidade	Queimada	Atletismo	Basquete	Vôlei	Futebol
Quantidade de alunos	46	43	63	59	50

Tabela elaborada para fins didáticos.

2 Compare as duas tabelas.

a) Qual é a principal diferença entre elas?

b) Leia novamente os itens da atividade **1**. Quais desses itens você pode responder consultando apenas os dados da tabela que a professora Roberta fez?

Observe novamente as tabelas da página anterior.

A tabela do professor Maurício registra a quantidade de alunos por modalidade esportiva e por turma, enquanto a tabela da professora Roberta é mais simples, e registra a quantidade de alunos apenas por modalidade esportiva.

> A tabela do professor Maurício é chamada de **tabela de dupla entrada**. As entradas são "modalidade esportiva" e "turma".

3 A tabela de dupla entrada abaixo mostra alguns dos valores cobrados em um lava-rápido.

Preço da lavagem por tipo de serviço e por tamanho do carro

Tamanho do carro / Serviço	Pequeno	Grande
Lavagem simples	R$ 50,00	
Lavagem geral sem cera		R$ 160,00
Lavagem geral com cera	R$ 190,00	
Lavagem geral com polimento		R$ 600,00

Tabela elaborada para fins didáticos.

a) Para cada tipo de serviço, o valor da lavagem dos carros grandes é sempre R$ 20,00 a mais do que o valor para carros pequenos. Sabendo disso, complete a tabela com os valores que faltam.

b) Quantos reais esse lava-rápido vai receber pela lavagem geral com cera de 1 carro pequeno e 2 carros grandes? E quantos reais o lava-rápido vai receber pela lavagem geral com polimento desses mesmos carros?

c) Qual é a diferença entre o preço da lavagem geral com cera de 1 carro pequeno e 1 carro grande e a lavagem geral com polimento nesses carros?

ATIVIDADES DO CAPÍTULO

1. Calcule o perímetro de cada figura representada na malha quadriculada abaixo, com quadradinhos com lados medindo 1 cm.

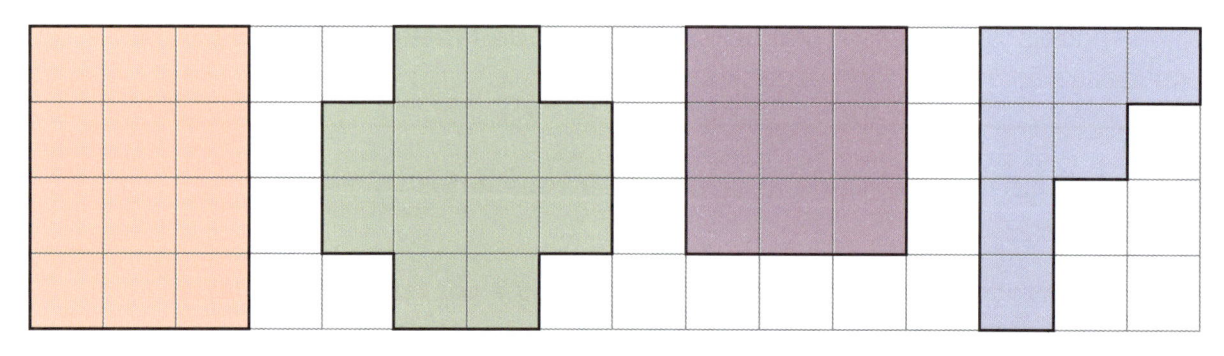

   _____   _____   _____   _____

2. Cada figura abaixo foi dividida em partes iguais. Contorne aquelas cujas partes pintadas representam o número $1\frac{3}{4}$.

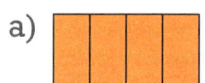

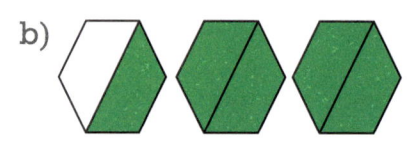

   a)   b)   c)

3. Calcule mentalmente o resultado de cada divisão abaixo.

   a) 5 600 ÷ 100 = _____   b) 64 000 ÷ 200 = _____   c) 64 000 ÷ 400 = _____

4. Indique quantas unidades e quantos décimos, centésimos e milésimos há em cada número abaixo, como no exemplo.

   5,493 → 5 unidades, 4 décimos, 9 centésimos e 3 milésimos,
   ou 5 unidades, 49 centésimos e 3 milésimos,
   ou 5 unidades e 493 milésimos.

   a) 4,652 _____

   b) 9,931 _____

   c) 8,015 _____

   d) 2,405 _____

RESOLVENDO PROBLEMAS

1. Uma escola vai completar 20 anos e a data será comemorada com a construção de um mural sobre a história dela.

   a) Uma das homenagens registradas no mural será um cartaz com o nome de todos os professores que lecionaram na escola. Para o registro dos nomes, o professor Júlio providenciou 48 caixas com 5 canetas coloridas em cada uma. Ele vai dividir igualmente essas canetas entre seus 23 alunos. Quantas canetas cada aluno vai receber? Sobrarão canetas?

   ---

   b) A professora Cláudia planejou um cartaz com a colagem de cópias de fotos antigas da escola, dos funcionários e de ex-alunos. Ela distribuiu 6 fotos e mais de 1 cola a cada um dos seus 32 alunos. Sobraram 8 fotos e 7 colas. É possível que a professora tenha recebido 200 fotos para distribuir a seus alunos? Justifique com cálculos.

   ---

2. Um caminhão-pipa pode carregar 20 mil litros de água. Quantas viagens esse caminhão precisa fazer para transportar água suficiente para encher 1 700 galões com 40 litros de água em cada um?

   ---

3. Arnaldo utilizou 580 m de tela para cercar um terreno quadrado.

   a) Qual é a medida de cada lado desse terreno?

   ---

   b) Se cada metro de tela custou R$ 18,00, então quantos reais Arnaldo gastou na compra da tela?

TRABALHANDO COM JOGOS

AVANÇANDO COM O RESTO

Número de jogadores: 2

Como jogar

- Um dos alunos deve destacar o tabuleiro e o dado do **Material Complementar** e montar o dado.

- A partida começa com os marcadores na casa com o número 43.

- Cada jogador, na sua vez, lança o dado e resolve a divisão entre o número da casa de seu marcador e o número obtido no dado. Em seguida, movimenta seu marcador o número de casas correspondente ao resto dessa divisão. Se o resto for 0, então o jogador não avança seu marcador.

- Por exemplo, na primeira rodada um jogador obteve o número 5 no dado. Então, ele calcula 43 ÷ 5 = 8 e resto 3 e anda 3 casas com seu marcador, parando na casa com o número 15.

- O jogador que efetuar um cálculo errado deve passar a vez sem movimentar seu marcador.

- Vence a partida quem chegar primeiro à casa FIM. Para isso, o jogador deve obter um resto que o faça chegar exatamente à casa FIM.

Adaptado de: **Jogos e resolução de problemas: uma estratégia para as aulas de Matemática**, de Júlia Borim. São Paulo: Caem – Centro de Aperfeiçoamento do Ensino de Matemática, 1996.

> **MATERIAL NECESSÁRIO**
>
> Todos os materiais encontram-se no **Material Complementar**.
> - Tabuleiro
> - 2 marcadores de cores diferentes
> - Dado

Pensando sobre o jogo

1. Observe os números das casas do tabuleiro desse jogo.

   a) Registre os números que são múltiplos de 2.

   _____

   _____

   b) Registre os números que são múltiplos de 3.

   _____

   c) Observe os múltiplos de 2 e os múltiplos de 3 que você escreveu. Registre quais desses números são múltiplos de 2 e de 3.

   _____

2. Jogue com um colega 1 partida de **Avançando com o resto**. Pense nas divisões que vocês resolveram e nos restos que obtiveram. Em seguida, indique quais são os possíveis restos em uma divisão pelos números abaixo.

   a) 2 _____ c) 4 _____ e) 6 _____

   b) 3 _____ d) 5 _____

3. Isabela e Pietro estão jogando **Avançando com o resto**. O marcador de Isabela está na casa de número 80 e o marcador de Pietro está na casa de número 96.

   a) É a vez de Isabela jogar. Qual número ela deve tirar no dado para vencer a partida? Explique seu raciocínio.

   _____

   _____

   b) Isabela não conseguiu vencer a partida nessa rodada. Avalie se essa afirmação é verdadeira ou falsa: Pietro está a 1 casa da casa FIM, então ele pode tirar qualquer número no dado para vencer a partida, pois, qualquer que seja o número obtido no dado, o resto será igual ou maior do que 1.

   _____

   _____

101

CAPÍTULO 5

REPARTIR E CONTAR

• COMPARAÇÃO DE FRAÇÕES E FRAÇÕES EQUIVALENTES

COMPARAÇÃO DE FRAÇÕES COM NUMERADORES IGUAIS OU COM DENOMINADORES IGUAIS

Você já estudou como comparar frações com numeradores iguais e denominadores diferentes.

A fração $\frac{2}{5}$ é maior do que a fração $\frac{2}{7}$.

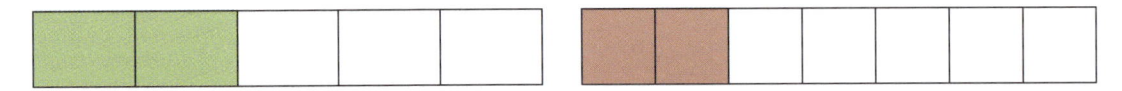

Agora, você vai aprender como comparar frações com denominadores iguais e numeradores diferentes. Acompanhe abaixo o raciocínio de Alexandra.

> COMO AS FRAÇÕES $\frac{3}{5}$ E $\frac{4}{5}$ TÊM O MESMO DENOMINADOR, EU COMPARO OS NUMERADORES. 4 É MAIOR DO QUE 3, ENTÃO A FRAÇÃO $\frac{3}{5}$ É MENOR DO QUE A FRAÇÃO $\frac{4}{5}$.

A fração $\frac{3}{5}$ é menor do que a fração $\frac{4}{5}$.

1 Siga o raciocínio de Alexandra e contorne a maior fração em cada item abaixo.

a) $\frac{7}{8}$ e $\frac{5}{8}$ c) $\frac{23}{32}$ e $\frac{32}{32}$ e) $\frac{17}{10}$ e $\frac{12}{10}$ g) $\frac{33}{32}$ e $\frac{32}{32}$

b) $\frac{12}{15}$ e $\frac{9}{15}$ d) $\frac{5}{6}$ e $\frac{3}{6}$ f) $\frac{7}{5}$ e $\frac{8}{5}$ h) $\frac{9}{20}$ e $\frac{19}{20}$

2 Você lembra o que significam os símbolos < e >? Converse com os colegas e registre abaixo o significado desses símbolos.

_____

3 Complete as comparações das frações abaixo com um dos símbolos < ou >.

a) $\frac{10}{20}$ ___ $\frac{21}{20}$ b) $\frac{11}{19}$ ___ $\frac{8}{19}$ c) $\frac{50}{52}$ ___ $\frac{50}{42}$ d) $\frac{1}{100}$ ___ $\frac{10}{100}$

FRAÇÕES EQUIVALENTES

Agora você vai representar com figuras algumas frações e números mistos para compará-los.

4 Cada figura abaixo está dividida em partes iguais. Pinte a parte correspondente a cada número indicado.

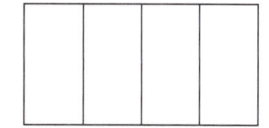

a) $\frac{6}{4}$

b) $1\frac{1}{2}$

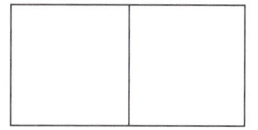

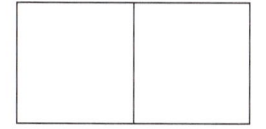

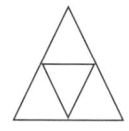

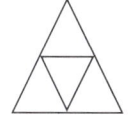

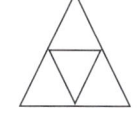

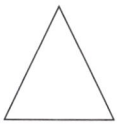

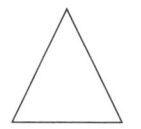

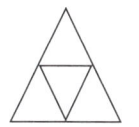

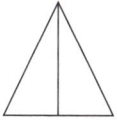

c) $\frac{3}{2}$

d) $\frac{10}{4}$

e) $2\frac{2}{4}$

f) $\frac{5}{2}$

5 Observe suas respostas da atividade anterior.

a) Compare suas pinturas com as dos colegas.

b) Agora observe as pinturas que você fez nas figuras dos itens **a**, **b** e **c**. Os números desses itens representam a mesma parte do todo? Justifique.

> Como as frações $\frac{6}{4}$ e $\frac{3}{2}$ representam a mesma parte do todo, dizemos que elas são **frações equivalentes**.

c) Observe as pinturas que você fez nas figuras dos itens **d**, **e** e **f** da atividade **4** e os números desses itens. Complete a frase abaixo.

As frações —— e —— são frações equivalentes.

Atenção! O número $1\frac{1}{2}$ também representa a mesma parte do todo que as frações $\frac{6}{4}$ e $\frac{3}{2}$, mas esse número não é uma fração equivalente a essas frações, pois não é uma fração.

103

ENCONTRANDO UMA FRAÇÃO EQUIVALENTE

Para encontrar uma fração equivalente a uma fração dada, você deve:

- multiplicar um mesmo número, diferente de 0, pelo numerador e pelo denominador dessa fração;
- dividir o numerador e o denominador dessa fração pelo mesmo número, diferente de 0.

Atenção! Só é possível usar a estratégia de dividir o numerador e o denominador pelo mesmo número se as divisões forem **exatas**!

Acompanhe os exemplos abaixo.

$$\frac{3^{\times 2}}{5_{\times 2}} = \frac{3 \times 2}{5 \times 2} = \frac{6}{10} \qquad \frac{9^{\div 3}}{12_{\div 3}} = \frac{9 \div 3}{12 \div 3} = \frac{3}{4}$$

6 Cada figura abaixo está dividida em partes iguais. Pinte a parte correspondente à fração indicada em cada item e verifique a equivalência das frações dos exemplos acima.

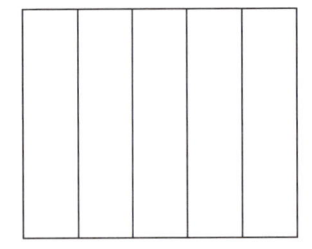

a) $\frac{3}{5}$

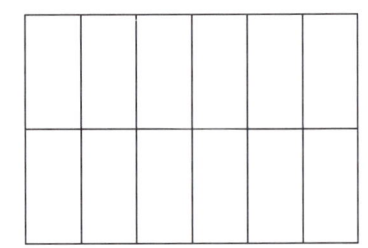

b) $\frac{6}{10}$

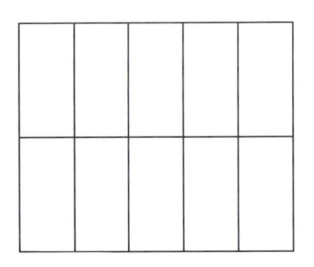

c) $\frac{9}{12}$

d) $\frac{3}{4}$

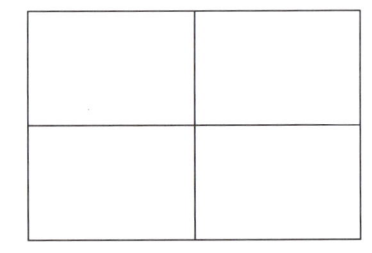

7 Siga os exemplos e encontre uma fração equivalente a cada fração abaixo. Não se esqueça de indicar, como no exemplo, o número escolhido e se você fez uma multiplicação ou uma divisão.

a) $\frac{4}{10} = $ ———

b) $\frac{15}{21} = $ ———

c) $\frac{10}{14} = $ ———

d) $\frac{24}{26} = $ ———

8 Seus colegas encontraram as mesmas frações equivalentes que você? Anote abaixo outra fração equivalente a cada fração da atividade anterior.

a) ——— b) ——— c) ——— d) ———

COMPARAÇÃO DE FRAÇÕES COM DENOMINADORES DIFERENTES

Você já sabe comparar frações com numeradores iguais ou com denominadores iguais. Para comparar frações com numeradores diferentes e com denominadores diferentes, sem representá-las com figuras, você deve encontrar frações equivalentes a essas frações. Acompanhe o raciocínio abaixo.

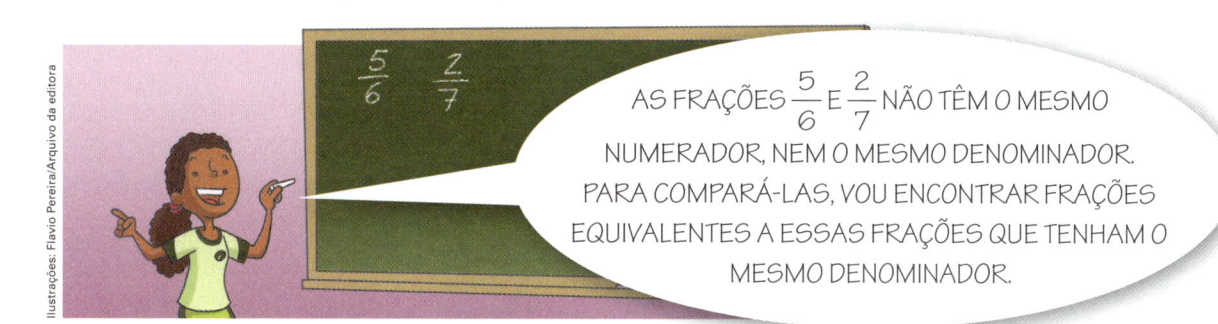

AS FRAÇÕES $\frac{5}{6}$ E $\frac{2}{7}$ NÃO TÊM O MESMO NUMERADOR, NEM O MESMO DENOMINADOR. PARA COMPARÁ-LAS, VOU ENCONTRAR FRAÇÕES EQUIVALENTES A ESSAS FRAÇÕES QUE TENHAM O MESMO DENOMINADOR.

EU MULTIPLICO O 7 PELO NUMERADOR E PELO DENOMINADOR DA PRIMEIRA FRAÇÃO, POIS 7 É O DENOMINADOR DA SEGUNDA FRAÇÃO.

EM SEGUIDA, MULTIPLICO O 6 PELO NUMERADOR E PELO DENOMINADOR DA SEGUNDA FRAÇÃO, POIS 6 É O DENOMINADOR DA PRIMEIRA FRAÇÃO.

AGORA EU TENHO 2 FRAÇÕES EQUIVALENTES COM O DENOMINADOR 42 E EU SEI COMPARAR FRAÇÕES COM O MESMO DENOMINADOR! COMO 35 É MAIOR DO QUE 12, $\frac{35}{42}$ É MAIOR DO QUE $\frac{12}{42}$. COMO $\frac{5}{6}$ É EQUIVALENTE A $\frac{35}{42}$ E $\frac{2}{7}$ É EQUIVALENTE A $\frac{12}{42}$, ENTÃO $\frac{5}{6}$ É MAIOR DO QUE $\frac{2}{7}$.

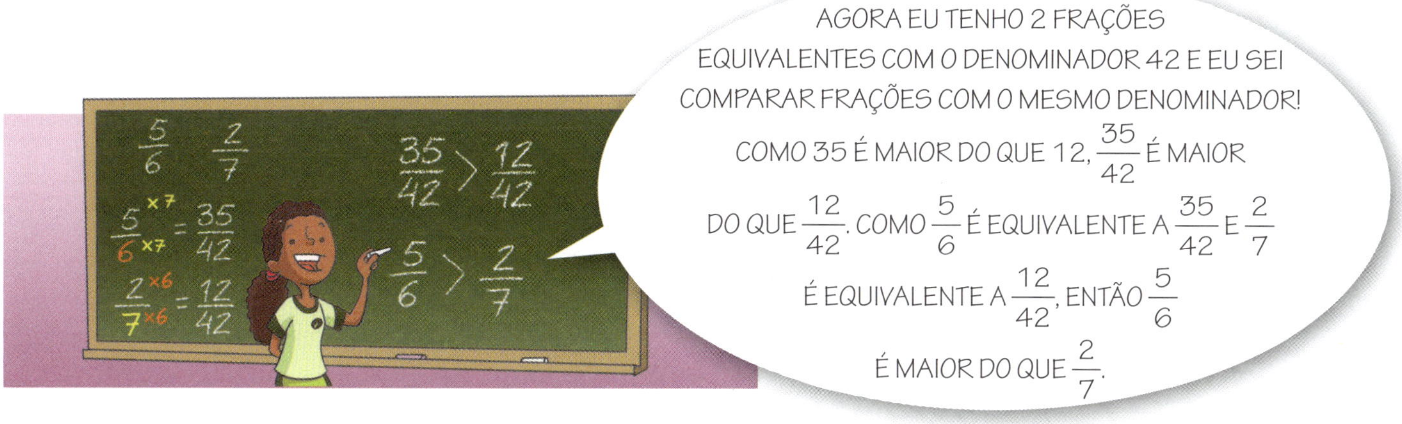

9 Compare as frações abaixo usando os símbolos > e <. Indique as frações equivalentes que você calculou.

a) $\frac{10}{13}$ = ——— e $\frac{1}{2}$ = ——— → Comparação: $\frac{10}{13}$ ——— $\frac{1}{2}$

b) $\frac{3}{8}$ = ——— e $\frac{4}{9}$ = ——— → Comparação: $\frac{3}{8}$ ——— $\frac{4}{9}$

COMPARAÇÃO DE DECIMAIS

Acompanhe o raciocínio de Gabriela para comparar os decimais 5,108 e 5,18 enquanto observa esses números no quadro de valor posicional abaixo.

VOU COMPARAR ESSES NÚMEROS, ALGARISMO POR ALGARISMO. OS 2 NÚMEROS TÊM A MESMA PARTE INTEIRA: SÃO 5 UNIDADES.

ENTÃO, EU OLHO PARA A PARTE DECIMAL. COMPARO O PRIMEIRO ALGARISMO LOGO APÓS A VÍRGULA, DOS DÉCIMOS. COMO ELES SÃO IGUAIS, COMPARO O PRÓXIMO ALGARISMO, DOS CENTÉSIMOS.

5,18 TEM O ALGARISMO 8 NA ORDEM DOS CENTÉSIMOS E 5,108 TEM O ALGARISMO 0. COMO 8 É MAIOR DO QUE 0, ENTÃO 5,18 É MAIOR DO QUE 5,108.

Flavio Pereira/Arquivo da editora

Parte inteira			Parte decimal		
C	D	U,	d	c	m
		5,	1	0	8
		5,	1	8	

1 Pense como Gabriela e compare os números 2,345 e 2,354. Qual desses números é maior?

_____

2 Contorne o menor número de cada item abaixo.

a) Marcos comprou 0,350 kg de arroz e 0,250 kg de feijão.

b) Débora tem 1,62 m de altura e seu irmão Ronaldo tem 1,59 m.

c) Paula tem R$ 6,43 em sua carteira e André tem R$ 6,34.

3 Agora, contorne o maior número de cada item abaixo.

a) 4,506 e 4,605   c) 1 e 0,236   e) 2,5 e 2,50

b) 1,35 e 1,349   d) 0,037 e 0,25   f) 3,400 e 3,4

4 O *Tour de France* (em português, **Volta da França em ciclismo**) é a mais tradicional competição de ciclismo do mundo. Criada em 1903, reúne anualmente ciclistas profissionais que competem em 20 etapas pelas estradas da França. Inspirada nessa competição, em 1993 foi criada a *L'Étape du Tour* (em tradução literal, **A Etapa do Tour**) para ciclistas amadores. E, em 2015, essa competição chegou ao Brasil. Ênio é atleta de ciclismo. Sabendo da *L'Étape du Tour* no Brasil, ele se programou para realizar alguns treinos na região da competição. No primeiro dia ele percorreu 18,08 km, no segundo, 18,55 km e, no terceiro, 18,7 km.

L'Étape du Tour realizada em 2015, em Cunha, São Paulo.

a) Qual foi a menor distância que ele percorreu nesses treinos?

_____

b) E qual foi a maior distância que ele percorreu?

_____

5 Em uma corrida de 100 m, o tempo gasto pelos atletas para percorrer esse percurso foi medido automaticamente, em até centésimos de segundo. Veja ao lado o tempo que os 3 melhores atletas obtiveram e escreva a classificação de cada um deles.

Atleta	Tempo	Classificação
Paulo	10,3 segundos	
Márcio	10,21 segundos	
Flávio	10,40 segundos	

Tabela elaborada para fins didáticos.

6 Matheus e Natália foram ao posto de saúde e tiveram sua temperatura corporal medida. Veja abaixo a temperatura que o termômetro registrou para cada um deles.

a) Complete: o termômetro registrou a temperatura _____ para Matheus e a temperatura _____ para Natália.

_____ estava com a temperatura mais alta do que _____.

Natália

Matheus

b) Pesquise a temperatura normal do corpo humano e a partir de qual temperatura consideramos que uma pessoa está com febre. Depois, responda: Matheus e Natália estão com febre?

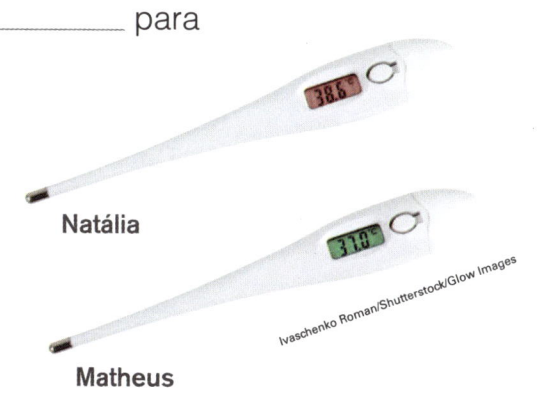

FRAÇÕES E DECIMAIS

Você já sabe relacionar frações com denominador 10, 100 ou 1000 aos decimais, e vice-versa. Também já sabe escrever esses números por extenso.

Vamos praticar?

1 Complete o quadro abaixo com os números que faltam. Faça como no exemplo.

Fração	Decimal	Por extenso
$\dfrac{3}{10}$	0,3	Três décimos.
$\dfrac{5}{100}$		
	0,45	
		Sessenta e cinco milésimos.
$\dfrac{8}{10}$		
	0,031	
		Nove décimos.

2 Escreva os números abaixo em ordem crescente.

> **Dica:** Escreva todos os números na forma decimal ou na forma de fração. Depois, compare-os.

$\dfrac{23}{10}$ 0,41   0,23 $\dfrac{41}{10}$ 1,2 $\dfrac{9}{10}$

Será que existe uma maneira de transformar todas as frações em decimais? Por exemplo, como podemos escrever a fração $\frac{1}{2}$ usando um decimal?

Uma das ideias das frações é a de divisão. Para representar a fração $\frac{1}{2}$, dividimos 1 inteiro em 2 partes iguais e pintamos 1 parte.

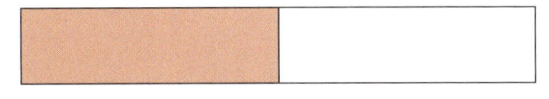

Assim, associamos a fração $\frac{1}{2}$ a uma divisão entre o numerador e o denominador:

$$\frac{1}{2} \rightarrow 1 \div 2$$

Em seguida, resolvemos essa divisão usando uma calculadora.

1 ÷ 2 → 0.5

Logo, a fração $\frac{1}{2}$ corresponde ao decimal 0,5.

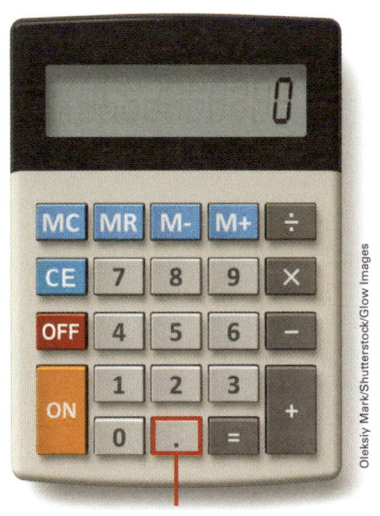

Na calculadora, a vírgula dos decimais é representada pelo ponto.

3 Agora é com você! Utilize uma calculadora, resolva a divisão e represente cada fração abaixo com um decimal.

a) $\frac{1}{4}$ _____

b) $\frac{1}{5}$ _____

c) $\frac{3}{4}$ _____

d) $\frac{2}{5}$ _____

e) $\frac{3}{5}$ _____

f) $\frac{2}{8}$ _____

g) $\frac{5}{8}$ _____

h) $\frac{2}{10}$ _____

i) $\frac{31}{100}$ _____

ADIÇÃO E SUBTRAÇÃO DE FRAÇÕES COM O MESMO DENOMINADOR

Carlos dividiu uma folha de papel em 8 partes iguais para jogar uma partida de **Adedonha** com sua família. Primeiro, Carlos e seu irmão Caíque pegaram 1 parte da folha cada um e jogaram uma partida.

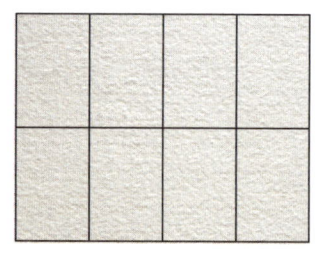

1 Observe ao lado a folha que Carlos dividiu.

   a) Pinte de **amarelo** a quantidade de partes da folha que Carlos pegou e de **roxo** a quantidade que Caíque pegou para essa partida.

   b) Escreva a fração que representa quantas partes da folha cada um deles pegou. ─────

   c) Escreva a fração que representa quantas partes da folha eles pegaram juntos. ─────

Podemos obter a fração que representa quantas partes da folha eles pegaram juntos adicionando as frações que representam quantas partes cada um deles pegou.

$$\frac{1}{8} + \frac{1}{8} = \frac{2}{8}$$

Parte da folha que Carlos pegou. ⎤
Parte da folha que Caíque pegou. ⎦

Partes da folha que Carlos e Caíque pegaram juntos.

> Para **adicionar frações de mesmo denominador**, mantemos o denominador e adicionamos os numeradores.

2 Agora, pinte de **marrom** a quantidade de partes da folha que sobrou. Em seguida, escreva a fração que representa essas partes. ─────

Podemos obter a fração que representa quantas partes da folha sobraram subtraindo a fração que representa quantas partes da folha Carlos e Caíque pegaram juntos da fração que representa a folha inteira.

$$\frac{8}{8} - \frac{2}{8} = \frac{6}{8}$$

Folha inteira.
Partes da folha que Carlos e Caíque pegaram juntos.
Partes da folha que sobraram.

Lembre-se: A folha inteira é representada pela fração $\frac{8}{8}$.

> Para **subtrair duas frações de mesmo denominador**, mantemos o denominador e subtraímos os numeradores.

3 Depois que Carlos e Caíque terminaram a partida de **Adedonha**, eles jogaram uma nova partida com o pai, a mãe e o avô. Cada um deles pegou 1 parte da folha que Carlos dividiu.
Complete as frações abaixo.

Cada um deles pegou ―― da folha. Juntos eles pegaram ―― da folha para essa partida.

Carlos e Caíque já tinham pegado ―― da folha na primeira partida. Ao todo, Carlos, Caíque, o pai, a mãe e o avô pegaram ―― da folha nas 2 partidas.

$$\frac{2}{8} + \frac{5}{8} = \underline{}$$

Sobrou ―― da folha após a segunda partida.

$$\frac{8}{8} - \frac{7}{8} = \underline{}$$

4 Cada figura abaixo foi dividida em partes iguais. Observe as figuras, resolva as operações e represente os resultados na forma de fração.

a) $\frac{3}{5} + \frac{1}{5} = \underline{}$

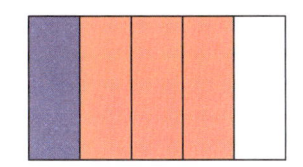

c) $\frac{1}{9} + \frac{4}{9} + \frac{4}{9} = \underline{}$

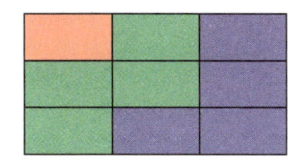

b) $\frac{1}{6} + \frac{1}{6} + \frac{3}{6} = \underline{}$

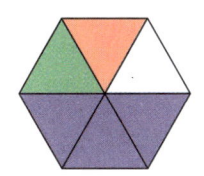

d) $\frac{7}{7} - \frac{5}{7} = \underline{}$

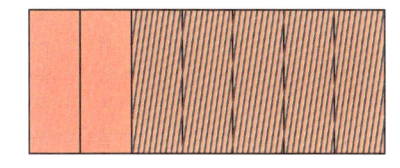

5 Complete as adições e as subtrações abaixo.

a) $\frac{2}{5} + \frac{3}{5} + \frac{2}{5} = \underline{}$

b) $\frac{4}{7} - \frac{3}{7} = \underline{}$

c) $\frac{5}{12} - \frac{3}{12} = \underline{}$

d) $\frac{3}{7} + \underline{} = \frac{4}{7}$

e) $\underline{} + \frac{4}{5} = \frac{6}{5}$

f) $\underline{} - \frac{1}{4} = \frac{2}{4}$

SEGMENTO DE RETA, SEMIRRETA E RETA

1 Vamos relembrar o que você já sabe sobre segmento de reta?

a) Com uma régua, trace abaixo uma linha reta com começo e fim.

b) Complete: a linha que você desenhou acima é chamada de **segmento de reta**. Segmento de reta é uma linha _____ com _____ e fim.

c) Com uma régua, meça o segmento de reta abaixo e registre seu comprimento.

Este segmento de reta tem _____ cm de comprimento.

Agora imagine que você está traçando uma linha reta com começo e sem fim, ou seja, uma linha reta que se prolonga indefinidamente para um dos lados.

> Uma linha reta com começo e sem fim é chamada de **semirreta**.

Veja ao lado como podemos representar com uma seta que a semirreta não tem fim para um dos lados.

2 Classifique as linhas abaixo em **segmento de reta** ou **semirreta**.

a) _____

b) _____

c) _____

d) _____

3 Pense nos segmentos de reta e nas semirretas. É possível medir o comprimento de um segmento de reta? É possível medir o comprimento de uma semirreta? Justifique suas respostas para um colega.

Agora imagine uma linha reta sem começo e sem fim, ou seja, uma linha que se prolonga indefinidamente para os 2 lados.

> Uma linha reta sem começo e sem fim é chamada de **reta**.

Veja abaixo como podemos representar com 2 setas que a reta não tem começo nem fim para os 2 lados.

4 Classifique as linhas abaixo em **semirreta** ou **reta**.

a) _____

b) _____

c) _____

d) _____

e) _____

f) _____

5 Com uma régua, desenhe abaixo 2 segmentos de reta, 1 semirreta e 3 retas.

6 Pense nas retas que você desenhou na atividade anterior. É possível medir o comprimento de uma reta? Justifique sua resposta para um colega.

113

IDEIA DE ÂNGULO

Você já brincou de girar uma roleta?

Em vez de dados, alguns jogos usam roletas para sortear números. Veja ao lado um exemplo de roleta.

1 Observe a posição dessa roleta e o número que ela está marcando e complete abaixo.

a) Se a roleta girar 1 volta completa, então o número _____ será sorteado.

b) Se a roleta girar $\frac{1}{2}$ volta, então o número _____ será sorteado.

2 Observe os relógios de ponteiro abaixo.

Relógio A   Relógio B   Relógio C

a) Escreva o horário indicado em cada relógio.

Relógio **A**: _____

Relógio **B**: _____

Relógio **C**: _____

b) Imagine que o ponteiro dos minutos de cada relógio se moveu $\frac{1}{2}$ volta do relógio. Escreva o horário que cada relógio passou a marcar.

Relógio **A**: _____

Relógio **B**: _____

Relógio **C**: _____

c) Agora, imagine que o ponteiro dos minutos de cada relógio se moveu mais $\frac{1}{4}$ de volta do relógio. Escreva o horário que cada relógio passou a marcar.

Relógio **A**: _____

Relógio **B**: _____

Relógio **C**: _____

A ideia de girar está presente em muitas situações do dia a dia. Veja abaixo outros exemplos.

Ao fechar uma torneira.

Ao andar de bicicleta.

3 Cite outros exemplos do dia a dia que envolvem a ideia de girar.

4 Luís ganhou um jogo em que um robô deve andar sobre uma malha quadriculada. Leia ao lado as instruções que o robô deve seguir para ir de **A** até **B** e veja abaixo as opções de trajeto na malha quadriculada.

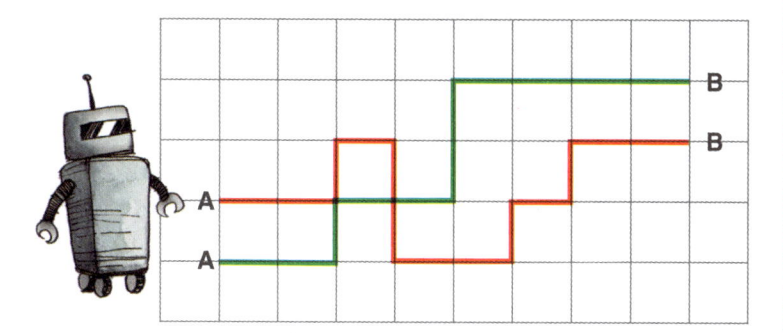

- Andar na horizontal pelos lados de 2 quadradinhos.
- Girar $\frac{1}{4}$ de volta para a esquerda.
- Andar pelo lado de 1 quadradinho.
- Girar $\frac{1}{4}$ de volta para a direita.
- Andar pelos lados de 2 quadradinhos.
- Girar $\frac{1}{4}$ de volta para a esquerda.
- Andar pelos lados de 2 quadradinhos.
- Girar $\frac{1}{4}$ de volta para a direita.
- Andar pelos lados de 4 quadradinhos.

Qual é a cor correta do trajeto que o robô deve seguir: verde ou vermelha?

O giro da roleta, o giro dos ponteiros do relógio e o giro do robô na malha quadriculada dão a ideia de **ângulo**.

Ângulo é a região entre 2 semirretas, como mostra o desenho ao lado.

O ÁBACO E OS DECIMAIS

Você já sabe representar no ábaco números até a classe dos milhares. Agora, você vai aprender a representar decimais no ábaco.

Veja abaixo como representar o decimal 1,352.

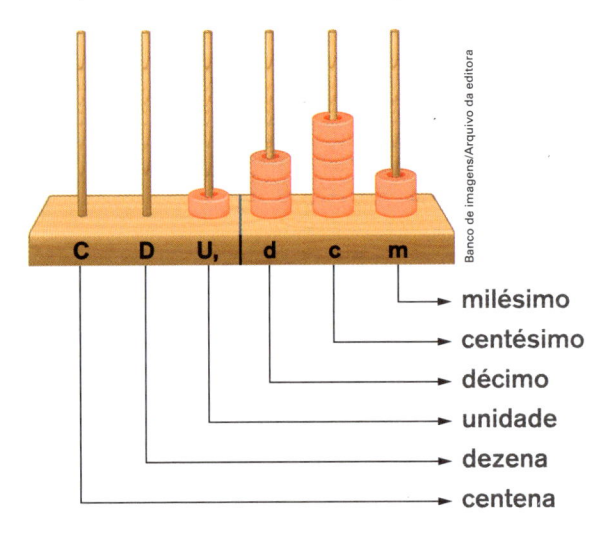

- milésimo
- centésimo
- décimo
- unidade
- dezena
- centena

Observe que a vírgula está representada à direita do pino das unidades (**U**). O risco no ábaco separa a parte inteira (unidades, dezenas, centenas, etc.) da parte decimal (décimos, centésimos e milésimos).

Agora, vamos construir um ábaco!

Instruções

- Espete os 3 palitos na caixa de ovos, um ao lado do outro, conforme a imagem abaixo. Repita para a outra caixa de ovos.

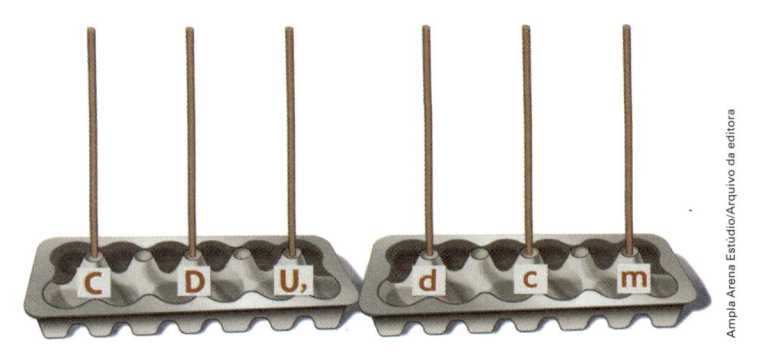

- Escreva as letras **C**, **D**, **U**, **d**, **c**, **m** nos pedaços de papel e cole-os abaixo dos palitos, nessa ordem, da esquerda para a direita. Escreva uma vírgula ao lado da letra **U**.

- Você vai usar as argolas para representar os números nesse ábaco.

MATERIAL NECESSÁRIO

- 2 caixas de ovos sem tampa
- 6 pedaços de papel e 6 palitos de madeira com pontas arredondadas
- 60 argolas que entrem nos palitos e saiam deles com facilidade

1 Escreva o decimal representado em cada ábaco abaixo.

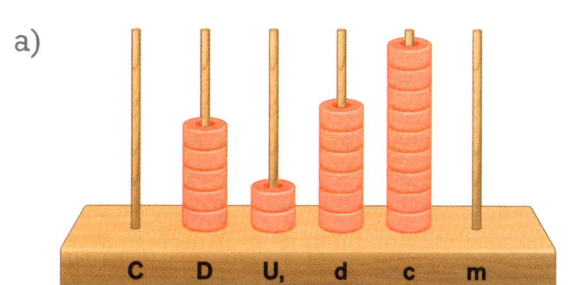

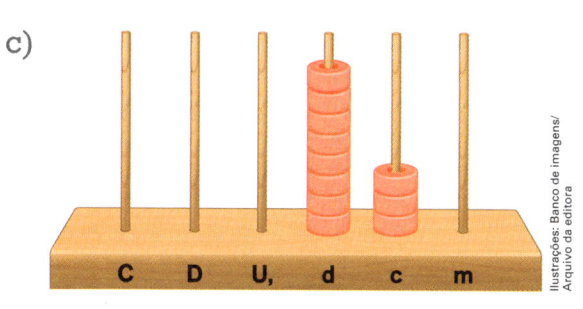

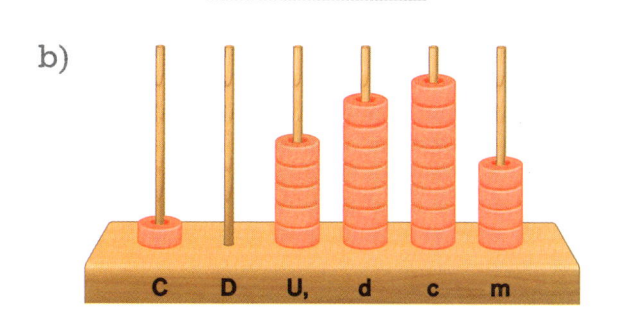

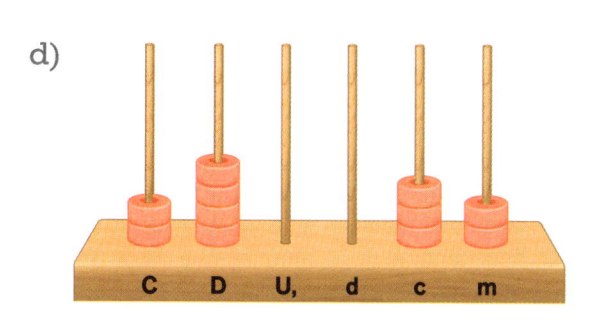

a) _____

b) _____

c) _____

d) _____

2 Represente os decimais nos ábacos abaixo.

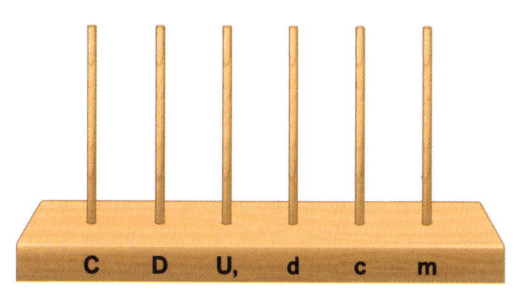

a) 12,05

b) 12,056

c) 201,341

d) 510,001

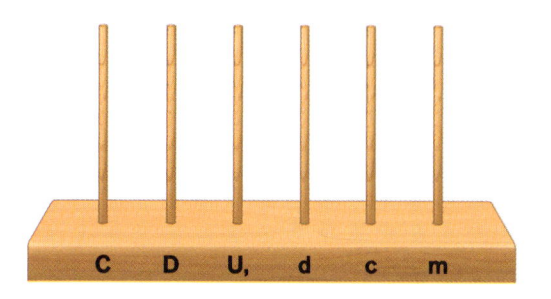

3 Imagine que há 9 argolas no pino dos centésimos de um ábaco. O que acontece se colocarmos nesse pino mais 1 argola?

UNIDADES DE MEDIDA DE COMPRIMENTO

Você já sabe que o metro é uma unidade de medida padronizada de comprimento. O metro também é a unidade de medida fundamental de comprimento, ou seja, a partir dessa unidade são obtidas as outras unidades de medida padronizadas de comprimento.

Do metro podemos obter, por exemplo, as unidades de medida quilômetro (km), centímetro (cm) e milímetro (mm).

Observe o prefixo das unidades de medida abaixo.

1 metro = 100 **cent**ímetros ou 1 **cent**ímetro = $\frac{1}{100}$ metro = 0,01 metro

1 metro = 1 000 **mil**ímetros ou 1 **mil**ímetro = $\frac{1}{1000}$ metro = 0,001 metro

Os prefixos ajudam a perceber qual é o múltiplo ou a fração da unidade de medida trabalhada.

Prefixo: parte da palavra que vem antes do significado básico e muda esse significado. Por exemplo, colocando o prefixo **des** na palavra igual, ela é transformada na palavra desigual.

1 Vamos relembrar? Complete abaixo.

Em 1 centímetro cabem _____ milímetros, então posso concluir que 1 centímetro é igual a _____ milímetros.

1 centímetro = _____ milímetros ou 1 milímetro = _____ centímetro

2 O prefixo **quilo** significa 'mil'. Então, a palavra quilômetro significa 'mil metros'. Pense e escreva abaixo outra palavra que também tenha o prefixo **quilo**.

_____

3 Complete os itens abaixo com o número ou a unidade de medida adequados.

a) 45 cm + _____ cm = 65 cm ou 450 _____ + 200 mm = 650 mm

b) _____ cm + 8 cm = 11 cm ou 30 _____ + 80 _____ = 110 mm

c) _____ m + 29 m = _____ m ou 2 300 _____ + _____ mm = 5 200 mm

4 Quatro jogadores fizeram uma disputa para saber quem chutava a bola mais longe e mais alto. Após 2 tentativas para cada jogador, eles anotaram em uma tabela o chute mais longo e o chute mais alto de cada um deles.

Medidas dos chutes

Jogador	Chute mais longo	Chute mais alto
Jonas	56 metros	5,2 metros
Fábio	50,06 metros	5,02 metros
Lucas	55,06 metros	5,020 metros
Murilo	50,6 metros	5,20 metros

Tabela elaborada para fins didáticos.

a) Complete: o chute mais alto de Jonas teve _____ metros, o chute mais longo de Fábio teve _____ metros e o mais alto teve _____ metros e o chute mais longo de Murilo teve _____ metros.

b) Qual deles teve o chute mais longo? De quantos metros?

_____

c) Qual deles teve o chute mais alto? Quantos metros?

_____

d) Crie uma pergunta que possa ser respondida com os dados da tabela.

_____

5 Carlos comprou 2 pacotes de folhas de papel de tamanhos diferentes. Observando a embalagem, ele descobriu que uma delas estava identificada pelo código A4 e cada folha tinha 210 mm de largura e 297 mm de altura. A outra embalagem estava identificada pelo código A3 e indicava que a largura de cada folha era igual à altura da folha A4 e a altura de cada folha era o dobro da largura da folha A4.

> Normalmente as medidas das folhas de papel vêm indicadas nas embalagens em centímetros. Para a folha de papel A4, por exemplo, as medidas são 21,0 cm de largura e 29,7 cm de altura.

a) Quantos milímetros têm a largura e a altura da folha de papel A3?

_____

b) Qual das duas folhas é maior?

_____

ATIVIDADES DO CAPÍTULO

1. Contorne a maior fração de cada item abaixo.

   a) $\dfrac{4}{10}$ e $\dfrac{7}{10}$
   b) $\dfrac{1}{3}$ e $\dfrac{1}{10}$
   c) $\dfrac{3}{6}$ e $\dfrac{2}{5}$
   d) $\dfrac{8}{72}$ e $\dfrac{8}{64}$

2. Escreva o que se pede em cada item abaixo.

   a) Um número maior do que 1,23 que tenha os algarismos dos décimos e dos centésimos diferentes de 0. _____

   b) Um número menor do que 27,008 que tenha os algarismos dos décimos, dos centésimos e dos milésimos diferentes de 0. _____

   c) Um número maior do que 17,364 que não tenha parte decimal. _____

3. Contorne as figuras abaixo que representam a fração $\dfrac{1}{3}$. Justifique como o exemplo.

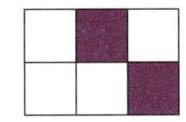

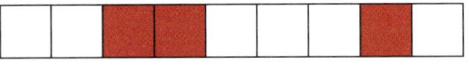

   $\dfrac{2}{6} = \dfrac{1}{3}$

   ___ = ___   ___ = ___

   ___ = ___   ___ = ___

4. Explique a semelhança e a diferença entre semirreta e segmento de reta.

   _____

   _____

5. Observe a figura abaixo.

   a) Represente com uma adição de frações quantas partes dessa figura foram pintadas de verde e roxo juntas.

   ___ + ___ = ___

   b) Represente com uma subtração de frações quantas partes dessa figura foram pintadas de laranja a mais do que de roxo. ___ − ___ = ___

RESOLVENDO PROBLEMAS

1. Para fazer um bolo com cobertura, além de outros ingredientes, Ana separou 1 litro de leite e 1 dúzia de ovos. Ela usou $\frac{1}{4}$ do litro de leite e $\frac{1}{3}$ da dúzia de ovos para fazer a massa do bolo e usou $\frac{2}{4}$ do litro de leite e $\frac{2}{3}$ da dúzia de ovos para fazer a cobertura.

a) Que fração do litro de leite Ana usou ao todo nessa receita?

_____

b) Que fração do litro de leite sobrou após Ana fazer o bolo?

_____

Lembre-se: Você pode representar o litro de leite (o inteiro) pela fração $\frac{4}{4}$.

c) Que fração da dúzia de ovos ela usou ao todo? E que fração da dúzia de ovos sobrou?

_____

2. Carmen bateu no liquidificador algumas mangas e preparou $\frac{1}{2}$ litro de suco. Em seguida ela misturou o suco com 1 litro de água, obtendo um refresco de manga. Ela quer dividir esse refresco igualmente em 6 copos. Quantos mililitros de refresco ela pode colocar em cada copo?

_____

_____

CÁLCULO MENTAL

Marília e Thiago estão tentando descobrir uma fração equivalente a $\frac{2}{3}$ que tenha denominador 15. Veja abaixo como eles pensaram.

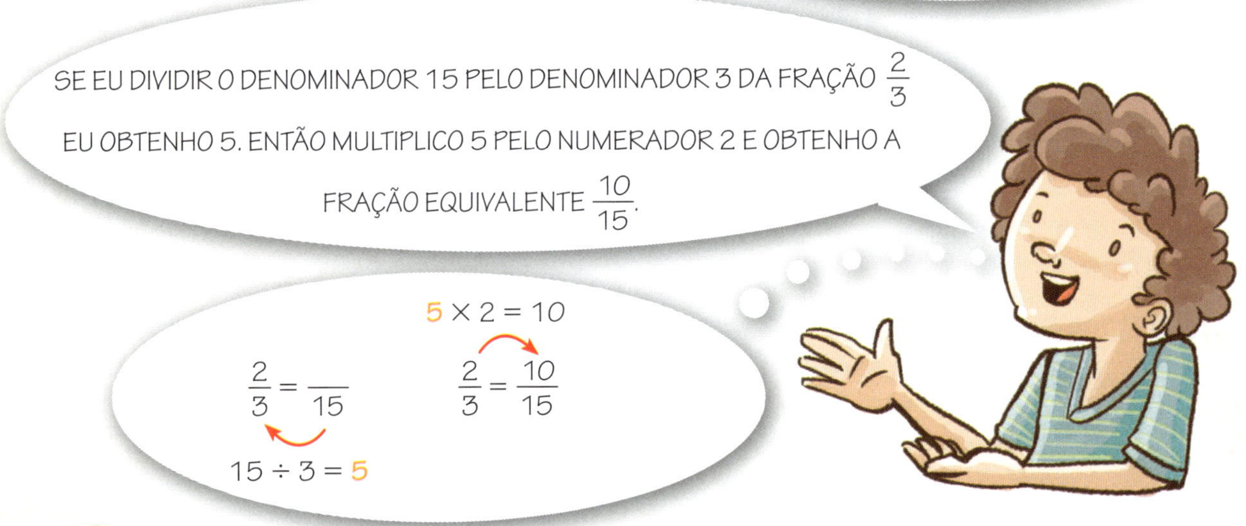

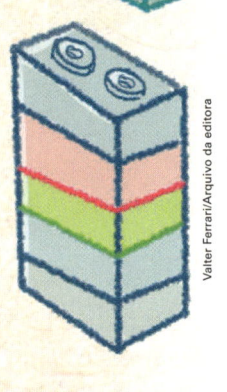

SE EU MULTIPLICAR 5 PELO DENOMINADOR 3 DA FRAÇÃO $\frac{2}{3}$ EU OBTENHO 15. ENTÃO MULTIPLICO 5 TAMBÉM PELO NUMERADOR 2 E OBTENHO A FRAÇÃO EQUIVALENTE $\frac{10}{15}$.

$\frac{2}{3} = \frac{}{15}$ $\frac{2}{3} = \frac{10}{15}$

5 × 3 = 15   5 × 2 = 10

SE EU DIVIDIR O DENOMINADOR 15 PELO DENOMINADOR 3 DA FRAÇÃO $\frac{2}{3}$ EU OBTENHO 5. ENTÃO MULTIPLICO 5 PELO NUMERADOR 2 E OBTENHO A FRAÇÃO EQUIVALENTE $\frac{10}{15}$.

$\frac{2}{3} = \frac{}{15}$ $\frac{2}{3} = \frac{10}{15}$

15 ÷ 3 = 5   5 × 2 = 10

1. Pense como Marília ou Thiago e complete as frações abaixo de modo que cada item tenha frações equivalentes.

a) $\frac{2}{4} = \frac{}{16}$

b) $\frac{7}{14} = \frac{}{2}$

c) $\frac{5}{3} = \frac{}{12}$

d) $\frac{6}{7} = \frac{12}{}$

e) $\frac{35}{55} = \frac{7}{}$

f) $\frac{4}{22} = \frac{8}{}$

g) $\frac{14}{9} = \frac{42}{}$

h) $\frac{45}{25} = \frac{9}{}$

i) $\frac{38}{42} = \frac{19}{}$

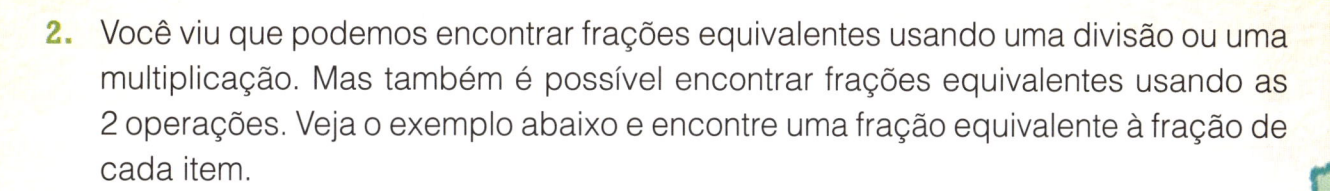

2. Você viu que podemos encontrar frações equivalentes usando uma divisão ou uma multiplicação. Mas também é possível encontrar frações equivalentes usando as 2 operações. Veja o exemplo abaixo e encontre uma fração equivalente à fração de cada item.

$$\frac{2^{\div 2}}{6^{\div 2}} = \frac{1^{\times 3}}{3^{\times 3}} = \frac{3}{9} \rightarrow \frac{2}{6} = \frac{3}{9} \quad \text{ou} \quad \frac{2^{\times 3}}{6^{\times 3}} = \frac{6^{\div 2}}{18^{\div 2}} = \frac{3}{9} \rightarrow \frac{2}{6} = \frac{3}{9}$$

a) $\dfrac{12}{36} = \underline{} = \underline{}$

b) $\dfrac{18}{42} = \underline{} = \underline{}$

c) $\dfrac{40}{52} = \underline{} = \underline{}$

d) $\dfrac{22}{30} = \underline{} = \underline{}$

e) $\dfrac{46}{200} = \underline{} = \underline{}$

f) $\dfrac{45}{27} = \underline{} = \underline{}$

3. Quando usamos divisões para obter frações equivalentes, podemos dizer que estamos obtendo **frações simplificadas** da fração dada. Veja o exemplo abaixo.

$$\frac{40^{\div 2}}{60^{\div 2}} = \frac{20^{\div 2}}{30^{\div 2}} = \frac{10^{\div 5}}{15^{\div 5}} = \frac{2}{3}$$

Obtenha algumas frações simplificadas de cada fração abaixo.

a) $\dfrac{18}{24} = \underline{} = \underline{}$

b) $\dfrac{75}{105} = \underline{} = \underline{}$

c) $\dfrac{30}{54} = \underline{} = \underline{}$

d) $\dfrac{70}{77} = \underline{} = \underline{}$

$\dfrac{20}{30}$ É UMA FRAÇÃO SIMPLIFICADA DA FRAÇÃO $\dfrac{40}{60}$. A FRAÇÃO $\dfrac{10}{15}$ É UMA FRAÇÃO SIMPLIFICADA DAS FRAÇÕES $\dfrac{40}{60}$ E $\dfrac{20}{30}$. E $\dfrac{2}{3}$ É UMA FRAÇÃO SIMPLIFICADA DAS FRAÇÕES $\dfrac{40}{60}$, $\dfrac{20}{30}$ E $\dfrac{10}{15}$.

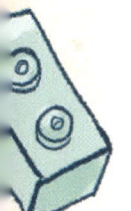

● MINHAS DICAS

Anote algo que você aprendeu nestas atividades e que pode ajudar a realizar cálculos mais rapidamente.

_____
_____
_____

LEITURA DE IMAGEM

BRINQUEDOS E BRINCADEIRAS

Brincar é uma atividade muito importante para as crianças. As brincadeiras as ajudam a interagir com o ambiente e com as pessoas, a exercitar o corpo e a desempenhar papéis sociais, como em jogos e nas brincadeiras de passa-anel, de bonecos e de roda.

Alguns artistas retratam as brincadeiras populares brasileiras em pinturas ricas em cores, formas e figuras geométricas.

OBSERVE

Brinquedos e brincadeiras, de Militão dos Santos. 2009. Óleo sobre tela. 50 cm × 40 cm. Acervo particular.

1. A atividade que melhor caracteriza a infância é a brincadeira. Quando você observa a obra **Brinquedos e brincadeiras** acima, o que chama mais a sua atenção?

2. Observe novamente essa obra com atenção e escreva abaixo alguns brinquedos ou brincadeiras que você identifica nela.

   _____

3. Todas as pessoas que aparecem nessa obra estão brincando? Se não estiverem, então escreva algumas atividades que você consegue identificar e que não sejam brincadeiras.

   _____

   _____

ANALISE

4. Nessa obra podemos identificar a presença da Matemática possibilitando algumas brincadeiras.

   Converse com os colegas e o professor e depois construam um cartaz coletivamente, listando 1 ou mais brincadeiras com as características dos itens abaixo.

   a) Necessita da presença de números.
   b) Depende de uma pessoa ter massa maior ou menor do que a outra pessoa para funcionar.
   c) Necessita de um objeto com a forma de um círculo.
   d) Precisa do desenho de uma figura geométrica plana no chão.

RELACIONE

5. Nessa obra há elementos que lembram figuras geométricas? Identifique alguns exemplos e registre abaixo o elemento e a figura geométrica que ele lembra.

   _____

   _____

6. Você conhece os brinquedos e as brincadeiras mostradas nessa obra? Costuma brincar com eles?

CAPÍTULO 6

CONTAR E PINTAR AS PARTES

FRAÇÕES, DIVISÕES E DECIMAIS

Ana Paula estava relembrando como relacionar a fração $\frac{1}{2}$ a uma divisão usando uma calculadora.

A FRAÇÃO $\frac{1}{2}$ ESTÁ RELACIONADA À DIVISÃO 1 DIVIDIDO POR 2. SE EU FIZER ESSA DIVISÃO NA CALCULADORA, ENTÃO VOU OBTER O DECIMAL CORRESPONDENTE.

1 Agora é com você! Use uma calculadora para resolver as divisões abaixo.

a) Resolva a divisão 1 ÷ 2 na calculadora e anote o resultado. _____

b) Registre a divisão que está associada à fração $\frac{2}{4}$. _____

c) Agora resolva essa divisão e anote o resultado. _____

d) Resolva a divisão associada à fração $\frac{3}{6}$ e anote o resultado. _____

e) Você já sabe que $\frac{1}{2} = \frac{2}{4} = \frac{4}{8}$, ou seja, que essas frações são equivalentes. Encontre outra fração equivalente a essas frações, resolva a divisão associada a ela e anote o resultado.

_____

f) Com um colega, observe os decimais que vocês obtiveram. O que vocês podem concluir sobre esses decimais?

2 Use a conclusão da atividade anterior para resolver esta atividade.

a) Faça a divisão usando uma calculadora e complete: a fração $\frac{3}{5}$ pode ser representada pelo decimal _____.

b) Você já sabe representar esse decimal por uma fração de denominador 10! Escreva essa fração. $\frac{}{10}$

c) Converse com um colega. O que vocês podem concluir sobre essa fração e a fração $\frac{3}{5}$? Justifiquem sua resposta.

3 Faça as divisões em uma calculadora e represente cada par de frações equivalentes abaixo com um decimal.

a) $\dfrac{7}{10} = \dfrac{28}{40} =$ _____

b) $\dfrac{3}{5} = \dfrac{9}{15} =$ _____

c) $\dfrac{2}{8} = \dfrac{10}{40} =$ _____

d) $\dfrac{12}{15} = \dfrac{4}{5} =$ _____

4 Usando uma calculadora, calcule o decimal associado a cada fração abaixo. Em seguida, encontre uma fração equivalente à fração dada e que tenha denominador 10, 100 ou 1 000.

a) $\dfrac{6}{20} =$ _____ $=$ _____

b) $\dfrac{1}{25} =$ _____ $=$ _____

c) $\dfrac{4}{25} =$ _____ $=$ _____

d) $\dfrac{13}{40} =$ _____ $=$ _____

5 Edna está reformando a casa dela.
Veja o que disse o pedreiro que ela contratou.

> VOCÊ PRECISA COMPRAR 100 LAJOTAS DE DIFERENTES CORES. SERÃO $\dfrac{2}{5}$ DE LAJOTAS VERDES, $\dfrac{1}{4}$ DE LAJOTAS AMARELAS, $\dfrac{1}{20}$ DE LAJOTAS AZUIS E $\dfrac{9}{30}$ DE LAJOTAS BRANCAS.

a) Para facilitar a compra, Edna decidiu encontrar frações equivalentes às frações indicadas pelo pedreiro, com denominador 100, que é a quantidade de lajotas que ela precisa comprar. Registre abaixo essas frações equivalentes.

- $\dfrac{2}{5} =$ _____

- $\dfrac{1}{4} =$ _____

- $\dfrac{1}{20} =$ _____

- $\dfrac{9}{30} =$ _____

b) Observe o numerador de cada fração que você registrou e responda: quantas lajotas de cada cor Edna terá que comprar?

_____

_____

ADIÇÃO E SUBTRAÇÃO DE FRAÇÕES COM DENOMINADORES DIFERENTES

Para comemorar o aniversário de 20 anos de fundação, uma escola decidiu mudar o uniforme dos alunos. Para escolher a cor da camiseta, o diretor fez uma pesquisa com alunos e funcionários. Os resultados foram: $\frac{1}{4}$ escolheu cinza, $\frac{2}{8}$ preferiram azul, $\frac{1}{5}$ escolheu verde, $\frac{2}{10}$ preferiram branco e os demais escolheram amarelo.

1 Observe as frações do problema acima.

a) Quais das frações apresentadas são equivalentes? Registre-as abaixo.

—— = ——   —— = ——

🔊 b) Como você faria para calcular a fração dos alunos e funcionários que escolheu as cores cinza ou azul? Converse com os colegas.

Para calcular a fração dos alunos e funcionários que escolheu as cores cinza ou azul, podemos adicionar as frações que indicam a escolha em cada uma das cores: $\frac{1}{4} + \frac{2}{8}$

Como essas frações são equivalentes, podemos substituir a fração $\frac{1}{4}$ por $\frac{2}{8}$ na adição. Assim, temos a adição de 2 frações de denominadores iguais.

$$\frac{1}{4} + \frac{2}{8} = \frac{2}{8} + \frac{2}{8}$$

2 Essa adição você já sabe resolver!

a) Calcule o resultado dessa adição. $\frac{1}{4} + \frac{2}{8} = \frac{2}{8} + \frac{2}{8} = $ ——

b) Também poderíamos ter substituído a fração $\frac{2}{8}$ por $\frac{1}{4}$ na adição. Resolva essa adição. $\frac{1}{4} + \frac{2}{8} = $ —— $+$ —— $=$ ——

c) Observe o resultado das 2 adições que você resolveu. Os resultados são iguais? Justifique.

> Para facilitar os cálculos é sempre melhor adicionar frações simplificadas. Para isso, você deve pensar em frações equivalentes.

3 Retome o enunciado do problema da página anterior. Que fração dos alunos e funcionários escolheu as cores verde ou branca?

a) Resolva as adições abaixo fazendo as 2 substituições possíveis.

$\frac{1}{5} + \frac{2}{10} = \underline{} + \underline{} = \underline{}$ \qquad $\frac{1}{5} + \frac{2}{10} = \underline{} + \underline{} = \underline{}$

🔊 b) Agora, pense: como você faria para calcular a fração dos alunos e funcionários que escolheu as cores cinza ou verde? Converse com os colegas.

Para calcular a fração dos alunos e funcionários que escolheu as cores cinza ou verde, podemos adicionar as frações que indicam a escolha de cada uma das cores: $\frac{1}{4} + \frac{1}{5}$

Como os denominadores dessas frações são diferentes e elas não são equivalentes, temos que encontrar uma fração equivalente a cada fração, de modo que as novas frações tenham denominadores iguais. Por exemplo, podemos encontrar as frações equivalentes que têm denominador 100.

$\frac{1^{\times 25}}{4^{\times 25}} = \frac{25}{100}$ \qquad $\frac{1^{\times 20}}{5^{\times 20}} = \frac{20}{100}$

Então, podemos substituir essas frações equivalentes na adição:

$\frac{1}{4} + \frac{1}{5} = \frac{25}{100} + \frac{20}{100}$

4 Agora você também sabe resolver essa adição!

a) Calcule o resultado dessa adição. $\frac{1}{4} + \frac{1}{5} = \frac{25}{100} + \frac{20}{100} = \underline{}$

b) Calcule a fração de alunos e funcionários que escolheu as cores abaixo.

- Cinza ou branca.

$\frac{1}{4} + \frac{2}{10} = \underline{} + \underline{} = \underline{}$

- Azul ou verde.

$\frac{2}{8} + \frac{1}{5} = \underline{} + \underline{} = \underline{}$

- Azul ou branca.

$\frac{2}{8} + \frac{2}{10} = \underline{} + \underline{} = \underline{}$

Observe que não necessariamente precisamos escolher frações equivalentes de denominador 100. Basta que as frações escolhidas tenham denominadores iguais.

Para resolver subtrações de 2 frações de denominadores diferentes, podemos usar os mesmos passos: encontramos uma fração equivalente a cada fração, de modo que as novas frações tenham denominadores iguais, e, em seguida, subtraímos essas frações. Veja abaixo alguns exemplos.

$$\frac{2}{5} - \frac{1}{4} = \frac{40}{100} - \frac{25}{100} = \frac{15}{100}$$

$$\frac{2}{3} - \frac{1}{4} = \frac{8}{12} - \frac{3}{12} = \frac{5}{12}$$

$$\frac{4}{9} - \frac{1}{3} = \frac{4}{9} - \frac{3}{9} = \frac{1}{9}$$

5 Vamos relembrar as frações da pesquisa feita na escola: $\frac{1}{4}$ dos alunos e funcionários escolheu cinza, $\frac{2}{8}$ preferiram azul, $\frac{1}{5}$ escolheu verde, $\frac{2}{10}$ preferiram branco e os demais escolheram amarelo.

a) Que fração dos alunos e funcionários escolheu a cor azul a mais do que a cor verde?

$$\frac{2}{8} - \frac{1}{5} = \underline{} - \underline{} = \underline{}$$

b) Que fração escolheu as cores azul ou verde a mais do que a cor cinza?

$$\underline{} - \underline{} = \underline{} - \underline{} = \underline{}$$

Dica: adicione a fração dos alunos e funcionários que escolheu as cores cinza ou azul com a fração que escolheu verde ou branca.

c) Que fração não escolheu a cor amarela?

$$\underline{} + \underline{} = \underline{} + \underline{} = \underline{}$$

d) Então, que fração dos alunos e funcionários escolheu a cor amarela?

$$\frac{100}{100} - \underline{} = \underline{}$$

Total de alunos e funcionários que participaram da pesquisa.

6 Fernanda leu $\frac{1}{2}$ das páginas de um livro em um dia. No dia seguinte ela leu $\frac{1}{4}$ das páginas do livro.

a) Que fração das páginas do livro ela leu ao todo nos 2 dias?

_____

b) Que fração das páginas do livro Fernanda ainda não leu?

_____

7 Caroline pintou $\frac{1}{6}$ de uma parede em um dia. No dia seguinte ela pintou mais $\frac{1}{3}$ dessa parede. Que fração dessa parede ela ainda tem para pintar?

_____

8 Bento tem uma coleção com 40 carrinhos: $\frac{2}{5}$ deles são de ferro e os demais são de plástico.

a) Que fração dos carrinhos de Bento é de plástico?

_____

b) Se Bento quiser separar metade dos carrinhos de ferro, então quantos carrinhos ele deve separar?

_____

ADIÇÃO DE DECIMAIS NO ÁBACO

Você já viu como fazer adições de números até a classe dos milhares usando um ábaco. Agora, você vai ver como fazer adições de decimais no ábaco.

1 Acompanhe abaixo o raciocínio para calcular o valor de 1,517 + 0,316 e complete com o que falta.

Comece registrando o decimal 1,517 no ábaco.

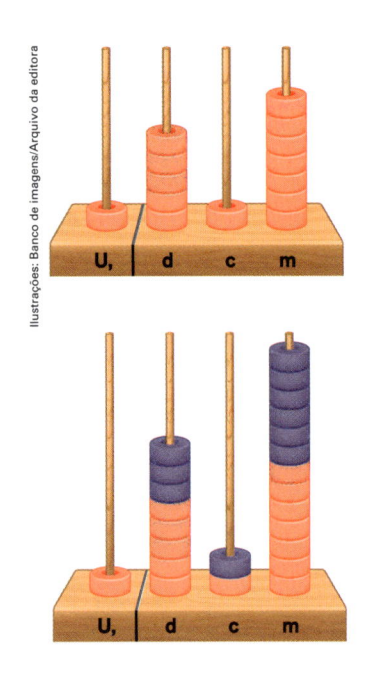

São colocadas __1__ argola no pino das unidades, __5__ argolas no pino dos décimos, __1__ argola no pino dos centésimos e __7__ argolas no pino dos milésimos.

Em seguida, registre no mesmo ábaco o decimal 0,316 usando argolas de outra cor.

Foi acrescentada __0__ argola no pino das unidades, totalizando __1__ argola.

Foram acrescentadas __3__ argolas no pino dos décimos, totalizando __8__ argolas.

Foi acrescentada __1__ argola no pino dos centésimos, totalizando __2__ argolas.

Foram acrescentadas __6__ argolas no pino dos milésimos, totalizando __13__ argolas.

Cada pino pode ter no máximo __9__ argolas. Como o pino dos milésimos tem __13__ argolas, é preciso trocar 10 argolas desse pino por 1 argola no pino dos __centésimos__.

Assim, retire 10 argolas do pino dos milésimos e troque por 1 argola no pino dos centésimos. Ficam __3__ argolas no pino dos centésimos e __3__ argolas no pino dos milésimos.

O resultado da adição é __1,833__.

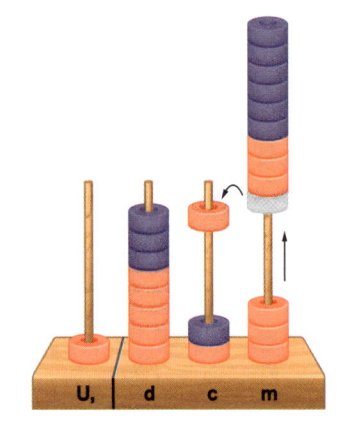

2 Os ábacos abaixo mostram o passo a passo de uma adição que Vanessa resolveu. Observe.

A   B 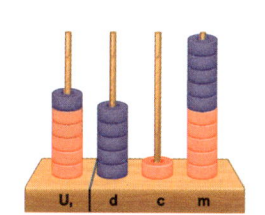   C

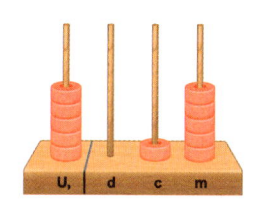

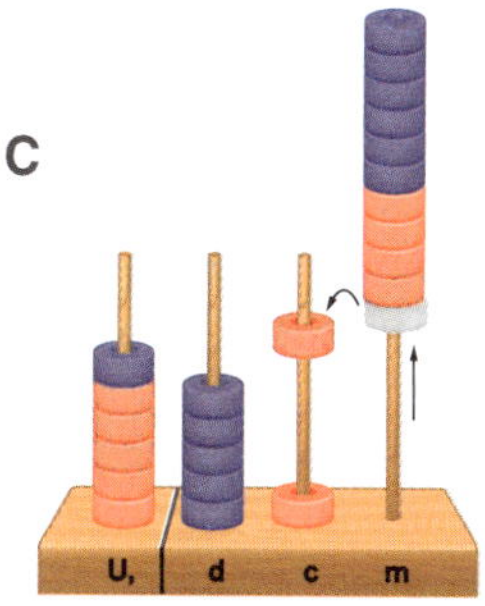

a) Registre abaixo do ábaco **A** a primeira parcela da adição que Vanessa resolveu. Em seguida, registre a segunda parcela da adição abaixo do ábaco **B**.

b) Confira o ábaco **C**. Vanessa resolveu a adição corretamente? Anote o resultado correto da adição abaixo do ábaco **C**.

_____

c) Justifique para um colega por que Vanessa não resolveu essa adição corretamente.

3 Agora, faça as adições no ábaco que você construiu. Depois, registre nos ábacos abaixo o resultado de cada adição.

a) 101,05 + 349,12 = _____

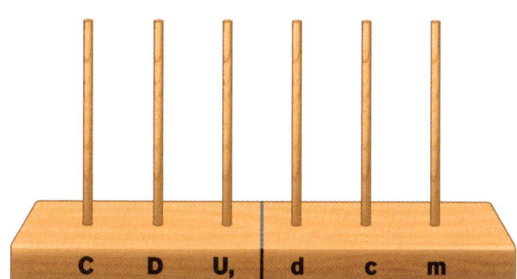

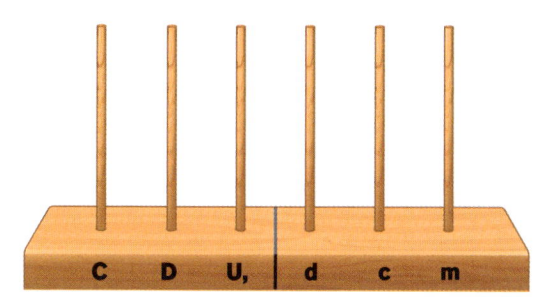

c) 56,39 + 115,26 = _____

b) 22,06 + 202,006 = _____

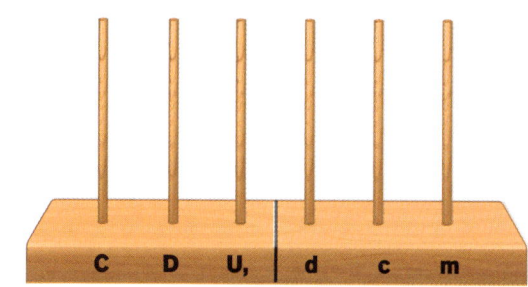

d) 10,101 + 0,979 = _____

SUBTRAÇÃO DE DECIMAIS NO ÁBACO

Pense em como você pode usar o ábaco para fazer adições e subtrações de números até a classe dos milhares. Pense também nos passos para resolver no ábaco uma adição de decimais. Você consegue imaginar como resolver uma subtração de decimais usando um ábaco?

Vamos aprender!

1 Acompanhe abaixo o raciocínio para calcular o valor de 1,715 − 0,163 e complete com o que falta.

Comece registrando o decimal 1,715 no ábaco.

Foram colocadas _____ argola no pino das unidades, _____ argolas no pino dos décimos, _____ argola no pino dos centésimos e _____ argolas no pino dos milésimos.

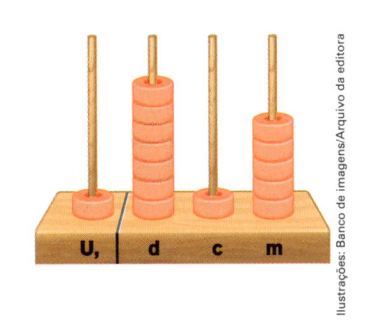

Em seguida, comece a subtrair a partir dos milésimos.

Há _____ argolas no pino dos milésimos, e você precisa subtrair _____ milésimos. Então, retire _____ argolas do pino dos milésimos.

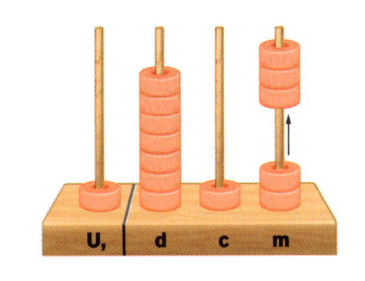

Há _____ argola no pino dos centésimos, e você precisa subtrair _____ centésimos. Como não há argolas suficientes no pino dos centésimos, então retire _____ argola do pino dos décimos e troque por _____ argolas no pino dos centésimos.

134

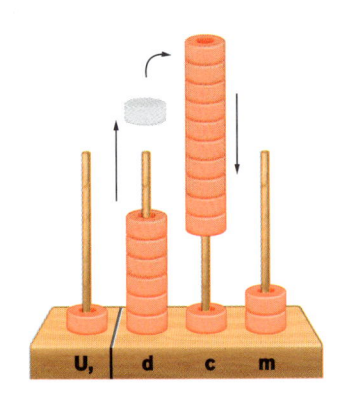

Agora há _____ argolas no pino dos centésimos, e você precisa subtrair _____ centésimos. Então, retire _____ argolas do pino dos centésimos, restando _____ argolas nesse pino.

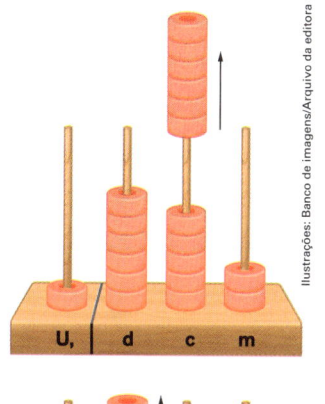

Agora, subtraia os décimos. Há _____ argolas no pino dos décimos, e você precisa subtrair _____ décimo. Então, retire _____ argola do pino dos décimos, restando _____ argolas nesse pino.

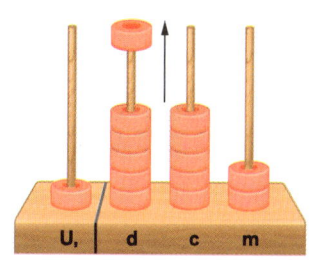

Por fim, subtraia as unidades. Há _____ argola no pino das unidades, e você precisa subtrair _____ argola. Então, fica _____ argola no pino das unidades.

O resultado da subtração é _____.

2 Agora, faça as subtrações no ábaco que você construiu. Depois, registre nos ábacos abaixo o resultado de cada subtração.

a) 224,066 − 202,006 = _____

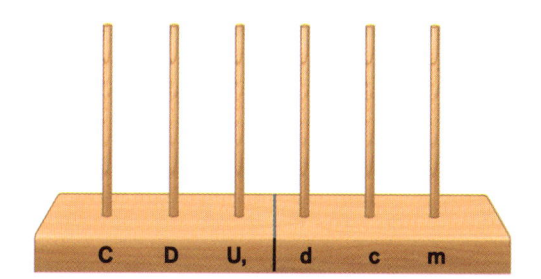

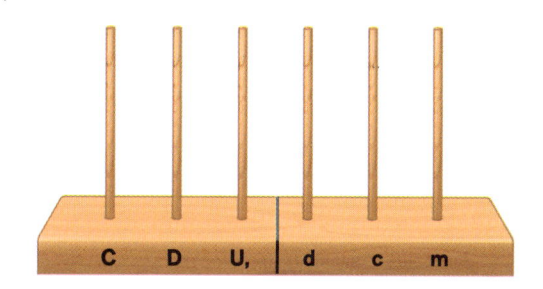

c) 170,65 − 115,25 = _____

b) 450,17 − 101,05 = _____

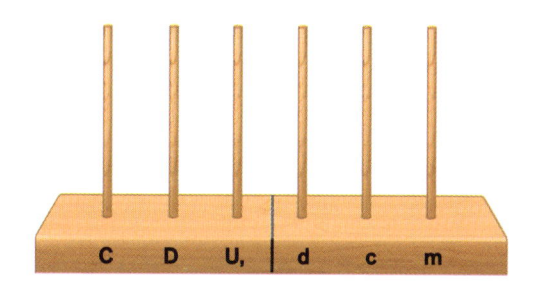

d) 11,080 − 10,101 = _____

135

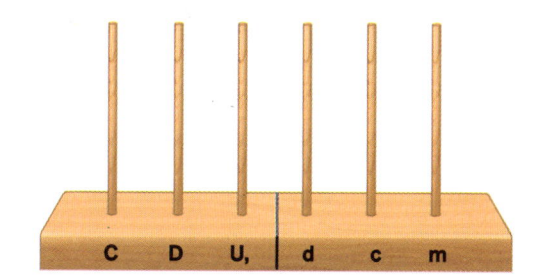

MEDIDAS DE MASSA

Observe as 2 balanças abaixo.

Balança A

Balança B

1. Explique por que a balança **A**, acima, que está com mais produtos, está marcando **1** no visor e a balança **B**, que está com menos produtos, está marcando **500** no visor. Você percebe alguma relação entre esses valores?

2. Você já conhece algumas unidades de medida de massa. Complete as frases abaixo com os números que faltam.

   a) 1000 gramas (g) equivalem a _____ quilograma (kg). Então, 1 grama é o mesmo que 1 quilograma dividido por _____.

   Podemos escrever 1 g pela fração ——— kg e pelo decimal _____ kg.

   b) 1000 quilogramas (kg) equivalem a _____ tonelada (t) e 1 quilograma é o mesmo que 1 tonelada dividida por _____.

   Podemos escrever 1 kg pela fração ——— t e pelo decimal 1 kg = = _____ t.

   c) $\frac{1}{4}$ de quilograma equivale a _____ gramas.

3. Um pacote pequeno de café tem $\frac{1}{4}$ kg. Quantos desses pacotes são necessários para obter 1,5 kg de café?

4 Márcio precisa levar 1450 kg de cimento, 1280 kg de areia e 3800 kg de pedra para a construção de uma casa. Se o caminhão que ele vai usar no transporte desse material tem capacidade de transportar 2 toneladas, então quantas viagens no mínimo ele precisa fazer com esse caminhão?

_____

5 A gerente de uma lanchonete abasteceu o estoque e comprou 20 kg de frutas ao todo. Foram comprados $3\frac{1}{4}$ kg de morango e o triplo disso de melancia. Um décimo do total de quilogramas de frutas comprados foi de abacaxi. O restante foi de laranja.

As imagens destas páginas não estão representadas em proporção.

a) Quantos gramas de morango foram comprados?

_____

b) Quantos gramas de melancia foram comprados?

_____

c) Quantos quilogramas de abacaxi foram comprados?

_____

d) Quantos gramas de laranja foram comprados?

_____

137

ÂNGULO

1 Vamos fazer um experimento em grupo!

a) Junte-se com 2 colegas e façam as atividades abaixo.

- Observem a porta da sala de aula em que vocês estudam. Fiquem de um lado da porta, abram-na e fechem-na. Em seguida, fiquem do outro lado da porta e repitam.

- Agora, observem as ilustrações abaixo. Elas representam a vista de cima de uma porta aberta, com diferentes aberturas em relação à posição em que fica fechada.

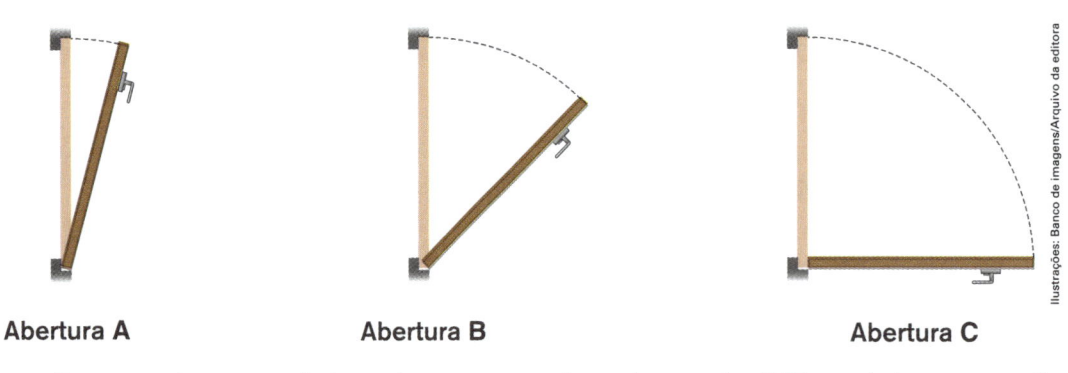

Abertura A   **Abertura B**   **Abertura C**

Respondam: qual das aberturas acima é a maior? E qual é a menor?

_____

b) Agora, juntem a palma das mãos. Mantendo os pulsos unidos, separem as mãos. O que aconteceu com a abertura entre elas?

_____

c) Peguem agora uma tesoura com pontas arredondadas. Abram a tesoura. O que aconteceu com sua abertura?

_____

A abertura da porta, a abertura entre suas mãos e a abertura da tesoura também dão a ideia de **ângulo**. Quanto maior é a distância da porta em relação a sua posição quando estava fechada, maior é sua abertura.

Veja ao lado como podemos representar com um traço a abertura de um ângulo.

Podemos medir a abertura de um ângulo. Para isso, precisamos de um instrumento e de uma unidade de medida. Vamos construir um instrumento para medir ângulos!

MATERIAL NECESSÁRIO

- Folha de papel sulfite
- Copo para fazer 3 círculos
- Lápis
- Tesoura com pontas arredondadas

Como montar

- Apoie o copo sobre a folha de papel e contorne a borda fazendo o contorno de 1 círculo. Posicione o copo de modo que seja possível fazer 3 círculos na mesma folha. **(1)**
- Repita o procedimento fazendo outros 2 círculos e recorte-os.
- Pegue um dos círculos, posicione um lápis em sua borda e acompanhe todo o contorno do círculo até o ponto inicial. Você acabou de dar 1 volta completa no círculo.
- Pegue outro círculo e dobre-o ao meio. Você vai obter meia volta, ou seja, metade de uma volta. **(2)**
- Posicione um lápis na borda da metade do círculo que você dobrou e acompanhe seu contorno. Você deu metade de uma volta no círculo.
- Pegue o terceiro círculo e dobre-o 2 vezes ao meio. Você vai obter um quarto de volta. **(3)**
- Com um lápis, acompanhe novamente o contorno do quarto de círculo que você dobrou. Você deu um quarto de uma volta no círculo.

Atenção! Guarde seu ângulo reto, pois você vai usá-lo novamente.

2 Observe as dobraduras que você fez. Em quantas partes iguais o terceiro círculo está dividido?

Essa dobradura de círculo será nossa unidade de medida para comparar a medida dos ângulos. Ela será chamada de ângulo de $\frac{1}{4}$ de volta ou **ângulo reto**.

ângulo reto

3 Observe como Camila usou sua dobradura de ângulo reto para realizar medições em sua sala de aula.

> O CANTO DESTA CARTEIRA TEM ÂNGULO RETO.

> O CANTO DESTA CAIXA NÃO TÊM ÂNGULO RETO.

Faça como Camila e identifique cantos na sala de aula e em objetos que tenham ângulos retos.

4 Responda aos itens a seguir. Para isso, use o ângulo reto que você confeccionou para medir os ângulos abaixo.

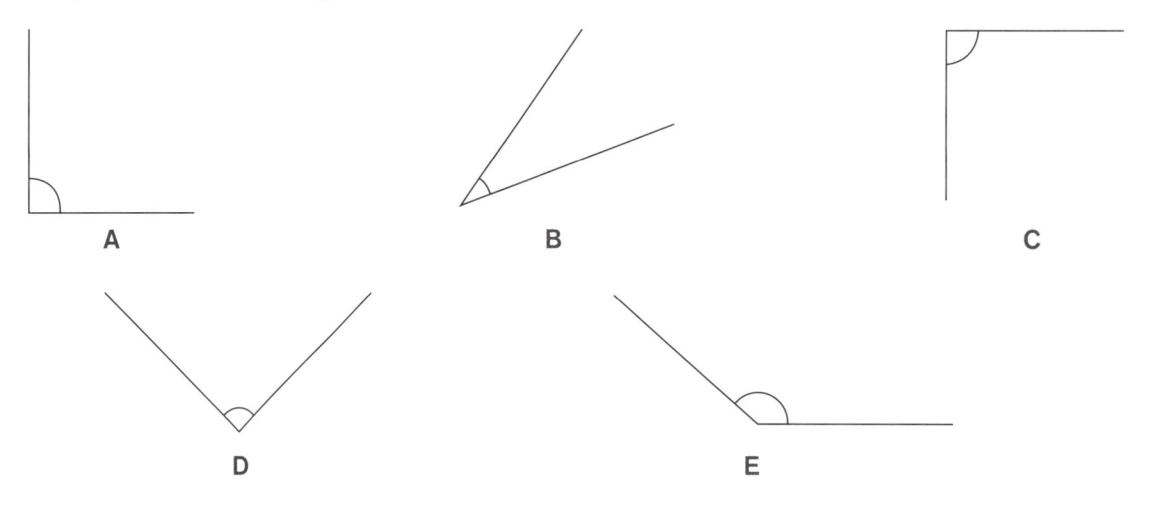

A   B   C

D   E

a) Quais das figuras acima são ângulos retos?

_____

b) Qual figura é um ângulo maior do que o ângulo reto?

_____

c) Qual figura é um ângulo menor do que o ângulo reto?

_____

5 Observe os polígonos abaixo.

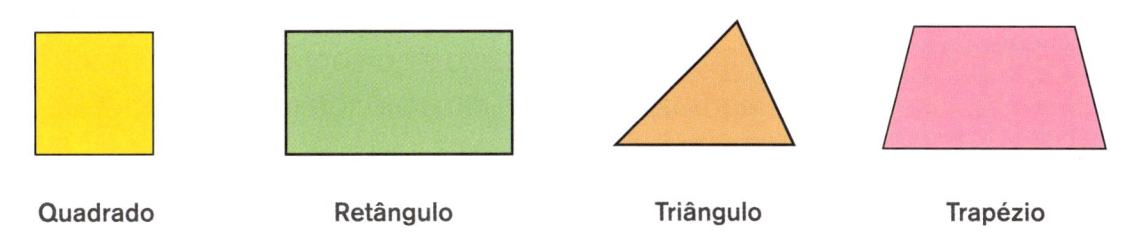

| Quadrado | Retângulo | Triângulo | Trapézio |

Em cada polígono podemos identificar alguns ângulos, que são formados sobre os lados do polígono. Observe abaixo e use novamente seu ângulo reto para medir esses ângulos.

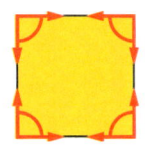

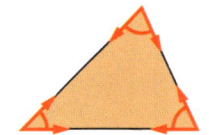

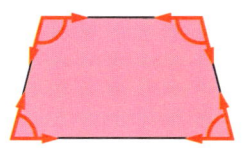

a) Quantos ângulos estão identificados nesse quadrado? E quantos desses ângulos são retos?

_____

b) Quantos ângulos estão identificados nesse retângulo? E quantos desses ângulos são retos?

_____

c) Quantos ângulos estão identificados nesse triângulo? E quantos desses ângulos são retos?

_____

d) Quantos ângulos estão identificados nesse trapézio? E quantos desses ângulos são retos?

_____

6 Existem triângulos que têm um ângulo reto. Vamos tentar desenhá-lo?
Posicione o ângulo reto que você construiu no espaço ao lado e trace o ângulo reto. Em seguida, usando uma régua, faça outro traço fechando o triângulo.

GRÁFICO DE COLUNAS E TABELA DE DUPLA ENTRADA

Após 1 semana da estreia de um filme, o gerente de um cinema resolveu fazer uma pesquisa de opinião. O gráfico abaixo foi elaborado com as informações obtidas nessa pesquisa, agrupadas por grupo de idade, ou seja, por faixa etária.

Faixa etária: intervalo de idades em que determinados dados são agrupados para simplificar a construção de gráficos e de tabelas e facilitar a visualização dos dados.

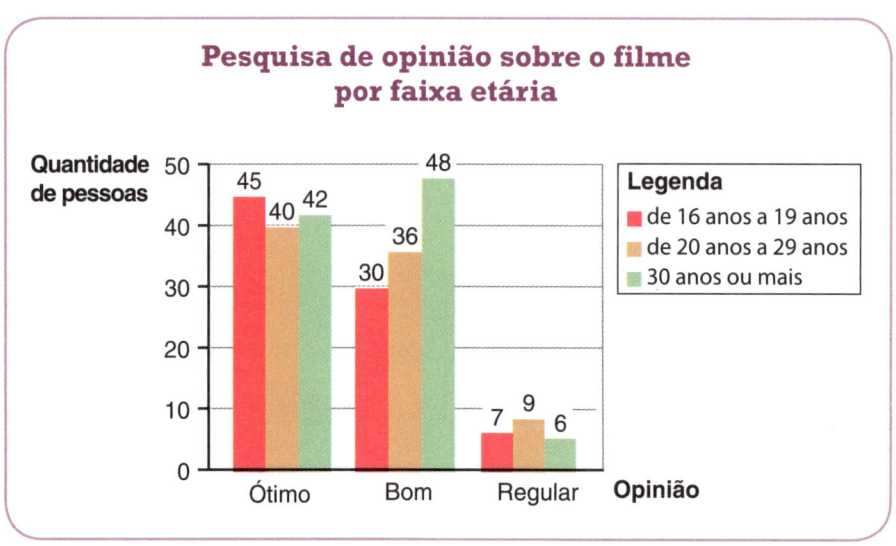

Pesquisa de opinião sobre o filme por faixa etária

Opinião	de 16 anos a 19 anos	de 20 anos a 29 anos	30 anos ou mais
Ótimo	45	40	42
Bom	30	36	48
Regular	7	9	6

Gráfico elaborado para fins didáticos.

1 Observe o gráfico.

a) Por que foram necessárias 3 colunas para representar cada opinião sobre o filme? Converse sobre isso com os colegas.

b) Quantas pessoas de 16 a 19 anos acharam o filme ótimo?

c) Quantas pessoas ao todo acharam o filme ótimo?

d) Qual faixa etária teve mais pessoas que acharam o filme bom?

e) Quantas pessoas foram pesquisadas ao todo?

f) Você acha que as classificações "ótimo", "bom" e "regular" são suficientes para expressar a opinião de todas as pessoas que assistiram ao filme?

2 Preencha a tabela abaixo com os dados do gráfico da página anterior.

Título: _____

Tabela elaborada para fins didáticos.

3 Agora você vai fazer uma pesquisa que também envolve a divisão dos dados em faixas ou intervalos. Entreviste de 10 a 20 colegas de sua escola e pergunte qual é a idade e a altura de cada um deles.

a) Registre na tabela abaixo os dados que você obteve.

Título: _____

Faixa etária / Faixa de altura	Menos de 8 anos	De 8 anos a 10 anos	11 anos ou mais
Menos de 1,2 metro			
De 1,2 metro a 1,4 metro			
Mais de 1,4 metro			

b) Seguindo o modelo do gráfico da página anterior, construa na malha abaixo um gráfico com os dados de sua pesquisa.

Título: _____

Legenda

ATIVIDADES DO CAPÍTULO

1. Benjamin caminhou pela praia por 5,47 km. Depois caminhou 2,09 km até o veterinário para buscar seu cachorro e eles voltaram juntos para casa, por outro caminho.

    a) Se Benjamin caminhou ao todo 10 km, então quantos quilômetros o cachorro caminhou junto com ele? Faça os cálculos usando o ábaco que você construiu e, em seguida, registre abaixo as operações que você fez e a resposta.

    Operações: _____

    Resposta: _____

    b) A distância do veterinário até a casa de Benjamin é maior ou menor do que a distância que Benjamin caminhou da praia até o veterinário? Justifique.

2. Em uma construção, no primeiro dia foram colocados $\frac{1}{4}$ dos azulejos de uma cozinha. No segundo dia, foram colocados mais $\frac{2}{3}$ dos azulejos.

    a) Que fração dos azulejos foi colocada nesses 2 dias?

    _____

    b) Que fração dos azulejos ainda precisa ser colocada?

    _____

3. Escreva o que se pede a seguir.

    a) Duas frações equivalentes que sejam menores do que 1 e em que a primeira fração tenha denominador 3 e a segunda tenha numerador 5. ____ = ____

    b) Uma fração maior do que $\frac{1}{3}$ que também tenha numerador 1. ____

    c) Uma fração maior do que $\frac{1}{3}$ que também tenha denominador 3. ____

    d) Uma fração menor do que $\frac{1}{2}$ que tenha denominador 4. ____

RESOLVENDO PROBLEMAS

1. Veja abaixo os preços dos produtos que uma barraca de feira está vendendo.

Maçã – R$ 5,90 kg
Laranja – R$ 3,20 dúzia
Banana – R$ 2,45 dúzia
Pera – R$ 5,98 kg
Abacaxi – R$ 6,90 unidade
Melancia – R$ 6,85 unidade
Melão – R$ 7,30 unidade
Manga – R$ 4,80 kg

> Faça os cálculos dos problemas usando o ábaco que você construiu e registre as respostas. Você também pode usar as moedas e cédulas do **Material Complementar**.

a) Mário comprou os 2 tipos de fruta mais caros dessa barraca vendidos por unidade. Quais frutas ele comprou?

_____

b) Joana comprou 1 kg de manga e 1 dúzia de laranja nessa barraca. Ela pode pagar esses produtos com apenas 1 cédula de R$ 10,00? Se sim, quantos reais ela receberá de troco?

_____

_____

2. Débora, Fábio e Heitor são irmãos, e Débora é a mais velha. Leia a adivinha abaixo e indique a idade e a altura de cada irmão.

- Débora é 1 ano mais velha do que um de seus irmãos e 6 anos mais velha do que o outro.
- Fábio tem 1,68 m de altura.
- Heitor é o caçula dos irmãos e tem 8 cm a menos do que Débora e 12 cm a menos do que o outro irmão.
- O irmão do meio tem 21 anos.

_____

_____

CÁLCULO MENTAL

Vamos ver agora uma estratégia para facilitar o cálculo de adições e subtrações de frações.

Por exemplo, para calcular o valor de $\frac{1}{2} + \frac{1}{3}$, encontramos frações equivalentes com mesmo denominador. Para isso, podemos pensar em alguns múltiplos dos denominadores dessas frações.

Múltiplos de 2: 2, 4, 6, 8, 10, 12, 14, 16, 18, 20, 22, 24, 26, 28, 30, ...
Múltiplos de 3: 3, 6, 9, 12, 15, 18, 21, 24, 27, 30, ...

Note que alguns desses números são múltiplos dos 2 denominadores. Com esses números podemos escrever frações equivalentes às frações da adição.

> É MAIS FÁCIL RESOLVER UMA ADIÇÃO QUANDO AS FRAÇÕES TÊM NUMERADOR E DENOMINADOR MENORES. POR ISSO, PARA FACILITAR O CÁLCULO, PODEMOS ESCOLHER PARA O DENOMINADOR DAS FRAÇÕES EQUIVALENTES O MENOR NÚMERO QUE É MÚLTIPLO DOS DENOMINADORES DAS 2 FRAÇÕES DADAS. NO EXEMPLO ACIMA, ESSE NÚMERO É O 6.

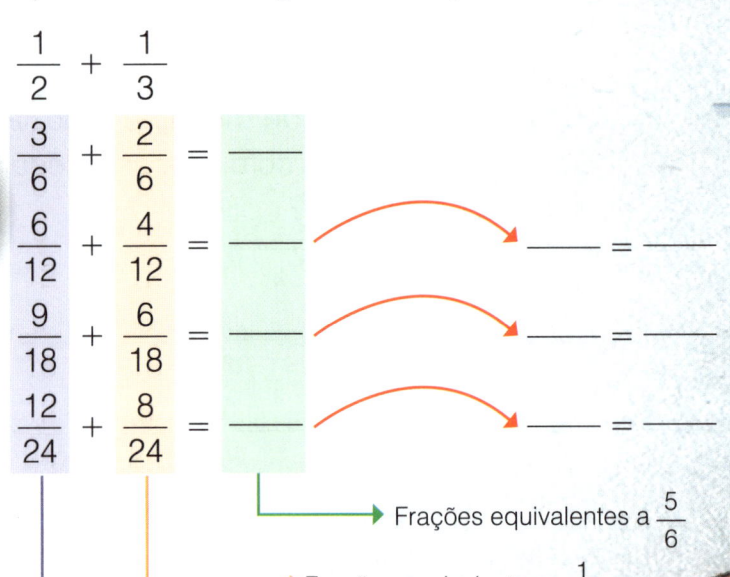

$$\frac{1}{2} + \frac{1}{3}$$
$$\frac{3}{6} + \frac{2}{6} = \underline{}$$
$$\frac{6}{12} + \frac{4}{12} = \underline{} \longrightarrow \underline{} = \underline{}$$
$$\frac{9}{18} + \frac{6}{18} = \underline{} \longrightarrow \underline{} = \underline{}$$
$$\frac{12}{24} + \frac{8}{24} = \underline{} \longrightarrow \underline{} = \underline{}$$

→ Frações equivalentes a $\frac{5}{6}$
→ Frações equivalentes a $\frac{1}{3}$
→ Frações equivalentes a $\frac{1}{2}$

1. Complete o esquema acima com o resultado de cada adição. Em seguida, copie os resultados no local indicado pela seta vermelha e simplifique cada fração.

2. Siga a estratégia que você viu na página anterior para calcular o valor de $\frac{3}{7} + \frac{1}{2}$.

   Múltiplos de 2: _____

   Múltiplos de 7: _____

   Menor múltiplo de 2 e 7: _____

   $\frac{3}{7} + \frac{1}{2} = \frac{}{} + \frac{}{} = \frac{}{}$

3. Continue seguindo essa estratégia: pense nos múltiplos dos denominadores e complete as adições e as subtrações abaixo.

   a) $\frac{1}{4} + \frac{1}{6} = \frac{}{} + \frac{}{} = \frac{}{}$

   b) $\frac{2}{3} - \frac{1}{7} = \frac{}{} - \frac{}{} = \frac{}{}$

   c) $\frac{3}{10} + \frac{1}{5} = \frac{}{} + \frac{}{} = \frac{}{}$

   d) $\frac{3}{4} - \frac{1}{5} = \frac{}{} - \frac{}{} = \frac{}{}$

   e) $\frac{5}{6} - \frac{2}{9} = \frac{}{} - \frac{}{} = \frac{}{}$

   f) $\frac{3}{11} + \frac{5}{3} = \frac{}{} + \frac{}{} = \frac{}{}$

   g) $\frac{4}{22} - \frac{1}{11} = \frac{}{} - \frac{}{} = \frac{}{}$

   h) $\frac{2}{6} + \frac{3}{5} = \frac{}{} + \frac{}{} = \frac{}{}$

   i) $\frac{5}{8} - \frac{1}{3} = \frac{}{} - \frac{}{} = \frac{}{}$

4. Simplifique os resultados das adições da atividade anterior e anote abaixo. Se não for possível simplificar, copie o resultado.

   a) _____   d) _____   g) _____

   b) _____   e) _____   h) _____

   c) _____   f) _____   i) _____

MINHAS DICAS

Anote algo que você aprendeu nestas atividades e que pode ajudar a realizar cálculos mais rapidamente.

_____

_____

LER E ENTENDER

Você sabe o que é o tangram? O primeiro texto abaixo fala um pouco sobre o que é esse quebra-cabeça. O segundo texto conta a lenda que envolve sua história. Lendas são narrações escritas ou orais, frequentes em diversas culturas. As lendas passam de geração em geração, e quase nunca é possível saber quais fatos são reais e quais são fantasia.

Tangram

O tangram é um quebra-cabeça chinês de origem milenar, formado pela decomposição de um quadrado em 7 peças: 5 triângulos, 1 quadrado e 1 paralelogramo.

As regras desse quebra-cabeça consistem em usar as 7 peças na montagem de figuras, colocando as peças lado a lado sem sobreposição.

[...]

Com apenas essas 7 peças, é possível montar cerca de 1700 figuras [de] animais, plantas, pessoas, objetos, letras, números e figuras geométricas [...].

Materiais manipulativos para o ensino de figuras planas, de Kátia Stocco Smole e Maria Ignez Diniz (organizadoras). Fernanda Anaia Gonçalves, Ligia Baptista Gomes e Sonia Maria Pereira Vidigal (autoras). Coleção Mathemoteca, volume 4. Porto Alegre: Penso, 2016. p.113.

A lenda do tangram

Conta a lenda que um jovem chinês despedia-se de seu mestre para fazer uma grande viagem pelo mundo.

Nessa ocasião, o mestre entregou a ele um espelho de forma quadrada e disse:

— Com esse espelho você registrará tudo o que vir durante a viagem para me mostrar na volta.

O discípulo, surpreso, indagou:

— Mas mestre, como, com um simples espelho, poderei eu lhe mostrar tudo o que encontrar durante a viagem?

No momento em que fazia esta pergunta, o espelho caiu de suas mãos e quebrou-se em 7 peças como mostra a figura [ao lado]:

Então, o mestre disse:

— Agora você poderá, com essas 7 peças, construir figuras para ilustrar o que viu durante a viagem.

Figuras e formas, de Kátia Stocco Smole, Maria Ignez Diniz e Patrícia Cândito. Coleção Matemática de 0 a 6, volume 3. Porto Alegre: Penso, 2014. p. 104.

ANALISE

1. As lendas são narrativas com personagens e enredo. Identifique quais são os personagens da lenda que você leu.

   _____

2. Segundo essa lenda, por que o jovem recebeu um espelho de seu mestre?

   _____

   _____

3. Que momento da narrativa apresenta a resposta para a dúvida do jovem?

   _____

   _____

4. O tangram é composto de 7 peças. De acordo com o primeiro texto, quantas figuras é possível montar com essas peças?

   _____

5. Existem regras para o uso dessas peças? Quais?

   _____

   _____

RELACIONE

6. Observe a fotografia ao lado. Que figura geométrica as peças do tangram estão formando?

   _____

7. Observe a imagem ao lado.

   a) Que figura as peças do tangram estão formando?

   _____

   b) É possível identificar 3 grupos de peças reunidas nessa figura. Esses grupos de peças têm a forma de quais figuras geométricas planas?

   _____

   _____

O QUE APRENDI?

1. Retome a leitura da obra de arte apresentada na abertura desta Unidade.

Carnaval do Rio, de Aracy de Andrade, 2014. Acrílico sobre tela. 50 cm × 40 cm. Acervo particular.

a) Quantas pessoas estão retratadas nessa obra?

_____

b) Escreva a fração que representa a quantidade de pessoas que seguram o mastro de uma bandeira em relação ao total de pessoas dessa obra? _____

c) Agora, escreva o decimal que representa essa fração. _____

d) Localize 2 ângulos retos na obra e descreva-os a seguir.

_____

_____

2. Imagine que o desfile retratado nessa obra tenha durado 3 horas e $\frac{1}{4}$ de hora.

a) Represente esse tempo com um número misto: _____ hora.

b) Complete: esse desfile durou _____ minutos.

3. Observe abaixo a bandeira do estado de Rondônia e alguns ângulos destacados com diferentes cores.

Bandeira do estado de Rondônia.

a) Quais desses ângulos são retos?

_____

b) Quais desses ângulos são menores do que um ângulo reto?

_____

c) E qual é maior do que um ângulo reto?

_____

d) Com uma régua, trace os segmentos de reta sobre o contorno dessa bandeira.

e) Meça os segmentos de reta que você traçou e calcule o perímetro dessa bandeira.

_____

MINHA COLEÇÃO DE PALAVRAS

Escreva o significado de cada expressão abaixo.

- Decimal: _____
- Frações equivalentes: _____
- Ângulo reto: _____

UNIDADE 3

COMPRAS E ECONOMIA

- Qual é o local retratado nesta imagem?
- Quais elementos da imagem ajudaram na identificação do local?
- Você costuma acompanhar as compras de seus familiares? O que você mais gosta de comprar?

CAPÍTULO 7
NÚMEROS, ÂNGULOS E TABELA DE DUPLA ENTRADA

ADIÇÃO DE DECIMAIS

Você já viu como fazer adição e subtração de decimais no ábaco. Fazer essas operações no quadro de valor posicional é parecido. Acompanhe os exemplos.

23,3 + 12,5 = 35,8

D	U,	d
2	3,	3
+ 1	2,	5
3	5,	8

112,3 + 3,85 = 116,15

C	D	U,	d	c
1	1	¹2,	3	0
		+ 3,	8	5
1	1	6,	1	5

Observe que foi necessário fazer um reagrupamento, trocando 11 décimos por 1 unidade e 1 décimo.

Atenção! Para realizar adições com decimais, a quantidade de ordens das partes decimais das parcelas deve ser igual.

Perceba que, ao representar o decimal 112,3 no quadro de valor posicional, foi acrescentado um 0 na ordem dos centésimos, para ficar com a mesma quantidade de ordens na parte decimal do número 3,85.

1 Resolva as adições abaixo no quadro de valor posicional.

a) 47,5 + 21,3 = _____

D	U,	d
4	7,	5
+ 2	1,	3

b) 1397,6 + 351 = _____

UM	C	D	U,	d
1	3	9	7,	6
	+ 3	5	1,	0

c) 65,436 + 841,7 = _____

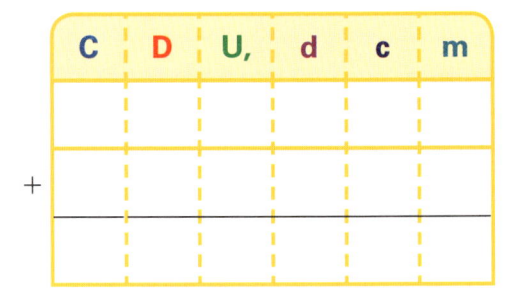

C	D	U,	d	c	m
+					

2 Calcule mentalmente e complete com a parcela que falta em cada adição.

a) 0,3 + _____ = 1

b) 0,4 + _____ = 1

c) 0,2 + _____ = 1

d) 0,43 + _____ = 0,5

e) 0,18 + _____ = 0,5

f) 0,19 + _____ = 0,5

g) _____ + 0,07 + 0,5 = 1

h) _____ + 0,36 + 0,5 = 1

Veja abaixo como Tábata fez para descobrir o resultado de 3,55 + 2,54.

EU SEI QUE 3,55 É IGUAL A 3 MAIS 0,55 E QUE 2,54 É IGUAL A 2 MAIS 0,54.

3,55 + 2,54 = 3 + 0,55 + 2 + 0,54

5 + 1,09 = 6,09

3 Experimente resolver as adições abaixo como Tábata. Decomponha os números da maneira que preferir e descubra o resultado de cada adição.

a) 2,45 + 4,36 = _____

b) 2,36 + 4,45 = _____

c) 11,1 + 4,8 = _____

d) 11,8 + 4,1 = _____

4 Eduardo comprou fitas para enfeitar os presentes de aniversário de Sabrina: 1,42 m de fita vermelha, 0,97 m de fita amarela e 2,95 m de fita azul.

a) Quantos metros de fita Eduardo comprou ao todo?

b) Ele gastou R$ 9,35 na compra das fitas e ficou com R$ 7,15 na carteira. Quantos reais Eduardo tinha na carteira antes da compra?

Atenção!
Para realizar subtrações com decimais, a quantidade de ordens das partes decimais do minuendo e do subtraendo também deve ser igual.

SUBTRAÇÃO DE DECIMAIS

Veja abaixo como a professora Helena representou 123,46 − 81,557 no quadro de valor posicional.

C	D	U,	d	c	m
1	2	3,	4	6	0
−	8	1,	5	5	7

1 A professora já começou a resolver essa subtração. Complete abaixo com o que falta.

C	D	U,	d	c	m
⁰1̶	¹2	²3̶,	¹4	⁵6̶	¹0
−	8	1,	5	5	7
				0	3

2 Agora, resolva as subtrações abaixo no quadro de valor posicional.

a) 57,8 − 17,5 = _____

D	U,	d
5	7,	8
− 1	7,	5

c) 65,436 − 35,241 = _____

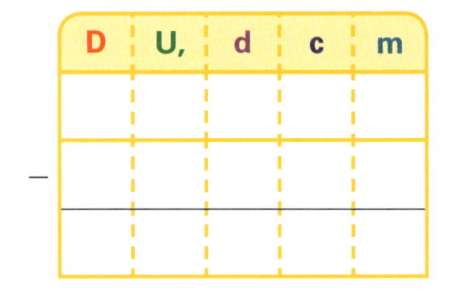

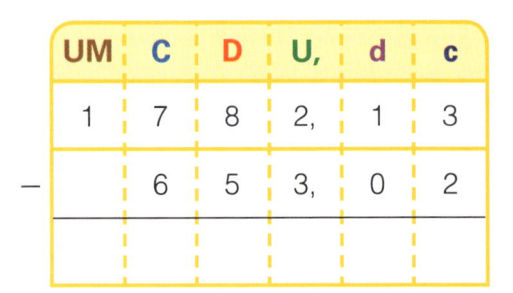

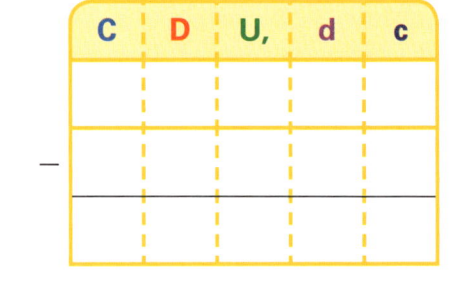

D	U,	d	c	m
−				

b) 1782,13 − 653,02 = _____

UM	C	D	U,	d	c
1	7	8	2,	1	3
−		6	5	3,	0	2

d) 102,4 − 71,22 = _____

C	D	U,	d	c
−				

3 Resolva as subtrações abaixo da maneira que preferir. Em seguida, confira os resultados com um colega.

a) 12,8 − 3,04 = _____

c) 144,5 − 99,71 = _____

b) 101,1 − 65,62 = _____

d) 27,3 − 12,11 = _____

4 Teresa mora em uma casa com 4,66 metros de altura. Ela pretende construir um cômodo na parte de cima, e a casa passará a ter 7,7 metros de altura. Em quantos metros a altura inicial da casa será aumentada?

_____

5 Para fazer um vestido, uma costureira precisa de 1,17 m de tecido ao todo. Ela já tem uma peça de tecido de 1,5 m. É possível fazer o vestido com essa peça de tecido? Sobrará ou faltará quantos metros de tecido?

_____

6 Renata comprou 1 caneta por R$ 1,15, 1 lápis por R$ 2,06, 1 estojo por R$ 7,67 e 1 tubo de cola por R$ 3,19. Ela deu R$ 15,00 ao caixa para pagar essa compra. Quantos reais Renata deve receber de troco?

_____

LEITURA DE TABELA DE DUPLA ENTRADA

Rui, Eduarda, Lucas e Alana estavam planejando algumas viagens a trabalho e, para isso, pesquisaram a distância aproximada por rodovia entre algumas capitais do Brasil. Veja na tabela abaixo.

Distância terrestre entre algumas capitais do Brasil (em mil km)

Cidade 2 \ Cidade 1	São Paulo (SP)	Rio de Janeiro (RJ)	Recife (PE)	Porto Alegre (RS)	Brasília (DF)	Teresina (PI)
Aracaju (SE)	2,165	1,833	0,500	3,297	1,667	1,156
Belo Horizonte (MG)	0,591	0,441	2,083	1,723	0,736	2,358
Belém (PA)	2,950	3,125	2,032	4,058	1,967	0,913
Boa Vista (RR)	4,658	5,056	5,463	5,251	4,207	4,427
Cuiabá (MT)	1,527	1,925	3,216	2,120	1,079	2,610
Curitiba (PR)	0,403	0,844	3,063	0,741	1,387	3,093
Florianópolis (SC)	0,691	1,131	3,350	0,458	1,674	3,382
Fortaleza (CE)	3,109	2,593	0,778	4,217	2,136	0,592
Goiânia (GO)	0,930	1,328	2,348	2,035	0,210	1,939
João Pessoa (PB)	2,772	2,440	0,121	3,904	2,274	1,183
Manaus (AM)	3,874	4,272	4,679	4,467	3,424	3,615
Natal (RN)	2,939	2,607	0,288	4,071	2,441	1,106
Porto Velho (RO)	2,987	3,385	4,673	3,580	2,536	3,817
Rio Branco (AC)	3,495	3,897	5,194	4,085	3,043	3,634

Fonte de consulta: DISTÂNCIA ENTRE CIDADES. Disponível em: <www.entrecidadesdistancia.com.br/>. Acesso em: 10 maio 2016.

G. Evangelista/Opção Brasil Imagens

Eles receberam o roteiro de ida que deviam seguir nas viagens.

- Rui: São Paulo → Cuiabá → Teresina → Belém
- Eduarda: São Paulo → Belo Horizonte → Brasília → Belém
- Lucas: Teresina → Aracaju → Recife → João Pessoa
- Alana: João Pessoa → Brasília → Florianópolis

Arcos da orla de Atalaia, em Aracaju, em Sergipe. Foto de 2015.

1. Observe na página anterior os roteiros que Rui, Eduarda, Lucas e Alana devem seguir. Considere que todos eles farão os trajetos por rodovias, de acordo com as distâncias registradas na tabela.

    a) O que significa a notação **em mil km** indicada no título da tabela? Dê um exemplo.

    _____

    _____

    b) Qual será a distância que cada um vai percorrer na ida de seu roteiro?

    _____

    c) Imagine que todos eles vão fazer a viagem de volta seguindo o mesmo roteiro da ida. Qual será a distância que cada um vai percorrer ao todo, na ida e na volta?

    _____

    d) Qual deles fará o roteiro mais curto? Quantos quilômetros essa pessoa percorrerá ao todo na ida e na volta?

    _____

    e) Imagine que Alana precise voltar de Florianópolis para João Pessoa por outro roteiro, passando em mais 2 cidades. Qual roteiro ela pode fazer de modo que a distância percorrida por ela não ultrapasse a distância percorrida por Rui?

    _____

    _____

    _____

2. Crie um roteiro que passe por pelo menos 1 estado de cada região do Brasil e calcule a distância a ser percorrida na ida e na volta desse trajeto. Conte seu roteiro a um colega.

PORCENTAGEM

É comum lojas fazerem promoções e oferecerem descontos em seus produtos para aumentar as vendas.

1 Observe na cena ao lado a quantidade de camisetas do cartaz, a forma como o desconto foi indicado e a conversa entre Rubens e Sônia.

a) O que significa "ter desconto" em um produto?

b) Copie abaixo a forma como o desconto foi indicado nesse cartaz, de acordo com a quantidade de camisetas que serão compradas. Veja o exemplo.

2 camisetas: 15%   4 camisetas: _____   6 camisetas: _____

Em cartazes de promoção de vendas, o uso da **porcentagem** é muito comum.

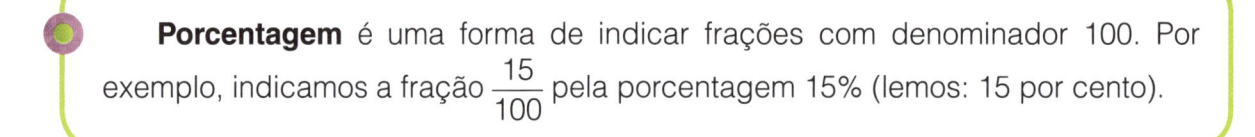

> **Porcentagem** é uma forma de indicar frações com denominador 100. Por exemplo, indicamos a fração $\frac{15}{100}$ pela porcentagem 15% (lemos: 15 por cento).

2 Complete o quadro abaixo com os números que faltam, como no exemplo.

Porcentagem	Fração de denominador 100	Por extenso
10%	$\frac{10}{100}$	Dez por cento.
	$\frac{20}{100}$	
		Vinte e cinco por cento.
33%		
	$\frac{50}{100}$	
100%	$\frac{100}{100}$	

160

3 Pesquise alguns anúncios de comércio e observe neles a maneira como os produtos, os preços e os descontos foram anunciados. Que estratégias são usadas nesses anúncios para chamar a atenção do consumidor? Conte para os colegas.

4 Pense nas porcentagens da cena da página anterior e nas frações de denominador 100 que podem ser associadas a elas e complete os itens abaixo.

a) Se Rubens comprar 1 camiseta, então ele vai pagar 100% de seu preço. Se ele comprar 2 camisetas, então o preço delas terá um desconto de 15%. Quanto por cento do preço inicial das 2 camisetas ele vai pagar?

$100\% - 15\% = \dfrac{}{100} - \dfrac{}{100} = \dfrac{}{100} = $ _____ %

b) Se Sônia comprar 4 camisetas, então quanto por cento do preço inicial ela vai pagar?

_____ % − _____ % = $\dfrac{}{100} - \dfrac{}{100} = \dfrac{}{100} = $ _____ %

ou simplesmente: 100% − 20% = _____ %

c) Qual é a diferença de desconto, em porcentagem, ao comprar 4 camisetas em vez de 2 camisetas?

85% − 80% = _____ %   ou   20% − 15% = _____ %

- 85%: Porcentagem a ser paga por 2 camisetas, em relação ao valor inicial.
- 80%: Porcentagem a ser paga por 4 camisetas, em relação ao valor inicial.
- 20%: Porcentagem de desconto ao comprar 4 camisetas.
- 15%: Porcentagem de desconto ao comprar 2 camisetas.

d) E qual é a diferença de desconto, em porcentagem, ao comprar 6 camisetas em vez de 4 camisetas?

_____ % − _____ % = _____ %

5 Leia as perguntas abaixo.

- Qual é o preço de 1 camiseta nessa loja?
- Qual é o preço de 2 camisetas nessa loja, após o desconto?
- Qual é o preço de 4 camisetas nessa loja, após o desconto?

É possível responder a essas perguntas? Justifique.

PORCENTAGEM DE QUANTIDADE

Rubens e Sônia descobriram que cada camiseta dessa loja custa R$ 50,00. Veja abaixo como Rubens calculou o valor a ser pago por 2 camisetas, com o desconto.

CAMISETAS FEMININAS E MASCULINAS
VÁRIAS ESTAMPAS

LIQUIDAÇÃO	DESCONTO
👕👕	15%
👕👕👕	20%
👕👕👕👕	30%

Ao comprar 2 camisetas, o valor que eu pagaria, sem o desconto, é R$ 100,00.
$2 \times 50 = 100$
Então, calculo o valor do desconto.
15% de R$ 100,00 → $\frac{15}{100}$ de R$ 100,00
$100 \div 100 = 1$
$15 \times 1 = 15$
Então, o desconto para 2 camisetas é de R$ 15,00, ou seja, vou pagar R$ 85,00 por 2 camisetas.
$100 - 15 = 85$

1 Veja ao lado o que Sônia falou ao ver o cálculo de Rubens e calcule abaixo, da maneira que preferir, o valor que eles pagariam por 4 e 6 camisetas nessa loja.

TAMBÉM PODEMOS CALCULAR DIRETO O VALOR A SER PAGO POR 2 CAMISETAS. SE O DESCONTO É DE 15%, ENTÃO VAMOS PAGAR 85% DO VALOR INICIAL DAS 2 CAMISETAS, OU SEJA, VAMOS PAGAR R$ 85,00.

85% DE R$ 100,00 →
$\frac{85}{100}$ DE R$ 100,00
$100 \div 100 = 1$
$85 \times 1 = 85$

4 camisetas: _____

6 camisetas: _____

2 Também podemos calcular a porcentagem de uma quantidade usando uma calculadora. Veja abaixo um exemplo de como calcular 30% de 600 botões e, em seguida, faça os cálculos na calculadora e registre o resultado.

[6][0][0][×][3][0][%]   180

a) 20% de 100 botões. _____

c) 50% de 500 alunos. _____

b) 100% de R$ 400,00. _____

d) 80% de R$ 1 000,00. _____

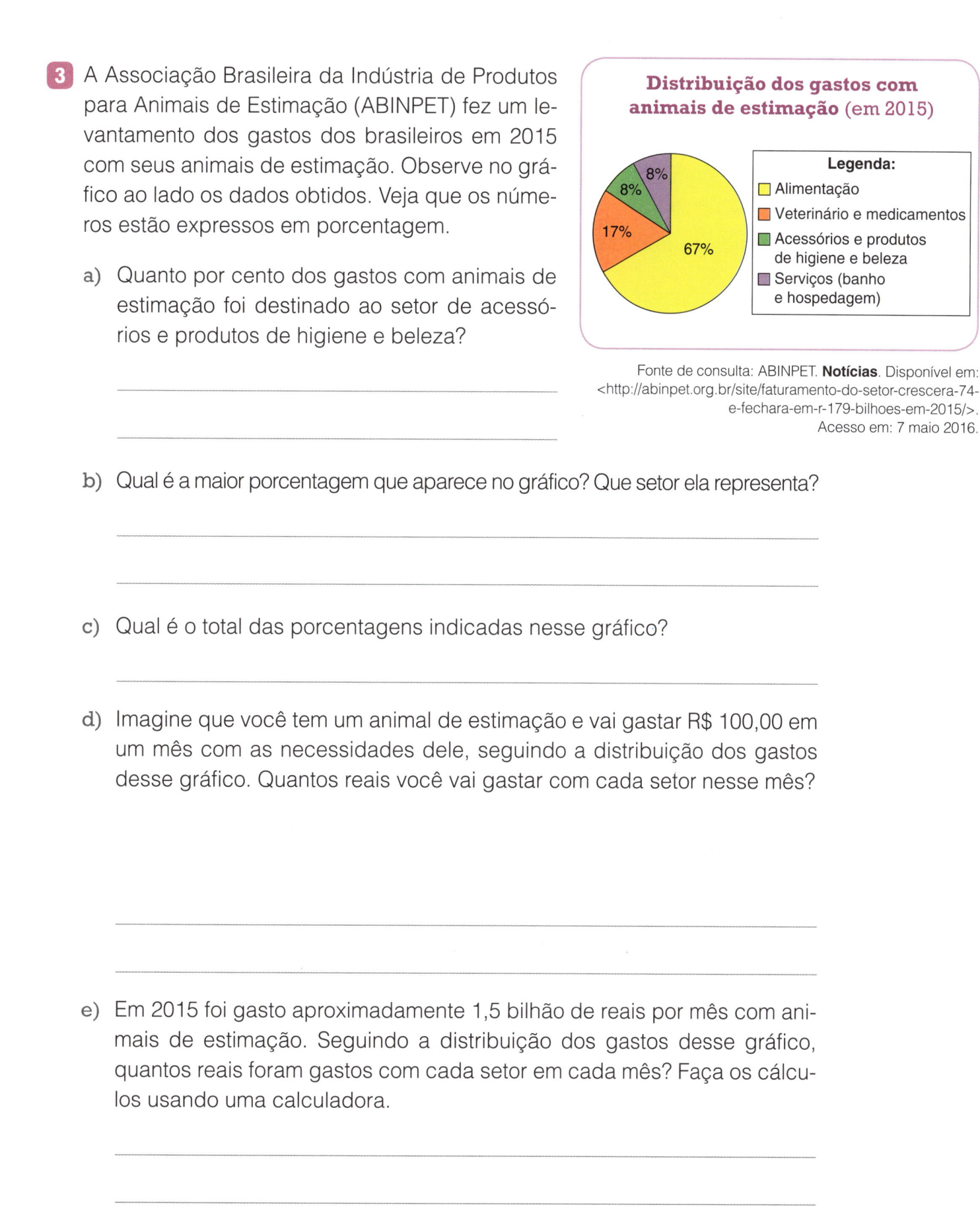

3 A Associação Brasileira da Indústria de Produtos para Animais de Estimação (ABINPET) fez um levantamento dos gastos dos brasileiros em 2015 com seus animais de estimação. Observe no gráfico ao lado os dados obtidos. Veja que os números estão expressos em porcentagem.

Distribuição dos gastos com animais de estimação (em 2015)

- Alimentação: 67%
- Veterinário e medicamentos: 17%
- Acessórios e produtos de higiene e beleza: 8%
- Serviços (banho e hospedagem): 8%

Fonte de consulta: ABINPET. **Notícias**. Disponível em: <http://abinpet.org.br/site/faturamento-do-setor-crescera-74-e-fechara-em-r-179-bilhoes-em-2015/>. Acesso em: 7 maio 2016.

a) Quanto por cento dos gastos com animais de estimação foi destinado ao setor de acessórios e produtos de higiene e beleza?

b) Qual é a maior porcentagem que aparece no gráfico? Que setor ela representa?

c) Qual é o total das porcentagens indicadas nesse gráfico?

d) Imagine que você tem um animal de estimação e vai gastar R$ 100,00 em um mês com as necessidades dele, seguindo a distribuição dos gastos desse gráfico. Quantos reais você vai gastar com cada setor nesse mês?

e) Em 2015 foi gasto aproximadamente 1,5 bilhão de reais por mês com animais de estimação. Seguindo a distribuição dos gastos desse gráfico, quantos reais foram gastos com cada setor em cada mês? Faça os cálculos usando uma calculadora.

DECIMAIS E OPERAÇÕES COM MEDIDAS

1 Complete: o metro é uma unidade de medida padronizada de _____ e também é a unidade de _____ fundamental de comprimento. A partir dela são obtidas outras unidades de medida padronizadas de comprimento, como o _____ (km), o _____ (cm) e o _____ (mm).

2 A régua abaixo serviu de instrumento de medida para traçar um segmento de reta de 5 mm.

a) Responda: 5 mm é maior ou menor do que 1 cm?

_____

b) Contorne os números abaixo que indicam medidas de segmentos de reta maiores do que 2 mm e menores do que 5 mm.

| 2,5 cm | 0,25 cm | 0,3 cm | 4,5 cm | 0,4 cm | 4 cm |
| 0,7 cm | 0,21 cm | 2,1 cm | 0,54 cm | 0,6 cm | 0,39 cm |

3 Murilo, Sílvia e André foram os 3 primeiros colocados dos Jogos Olímpicos Escolares de sua turma. Observe na tabela abaixo o comprimento que cada participante obteve na modalidade salto em distância e complete-a com a classificação deles.

Jogos Olímpicos Escolares

Participante	Comprimento do salto	Classificação
Murilo	2,5 m	–
Sílvia	2,6 m	–
André	2,59 m	–

Tabela elaborada para fins didáticos.

4 Ivan trabalha como balconista em uma loja de material de construção e recebe mensalmente R$ 1 800,00 de salário. Veja ao lado as principais despesas de Ivan neste mês.

Aluguel – R$ 850,00
Luz – R$ 83,69
Água – R$ 68,75
Alimentação – R$ 368,25
Transporte – R$ 182,50

a) Qual foi o valor total dessas despesas?

b) Quantos reais sobraram do salário de Ivan neste mês, considerando apenas essas despesas?

c) Quais outros gastos Ivan deve ter no mês e que devem totalizar esse valor? Converse com os colegas e o professor.

5 Veja ao lado os preços de 1 relógio com pulseiras coloridas que podem ser trocadas.

1 relógio com 2 pulseiras	R$ 140,50
1 relógio com 3 pulseiras	R$ 160,75
1 relógio com 4 pulseiras	R$ 181,00

a) Observe a sequência de preços do relógio com 2, 3 ou 4 pulseiras. Qual é o preço esperado de 1 relógio com 5 pulseiras coloridas? Justifique sua resposta.

b) Compartilhe com os colegas a maneira como você pensou para resolver esse problema.

ÂNGULOS E UNIDADE DE MEDIDA

José é relojoeiro. Ele compra e vende relógios antigos em uma feira de antiguidades.

VOCÊ JÁ REPAROU QUE QUANDO OS PONTEIROS DO RELÓGIO GIRAM ELES FORMAM ÂNGULOS?

1 Observe o horário que os relógios dessa cena estão marcando.

a) Você sabe dizer qual é esse horário?

b) Complete: o ângulo que os ponteiros de cada relógio estão formando é um ângulo _____.

2 Pegue o ângulo reto que você construiu anteriormente e observe um relógio analógico.

a) Em qual outra hora exata os ponteiros formam um ângulo reto?

b) Em qual hora exata os ponteiros formam um ângulo menor do que o reto?

c) Em qual hora exata os ponteiros formam um ângulo maior do que o reto?

3 Você já estudou algumas grandezas e suas unidades de medida. Cite 1 unidade de medida para cada grandeza abaixo.

a) Temperatura: _____

c) Capacidade: _____

b) Comprimento: _____

d) Dinheiro: _____

> Para medir ângulos, usamos a unidade de medida chamada **grau**, que é indicada pelo símbolo °.
>
> O **ângulo reto** mede 90 graus (90°).

Você se lembra de como construiu um ângulo reto? Você dividiu um círculo na metade e depois dividiu novamente na metade, ou seja, você dividiu o círculo em 4 partes iguais.

O círculo corresponde a um ângulo de 360°. Se você tivesse dividido o círculo em 360 partes iguais, então cada parte corresponderia a um ângulo de 1°. Como você dividiu o círculo em 4 partes iguais, obtendo o ângulo reto, cada parte corresponde a $\frac{360}{4} = 90°$.

4 Pense nas dobraduras que você fez ao construir o ângulo reto e complete as frases.

Quando eu construí o ângulo reto, primeiro eu dividi o círculo ao meio. Cada metade desse círculo corresponde a um ângulo de _____ graus, pois $\frac{360°}{\_\_\_} = \_\_\_\_\_$.

5 Agora, imagine que você vai dividir ao meio o ângulo reto que você construiu. Essa parte do círculo corresponderá a um ângulo de quantos graus? Justifique.

_____

6 Seguindo o mesmo raciocínio, calcule a medida do ângulo que você encontrará ao dividir um círculo na quantidade de partes indicada abaixo.

a) 3 partes iguais: $\frac{360°}{\_\_\_} = \_\_\_\_\_$

c) 12 partes iguais: $\frac{360°}{\_\_\_} = \_\_\_\_\_$

b) 6 partes iguais: $\frac{360°}{\_\_\_} = \_\_\_\_\_$

d) 24 partes iguais: $\frac{360°}{\_\_\_} = \_\_\_\_\_$

EXPRESSÕES NUMÉRICAS

Pense no que significam as palavras **número** e **operação**. O que você acha que pode significar **expressão numérica**?

> **Expressão numérica** é o nome que damos à representação de uma ou mais operações matemáticas entre números.

Veja abaixo alguns exemplos de expressões numéricas.

4 + 5	3 × 27	320 + 157 + 163
45 ÷ 3 + 120	17 + 4 × 301	125 + 165 − (23 + 45)

1 Você já sabe resolver as 3 expressões numéricas da primeira linha acima. Resolva-as e registre os resultados.

a) 4 + 5 = _____   b) 3 × 27 = _____   c) 320 + 157 + 163 = _____

Para calcular o valor de uma expressão numérica com diferentes operações, é necessário seguir algumas regras.

> - As multiplicações e divisões devem ser resolvidas antes das adições e subtrações, na ordem em que aparecem.
> - Se houver parênteses, resolvem-se primeiro as operações que estiverem entre eles, seguindo a regra anterior.

Veja como resolver as outras expressões numéricas exemplificadas acima.

(45 ÷ 3) + 120
15 + 120 = 135

17 + 4 × 301
17 + 1 204 = 1 221

125 + 165 − (23 + 45)
125 + 165 − 68
290 − 68 = 222

2 Observe as resoluções acima e explique para um colega quais regras foram utilizadas em cada expressão numérica.

3 Resolva cada expressão numérica abaixo indicando os cálculos feitos em cada passo.

a) 3 × (5 + 2)

b) (6 + 6) + 3 − 5

c) (5 − 1) × (3 × 12)

d) 4 + 40 ÷ (10 ÷ 2)

4 Leia o problema abaixo. Em seguida, represente a situação de cada item com uma expressão numérica e resolva-a.

O clube de teatro de Marcelo vai fazer um evento de final de ano. Ele recebeu uma lista de materiais que cada grupo de 3 pessoas deve levar para o evento: 2 rolos de barbante, 3 folhas de papel crepom e 30 folhas coloridas de papel A4.

a) Se cada rolo de barbante custou R$ 7,00, cada folha de papel crepom custou R$ 1,00 e o pacote com 30 folhas coloridas de papel A4 custou R$ 19,00, então quantos reais cada grupo gastou ao todo?

b) O grupo de Marcelo dividiu o custo dos materiais entre os integrantes de cada grupo. Então, quantos reais cada pessoa gastou?

c) Se cada grupo tivesse 6 pessoas, então quantos reais cada pessoa gastaria?

5 A professora Regina propôs aos alunos o **Desafio dos quatro 4**. Veja abaixo as regras desse desafio.

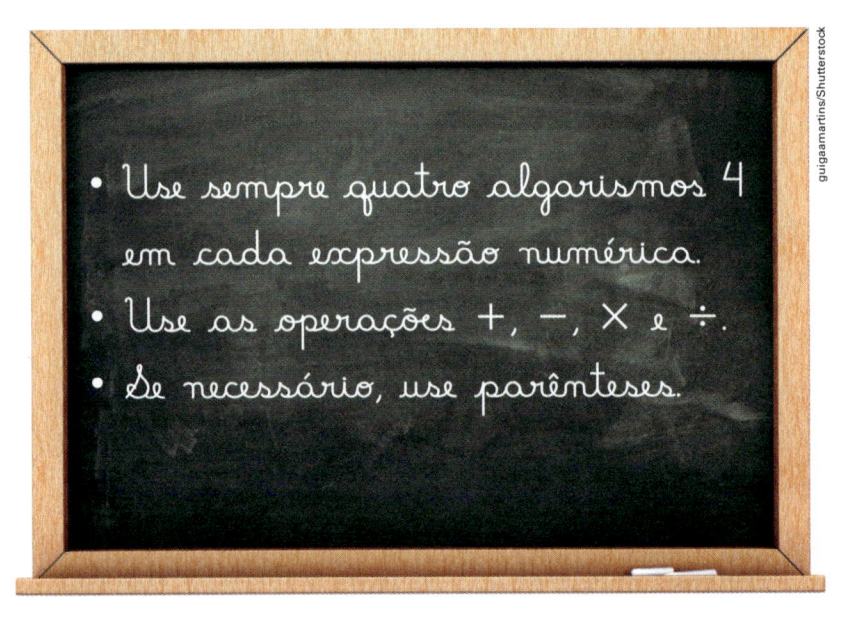

- Use sempre quatro algarismos 4 em cada expressão numérica.
- Use as operações +, −, × e ÷.
- Se necessário, use parênteses.

Em seguida, ela apresentou 2 exemplos de expressões numéricas para esse desafio.

$$44 \div 44 = 1$$

$$\underbrace{4 \times 4}_{16} - \underbrace{4 \div 4}_{1} = 15$$

a) Mateus escreveu a expressão numérica 4 + 4 ÷ 4 + 4 e obteve o resultado 6. Ele escreveu uma expressão numérica que atende às regras do desafio?

_____

b) Ele resolveu essa expressão numérica corretamente? Se não, então explique por que ele resolveu errado e resolva-a corretamente.

_____

_____

_____

c) Que expressão numérica Mateus poderia ter escrito para obter o resultado 6?

_____

6 E você, gosta de desafios? Escreva abaixo expressões numéricas cujos resultados sejam os números de 1 a 10.

a) $4 \times (4 \div 4) \div 4 = 1$

b) _____ = 2

c) $(4 \times 4 - 4) \div 4 = 3$

d) _____ = 4

e) _____ = 5

f) _____ = 6

g) _____ = 7

h) _____ = 8

i) _____ = 9

j) _____ = 10

> A expressão numérica com resultado 6 você já escreveu na atividade anterior, e as expressões numéricas com resultados 1 e 3 já estão indicadas.

7 Verifique se as expressões numéricas abaixo, do **Desafio dos quatro 4**, estão resolvidas corretamente e corrija-as quando necessário.

a) $44 \div 4 - 4 = 0$

_____

b) $4 - 4 + 4 \div 4 = 1$

_____

c) $4 \div 4 + 4 \div 4 = 2$

_____

d) $4 + 4 + 4 \div 4 = 3$

_____

8 Crie 2 expressões numéricas do **Desafio dos quatro 4** com resultado maior do que 10 e peça a um colega que as resolva. Em seguida, verifique se a resolução dele está correta.

a) _____

b) _____

MEDIDAS DE SUPERFÍCIE

1 Vamos relembrar o que você já estudou sobre medidas de superfície? Observe as figuras abaixo.

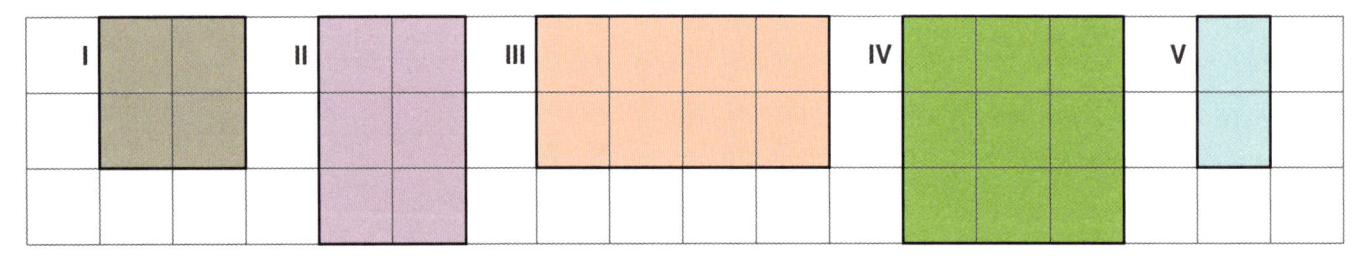

a) Podemos usar os quadradinhos de uma malha quadriculada como unidade de medida de área. Pense em multiplicações para calcular a área de cada figura em quadradinhos. Registre abaixo as multiplicações e a área.

Figura **I**: _____

Figura **II**: _____

Figura **III**: _____

Figura **IV**: _____

Figura **V**: _____

b) Confira os cálculos contando a quantidade de quadradinhos de cada figura.

2 Você também pode calcular a área de quadrados e retângulos multiplicando as medidas de seus lados.

a) Meça os lados dos polígonos abaixo e registre a medida de cada lado próximo a ele.

Figura I

Figura II

Atenção!
Você vai multiplicar uma medida em centímetros (cm) por outra medida em centímetros (cm). Então, o resultado será em **centímetros quadrados (cm²)**.

b) Calcule a área de cada polígono com uma multiplicação.

Figura **I**: _____

Figura **II**: _____

3 Os quadradinhos das malhas quadriculadas abaixo têm 1 cm de lado. Calcule a área das figuras em quadradinhos e em centímetros quadrados (cm²).

Figura I

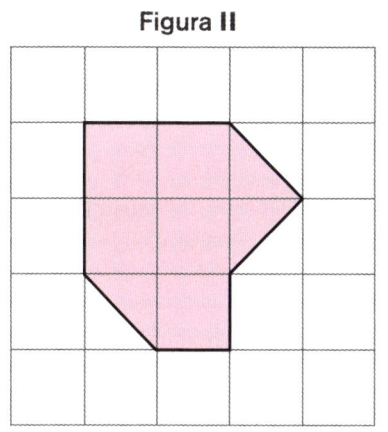

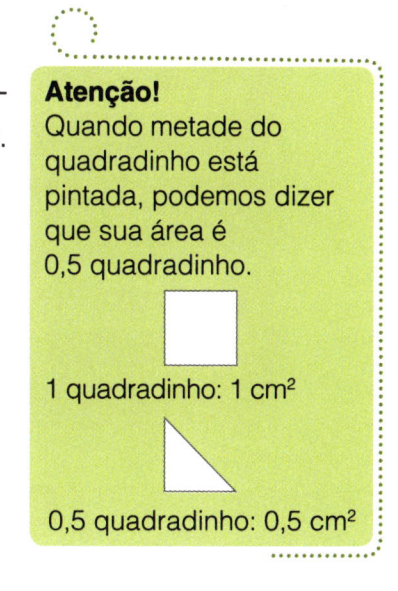

Figura II

Atenção!
Quando metade do quadradinho está pintada, podemos dizer que sua área é 0,5 quadradinho.

1 quadradinho: 1 cm²

0,5 quadradinho: 0,5 cm²

Área: _____ quadradinhos ou _____ cm².

Área: _____ quadradinhos ou _____ cm².

4 Uma figura foi representada na malha quadriculada **A** ao lado, com quadrados de 1 cm de lado. Em seguida, cada quadrado da malha quadriculada **A** foi dividido em 4 quadradinhos iguais, formando a malha quadriculada **B** ao lado. Cada novo quadradinho dessa malha ficou com 0,5 cm de lado.

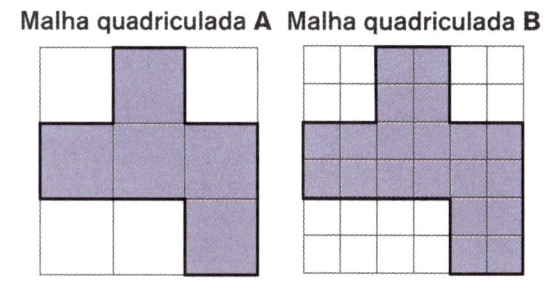

Malha quadriculada A   Malha quadriculada B

a) Complete: a área de cada quadrado da malha quadriculada **A** é _____.

b) Ao dividir uma figura em partes iguais, a área dessa figura também é dividida igualmente. Neste caso, como cada quadrado da malha quadriculada **A** foi dividido em 4 partes iguais, cada quadradinho da malha quadriculada **B** representa um quarto do quadradinho da malha quadriculada **A**.

Complete abaixo com a área, na forma decimal, de cada quadradinho da malha quadriculada **B**.

$\frac{1}{4}$ de 1 cm² → $\frac{1}{4} \times 1 =$ _____

Área de cada quadradinho da malha quadriculada **B**: _____ cm².

c) Qual é a área da figura representada na malha quadriculada **A**? E da figura na malha quadriculada **B**?

_____

MATERIAL NECESSÁRIO

- Folhas de jornal
- Cola ou fita adesiva
- Tesoura com pontas arredondadas
- Régua ou fita métrica

Vamos construir um instrumento de medida de 1 metro quadrado (1 m²).

Como fazer

- Com as folhas de jornal, construa um quadrado com 1 metro de lado.
- Se necessário, recorte as folhas e use cola ou fita adesiva para juntar uma folha na outra e formar o quadrado.

5 Observe o quadrado que você construiu e dê seu palpite.

a) Quantos alunos cabem em pé dentro desse quadrado?

_____

b) Quantos alunos cabem sentados dentro desse quadrado?

_____

c) Quantos quadrados desse tamanho você acha que cabem no piso da sala de aula?

_____

6 Agora, organize-se com os colegas para medir a área da sala de aula usando o metro quadrado.

a) Qual estratégia vocês utilizaram para medir a área da sala de aula?

b) Qual medida vocês obtiveram?

_____

7 Na turma do professor Vítor, os alunos também construíram o metro quadrado e mediram a área da sala de aula. Eles pensaram em 3 estratégias diferentes.

1ª) Recobrir todo o chão com metros quadrados feitos de jornal.

2ª) Dividir a turma em 4 grupos. Cada grupo mede uma parte da sala de aula e depois eles adicionam as áreas obtidas.

3ª) Medir a largura e o comprimento da sala de aula usando o metro quadrado. Depois, multiplicar essas medidas.

Qual estratégia você acha mais prática? Conte sua opinião aos colegas e ao professor.

8 Você acha que é mais fácil medir a área da sala de aula usando o metro quadrado de jornal ou medindo o comprimento e a largura com uma fita métrica? E se você quisesse medir a área de um terreno retangular? Justifique.

9 O quarto de Alice tem 4 metros de comprimento e 2 metros de largura, como no desenho ao lado.

a) Quantos metros quadrados tem o quarto de Alice?

b) Imagine que Alice tenha construído um quadrado de jornal de 1 m² de área, como o que você construiu. Quantas vezes ela usaria esse quadrado para medir a área de seu quarto?

10 José leu um anúncio sobre a venda de 3 terrenos retangulares. Ele registrou as medidas dos terrenos na tabela abaixo.

Terrenos à venda

	Terreno A	Terreno B	Terreno C
Comprimento	600 m	400 m	500 m
Largura	150 m	300 m	220 m

Tabela elaborada para fins didáticos.

a) José vai comprar o terreno com maior área. Então, qual dos terrenos ele deve comprar? Qual é a área dele?

b) Você acha que é viável conferir as medidas desse terreno usando o quadrado de jornal ou uma fita métrica?

ATIVIDADES DO CAPÍTULO

1. Cite um exemplo de horário em que os ponteiros do relógio formam um ângulo com cada medida indicada abaixo.

    a) Um ângulo menor do que 90°. _____

    b) Um ângulo maior do que 90°. _____

    c) Um ângulo igual a 90°. _____

2. Resolva as expressões numéricas abaixo.

    a) 32 + 4 × 15   b) 224 ÷ 4 − 52   c) 9 × (921 − 231) + (600 − 120)

3. Coloque parênteses na expressão numérica 65 + 4 × 4 + 81 para obter 3 resultados diferentes.

    _____

    _____

    _____

4. A sala de aula de Renan é retangular e tem 7 m de largura e 8 m de comprimento.

    a) Qual é a área dessa sala? E qual é o perímetro dessa sala?

    _____

    b) Se a sala tivesse o dobro da largura e do comprimento, então seu perímetro seria o dobro também? Justifique.

    _____

    c) Se a sala tivesse o dobro da largura e do comprimento, então sua área seria o dobro também? Justifique.

    _____

RESOLVENDO PROBLEMAS

1. Observe abaixo as quantias que Patrícia e Rafael têm.

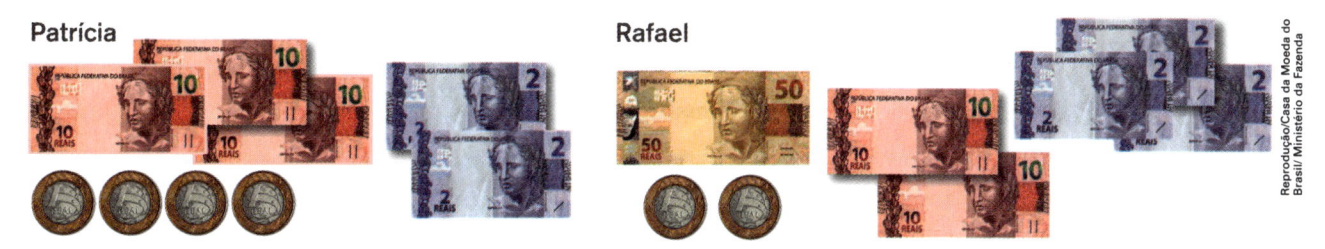

    Patrícia — 3 notas de R$ 10, 2 notas de R$ 2, 4 moedas de R$ 1

    Rafael — 1 nota de R$ 50, 2 notas de R$ 10, 3 notas de R$ 2, 2 moedas de R$ 1

    a) Represente com uma expressão numérica a quantia que cada um deles tem. Depois, resolva-a.

    b) Represente com uma expressão numérica a quantia que eles têm juntos. Depois, resolva-a.

    c) Represente com uma expressão numérica a quantia que Rafael tem a mais do que Patrícia. Depois, resolva-a.

2. Três amigos decidiram almoçar juntos. Leia as dicas abaixo e descubra o nome dos amigos, quantos reais cada um deu ao caixa para pagar o almoço e quantos reais cada um recebeu de troco.

    1ª) Felipe gastou R$ 5,95 a mais do que um de seus amigos e R$ 13,68 a mais do que o outro.

    2ª) Daniela deu ao caixa a mesma quantia que Marcela e metade da quantia que Felipe deu. Ela não recebeu troco.

    3ª) Marcela gastou a mesma quantia que Daniela e recebeu R$ 7,73 de troco.
    É possível resolver esse problema? Justifique.

TRABALHANDO COM JOGOS

EXPRESSÃO NUMÉRICA COM CANUDOS

Número de jogadores: 2 ou 3

Use o dado do jogo **Avançando com o resto**.

MATERIAL NECESSÁRIO

- Dado do **Material Complementar**
- 6 canudos azuis, 6 canudos amarelos e 6 canudos vermelhos
- Papel

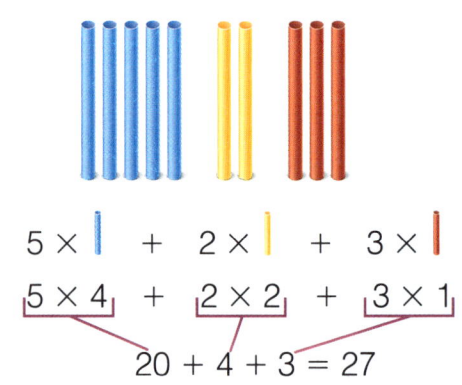

Como jogar

- Na sua vez, cada jogador deve lançar o dado 3 vezes. Após o primeiro lançamento, ele deve pegar a quantidade de canudos azuis correspondente ao número obtido no dado. Após o segundo lançamento, deve pegar a quantidade de canudos amarelos correspondente. E, após o terceiro lançamento, deve pegar a quantidade de canudos vermelhos correspondente.

- Em seguida, o jogador deve anotar no papel a expressão numérica que representa o valor total desses canudos, de acordo com a tabela abaixo, e resolvê-la.

Tabela de conversão

Cor do canudo	Valor
Azul	4
Amarelo	2
Vermelho	1

Tabela elaborada para fins didáticos.

Veja o exemplo abaixo.

$5 \times$ | + $2 \times$ | + $3 \times$ |
5×4 + 2×2 + 3×1
$20 + 4 + 3 = 27$

- Os colegas devem conferir a resolução da expressão numérica. Se o jogador acertar a resolução, então ele ganha 1 ponto. Se o jogador errar, então ele perde 1 ponto. Se o jogador tiver 0 ponto e errar a resolução, então ele continua com 0 ponto.

- Depois que a resolução da expressão numérica for conferida, os canudos são devolvidos e é a vez do próximo jogador.

- Vence a partida quem atingir 10 pontos primeiro.

Pensando sobre o jogo

1. Pense sobre as regras desse jogo.

   a) Em uma jogada é possível obter mais de 6 canudos de cada cor? Por quê?

   b) É possível obter 0 canudo de alguma cor? Por quê?

   c) Qual é o menor resultado de uma expressão numérica desse jogo? E o maior resultado?

   _____

   _____

2. Selma, Olívia e Nícolas estão jogando **Expressão numérica com canudos**. Veja abaixo os canudos que cada um tirou na terceira rodada.

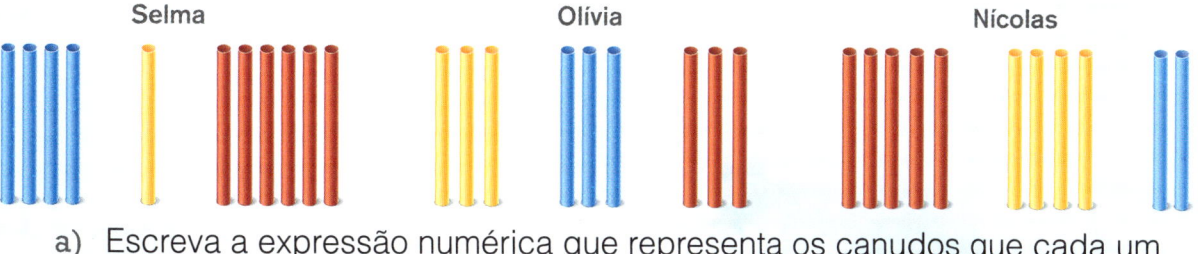

   Selma   Olívia   Nícolas

   a) Escreva a expressão numérica que representa os canudos que cada um deles tirou e resolva-a.

   b) Imagine que Nícolas tenha acertado o resultado de sua expressão numérica e Selma e Olívia tenham errado. Qual é o mínimo de pontos que cada um deles tem após essa rodada? Por quê?

   _____

   _____

3. Invente uma expressão numérica que possa aparecer em uma partida de **Expressão numérica com canudos**. Represente abaixo os canudos e a expressão numérica e resolva-a.

CAPÍTULO 8
RETAS, MULTIPLICAÇÃO DE DECIMAIS E QUADRILÁTEROS

DECOMPOSIÇÃO DE PORCENTAGENS

Uma das maneiras de calcular porcentagem de uma quantidade é fazer decomposições da porcentagem em parcelas. Veja abaixo alguns exemplos.

20% = 10% + 10%   75% = 50% + 25%   85% = 100% − 15%

1 Decomponha as porcentagens abaixo em parcelas.

a) 60% = _____

b) 40% = _____

c) 30% = _____

d) 45% = _____

e) 80% = _____

f) 75% = _____

USE APENAS AS PORCENTAGENS 10%, 25% E 50% COMO PARCELAS DE SUA DECOMPOSIÇÃO!

2 Observe os exemplos abaixo e crie 2 estratégias de decomposição para cada porcentagem.

12% = 10% + 1% + 1%   ou   12% = 5% + 5% + 1% + 1%

a) 45% = _____ ou _____

b) 55% = _____ ou _____

c) 47% = _____ ou _____

d) 39% = _____ ou _____

3 Observe abaixo como Danilo calculou 30% de 50, 25% de 40, 5% de 60 e 50% de 80.

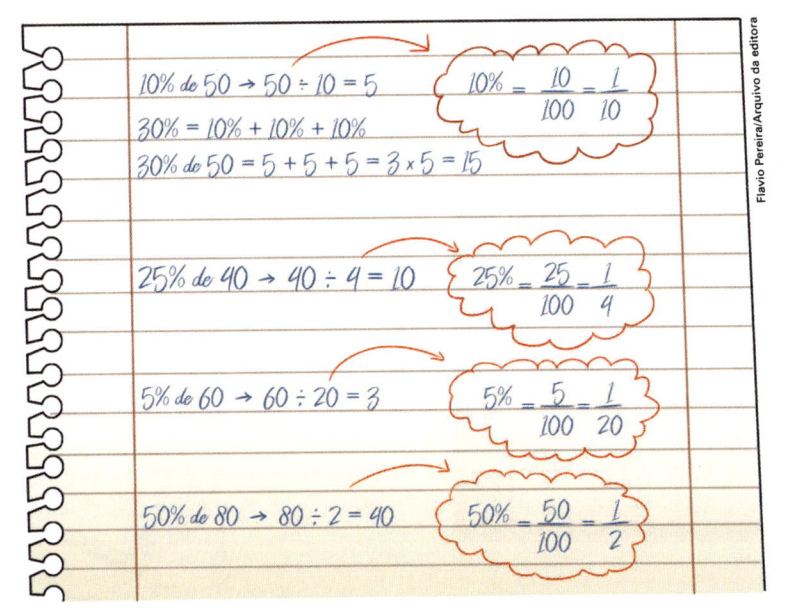

```
10% de 50 → 50 ÷ 10 = 5        10% = 10/100 = 1/10
30% = 10% + 10% + 10%
30% de 50 = 5 + 5 + 5 = 3 × 5 = 15

25% de 40 → 40 ÷ 4 = 10        25% = 25/100 = 1/4

5% de 60 → 60 ÷ 20 = 3         5% = 5/100 = 1/20

50% de 80 → 80 ÷ 2 = 40        50% = 50/100 = 1/2
```

Seguindo o esquema de Danilo, calcule as porcentagens dos números abaixo.

a) 30% de 90 = _____

b) 40% de 650 = _____

c) 60% de 360 = _____

d) 75% de 300 = _____

4 Calcule as porcentagens indicadas abaixo por decomposição.

a) 15% de R$ 260,00 = _____

b) 65% de 5 000 m = _____

c) 95% de 120 pessoas = _____

d) 85% de 80 L = _____

QUADRADO MÁGICO COM FRAÇÕES, DECIMAIS E PORCENTAGENS

Atenção!
As diagonais de um quadrado mágico são os quadradinhos que acompanham as diagonais do quadrado.

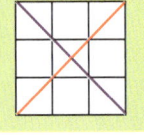

Mário estava jogando **Quadrado mágico**. Nesse jogo, a soma dos números de cada linha, de cada coluna e de cada diagonal é sempre a mesma.

OBA! CONSEGUI SOMAR 15 EM TODAS AS LINHAS, COLUNAS E DIAGONAIS.

1 A tela acima mostra uma fase do jogo que Mário concluiu. Nessa fase, ele tinha que completar o quadrado mágico usando os números 1, 2, 3, 4, 5, 6, 7, 8 e 9.

a) Copie no quadrado mágico ao lado os números que estão sendo mostrados na tela do jogo.

b) Agora, complete o quadrado mágico, sem repetir nenhum número. Lembre-se de que a regra desse jogo é que a soma dos números de cada linha, coluna e diagonal é a mesma.

2 Após essa fase, Mário selecionou o nível médio e o jogo apresentou a tela ao lado.

a) Nessa fase, os números de uma diagonal do quadrado mágico já vieram preenchidos. Qual é a soma dessa diagonal?

b) Complete o quadrado mágico, escrevendo os números 0,1; 0,3; 0,4; 0,6; 0,7 e 0,9, sem repetir nenhum número. Lembre-se de que a soma das linhas, colunas e diagonais deve ser a mesma.

3 Nas fases de nível avançado, os números nesse jogo podem aparecer como frações, decimais ou porcentagens. Para passar dessa fase, Mário precisa converter todos os números em decimais e completar o quadrado mágico com os decimais que faltam. Observe o exemplo abaixo e, depois, complete as fases pedidas.

> Completar o quadrado mágico com os números $\frac{2}{5}$; 50%; $\frac{14}{20}$; 0,9 e 30% na forma decimal.
>
> A soma das linhas, colunas e diagonais dele é 2,1.

QUADRADO MÁGICO

$\frac{6}{10}$	1,1	
100%		$\frac{4}{5}$

NÍVEL: AVANÇADO

→

QUADRADO MÁGICO

0,6	1,1	
1		0,8

NÍVEL: AVANÇADO

→

QUADRADO MÁGICO

0,6	1,1	0,4
0,5	0,7	0,9
1	0,3	0,8

NÍVEL: AVANÇADO

> Podemos representar a mesma parte do todo ou a mesma parte de uma quantidade com uma fração, um decimal e uma porcentagem. Por exemplo:
>
> $$\frac{4}{8} = \frac{1}{2} = 0,5 = \frac{50}{100} = 50\%$$

a) Complete o quadrado mágico ao lado com os números 70%; 0,8; $\frac{7}{7}$; 1,1; $\frac{12}{10}$; $\frac{28}{20}$ na forma decimal. A soma das linhas, colunas e diagonais dele é 3,3.

QUADRADO MÁGICO

	1,5	
1,3		0,9

NÍVEL: AVANÇADO

b) Complete o quadrado mágico ao lado com os números $\frac{9}{100}$; 10%; 12%; $\frac{13}{100}$; 0,11 e $\frac{15}{100}$ na forma decimal. A soma das linhas, colunas e diagonais dele é 0,36.

QUADRADO MÁGICO

	0,17	
0,14	0,07	

NÍVEL: AVANÇADO

MULTIPLICAÇÃO DE DECIMAL

Vamos aplicar para os decimais o que você já sabe sobre multiplicações!

1 Maurício tem R$ 12,00 e quer comprar 5 pacotes de figurinhas, que custam R$ 3,61 cada um.

a) Para saber quanto Maurício vai gastar ao todo com os 5 pacotes, ele precisa multiplicar 3,61 por 5. Acompanhe abaixo o cálculo que ele fez e preencha os quadros de valor posicional com os números que faltam.

COMEÇO REPRESENTANDO O NÚMERO 3,61 NO QUADRO DE VALOR POSICIONAL. EM SEGUIDA, REGISTRO O NÚMERO 5 ABAIXO DO ALGARISMO 1. EM SEGUIDA, MULTIPLICO 1 CENTÉSIMO POR 5, QUE RESULTA EM 5 CENTÉSIMOS.

$5 \times 3{,}61 = $ _____

D	U,	d	c
	3,	6	1
×			5

AGORA, MULTIPLICO OS DÉCIMOS: 5 VEZES 6 DÉCIMOS É IGUAL A 30 DÉCIMOS. COMO 30 DÉCIMOS SÃO 3 UNIDADES E ZERO DÉCIMO, ANOTO O ALGARISMO ZERO NA COLUNA DOS DÉCIMOS E REGISTRO O 3 PARA AS UNIDADES.

D	U,	d	c
	3,	6	1
×			5

MULTIPLICO 3 UNIDADES POR 5, QUE É IGUAL A 15 UNIDADES. 15 UNIDADES MAIS 3 UNIDADES SÃO 18 UNIDADES OU 1 DEZENA E 8 UNIDADES. ANOTO O ALGARISMO 8 NA COLUNA DAS UNIDADES E REGISTRO A VÍRGULA. POR FIM, ANOTO O ALGARISMO 1 NA COLUNA DAS DEZENAS.

D	U,	d	c
	3,	6	1
×			5

b) O dinheiro que Maurício tem é suficiente para comprar a quantidade de pacotes de figurinhas que ele quer?

2 Resolva as multiplicações abaixo.

a) 9 × 3,61 = _____

D	U,	d	c
	3,	6	1
×			9

b) 5 × 7,452 = _____

D	U,	d	c	m
	7,	4	5	2
×				5

c) 6 × 5,902 = _____

D	U,	d	c	m
	5,	9	0	2
×				6

3 Uma agência de aluguel de carros oferece aos clientes 3 planos de pagamento. Em cada plano há 2 valores a pagar: um deles se refere à taxa diária de uso do carro e o outro depende da quilometragem rodada.

ALUGUEL DE CARROS — TABELA DE PREÇOS

PLANO	1	2	3
VALOR POR DIA	R$ 100,00	R$ 150,00	R$ 200,00
VALOR POR KM PERCORRIDO	R$ 0,35	R$ 0,21	R$ 0,18

Tabela elaborada para fins didáticos.

Observe no exemplo abaixo como é calculado, no plano **1**, o valor do aluguel de um carro por 2 dias, tendo percorrido 100 km ao todo.

Aluguel de 2 dias e 100 km rodados → 2 × 100 + 100 × 0,35

200 + 35 = 235

Atenção!
Você vai escrever expressões numéricas com decimais nesta atividade. Siga as mesmas regras que você estudou anteriormente para resolvê-las.

a) Estela utilizará o serviço dessa agência. Ela pretende percorrer 300 km em 4 dias. Quantos reais Estela gastaria no aluguel do carro em cada plano?

_____

b) Qual plano é o mais vantajoso para Estela? Por quê?

_____

_____

MULTIPLICAÇÃO DE DECIMAL POR 10, 100 E 1000

Observe abaixo o que acontece com o valor posicional do algarismo 2 quando multiplicamos o número 1,23 por 10, por 100 e por 1000.

Número	Número multiplicado por 10	Número multiplicado por 100	Número multiplicado por 1000
1,23 (2 décimos)	12,3 (2 unidades)	123 (2 dezenas)	1230 (2 centenas)

Depois de observarem os resultados acima, Francisco e seu amigo escreveram uma regra para multiplicar um número por 10.

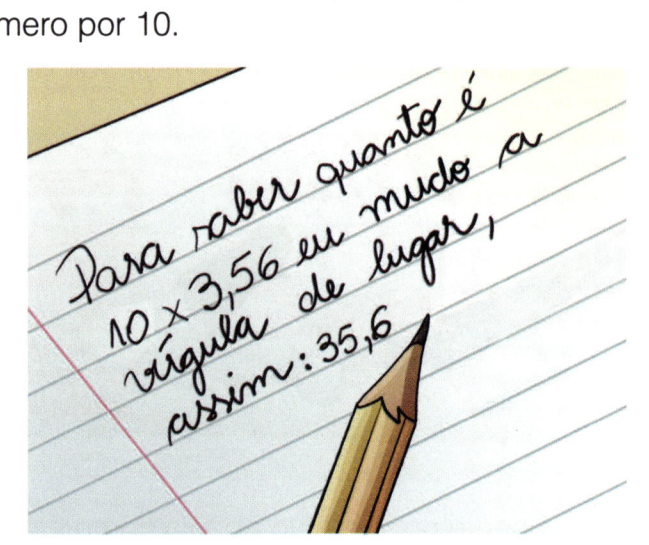

> PARA MULTIPLICAR UM NÚMERO DECIMAL POR 10, BASTA DESLOCAR A VÍRGULA 1 CASA DECIMAL PARA A DIREITA.

> Para saber quanto é 10 × 3,56 eu mudo a vírgula de lugar, assim: 35,6

1 Você concorda com a regra que Francisco e seu amigo escreveram? Converse com os colegas.

> Quando multiplicamos um número por 10, estamos aumentando 10 vezes esse número. Nesse caso, a vírgula desse número "anda" 1 casa decimal para a direita.
>
> Quando multiplicamos um número por 100, estamos aumentando 100 vezes esse número. Nesse caso, a vírgula desse número "anda" 2 casas decimais para a direita.

2 Releia as regras acima. Converse com os colegas e complete a regra abaixo.

Quando multiplicamos um número por 1000, estamos aumentando _____ vezes esse número. Nesse caso, a vírgula desse número "anda" _____ casas decimais para a _____.

3 Use a regra da vírgula em cada multiplicação abaixo e registre o resultado. Confira o resultado resolvendo a multiplicação no quadro de valor posicional.

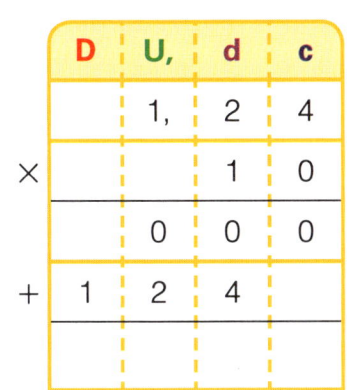

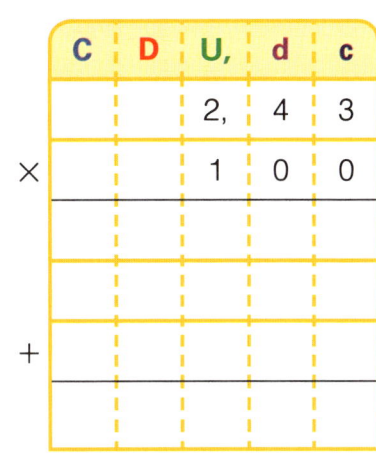

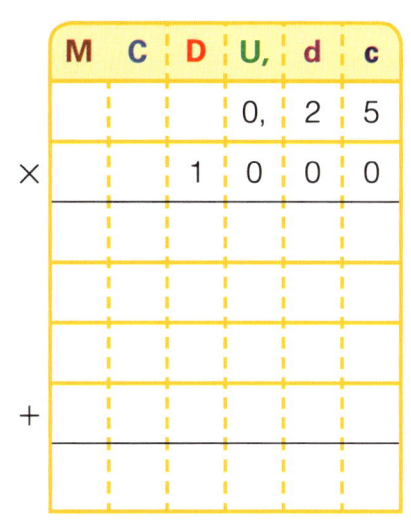

a) 10 × 1,24 = _____   b) 100 × 2,43 = _____   c) 1 000 × 0,25 = _____

D	U,	d	c
	1,	2	4
×		1	0
	0	0	0
+ 1	2	4	

C	D	U,	d	c
		2,	4	3
×		1	0	0
+				

M	C	D	U,	d	c
			0,	2	5
×		1	0	0	0
+					

4 Siga o exemplo: escreva o valor do algarismo 2 em cada número; em seguida, multiplique por 10 cada número e escreva o valor do algarismo 2 do resultado.

7,02 → 2 centésimos   10 × 7,02 = 70,2 → 2 décimos

a) 0,2 → _____ _____

b) 152,63 → _____ _____

c) 20,9 → _____ _____

d) 201,341 → _____ _____

5 Uma empresa está organizando uma comemoração para 1 000 pessoas. Para isso, considerou-se que cada pessoa irá consumir 5 copos de 200 mL de suco. Então, foram compradas 1 000 garrafas de suco com 1,5 L.

a) Quantos litros de suco há em 10 garrafas de suco? E em 100? E em 1 000?

_____

b) A quantidade de garrafas compradas é suficiente para a quantidade de pessoas convidadas? Quantos litros de suco sobrarão ou faltarão?

_____

_____

RETAS CONCORRENTES E RETAS PARALELAS

1 Para esta atividade, você vai precisar de 1 folha de papel, lápis e régua.

a) Desenhe 2 retas na folha de papel. Em seguida, prolongue-as até as bordas da folha.

b) Descreva com suas palavras a posição de uma reta em relação à outra.

_____

> Quando 2 retas se cruzam, dizemos que elas são **retas concorrentes**.
>
> Quando 2 retas não se cruzam, dizemos que elas são **retas paralelas**. A distância entre 2 retas paralelas é sempre a mesma.

Veja abaixo alguns exemplos.

NO TERCEIRO EXEMPLO, AS RETAS SÃO CONCORRENTES, MAS AINDA NÃO SE CRUZARAM. PARA QUE AS RETAS SE CRUZEM, BASTA PROLONGÁ-LAS COMO MOSTRADO PELAS LINHAS TRACEJADAS VERMELHAS.

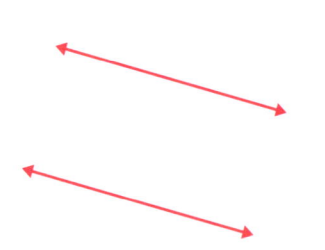

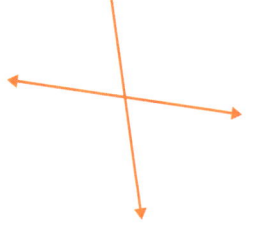

Retas paralelas   **Retas concorrentes**   **Retas concorrentes**

2 Observe as retas que você desenhou. Elas são concorrentes ou paralelas?

3 Classifique cada par de retas abaixo como concorrentes ou paralelas.

a) _____

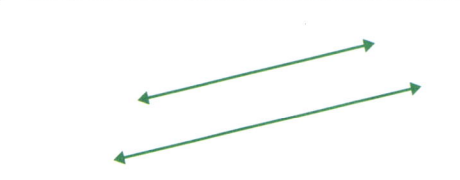

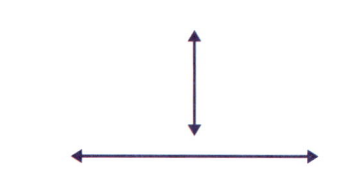

b) _____

c) _____

d) _____

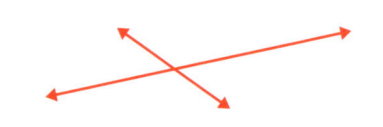

Entre 2 retas concorrentes podemos identificar 4 ângulos, como destacado na figura ao lado.

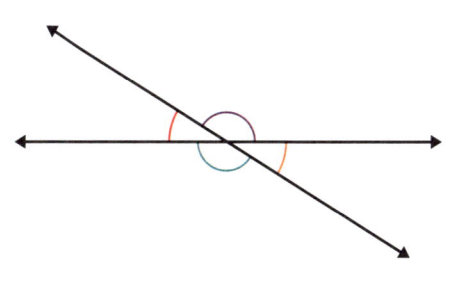

4 Pegue o ângulo reto que você construiu anteriormente e verifique em quais pares de retas concorrentes abaixo podemos identificar ângulos retos. Se necessário, prolongue as retas usando uma régua.

a) _____

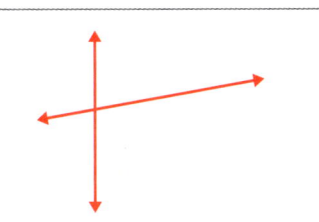

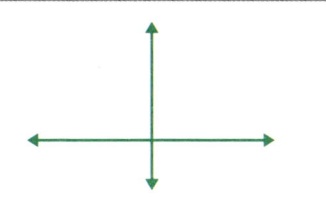

b) _____

c) _____

d) _____

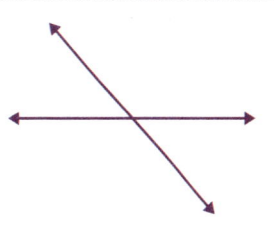

> Quando podemos identificar ângulos retos entre 2 retas concorrentes, dizemos que elas são **retas perpendiculares**.

5 Então, quais pares de retas da atividade **4** são retas perpendiculares?

_____

6 Também podemos pensar em segmentos de reta paralelos. Sobre os lados do polígono abaixo, desenhe 2 retas paralelas.

> Como as 2 retas que você desenhou são paralelas, podemos dizer que os lados do quadrado sobre os quais você desenhou essas retas são **segmentos de reta paralelos**.

QUADRILÁTEROS

A professora Regina entregou aos alunos um papel quadriculado e pediu que desenhassem quadriláteros. Veja ao lado algumas das figuras que os alunos desenharam.

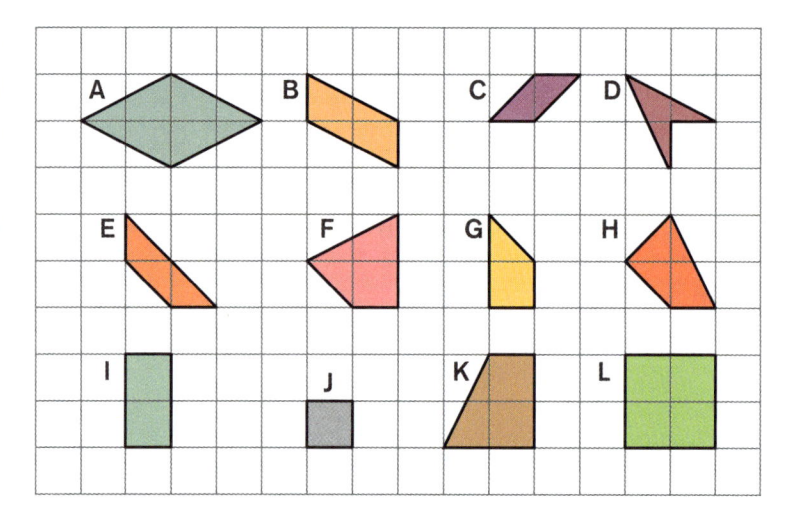

1 Todas as figuras acima são quadriláteros? Justifique.

_____

Alguns quadriláteros recebem nomes especiais de acordo com suas características.

> **Trapézio** é um quadrilátero que tem apenas 1 par de lados paralelos.
>
> **Paralelogramo** é um quadrilátero que tem 2 pares de lados paralelos. Esses pares de lados paralelos têm a mesma medida.
>
> **Losango** é um paralelogramo que tem os 4 lados com a mesma medida.
>
> **Retângulo** é um paralelogramo que tem 4 ângulos retos.
>
> **Quadrado** é um paralelogramo que tem 4 ângulos retos e os 4 lados com a mesma medida.

2 Classifique os quadriláteros criados pelos alunos da professora Regina.

a) Trapézio: _____

b) Paralelogramo: _____

c) Figura que não é trapézio nem paralelogramo: _____

d) Losango: _____

e) Retângulo: _____

f) Quadrado: _____

3 A professora Regina propôs outra atividade com quadrilátero, e os alunos desenharam as figuras em cada item abaixo. Crie um possível enunciado para cada item.

a) _____

c) _____

b) _____

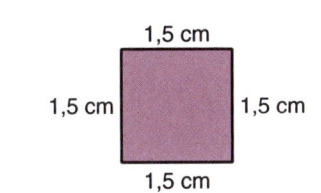

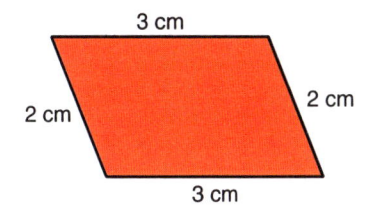

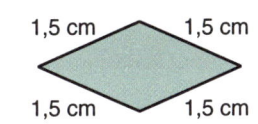

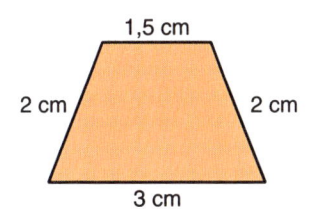

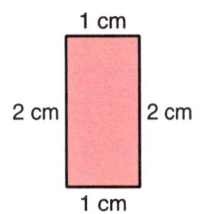

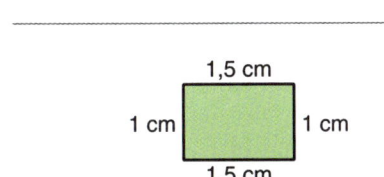

4 Olívia releu as características dos quadriláteros e escreveu a frase abaixo. Avalie se essa frase está correta e justifique.

> *Quadrado é um retângulo que tem todos os lados com a mesma medida.*

_____

5 Observe os cartazes que foram expostos no mural da sala de aula de Márcia.

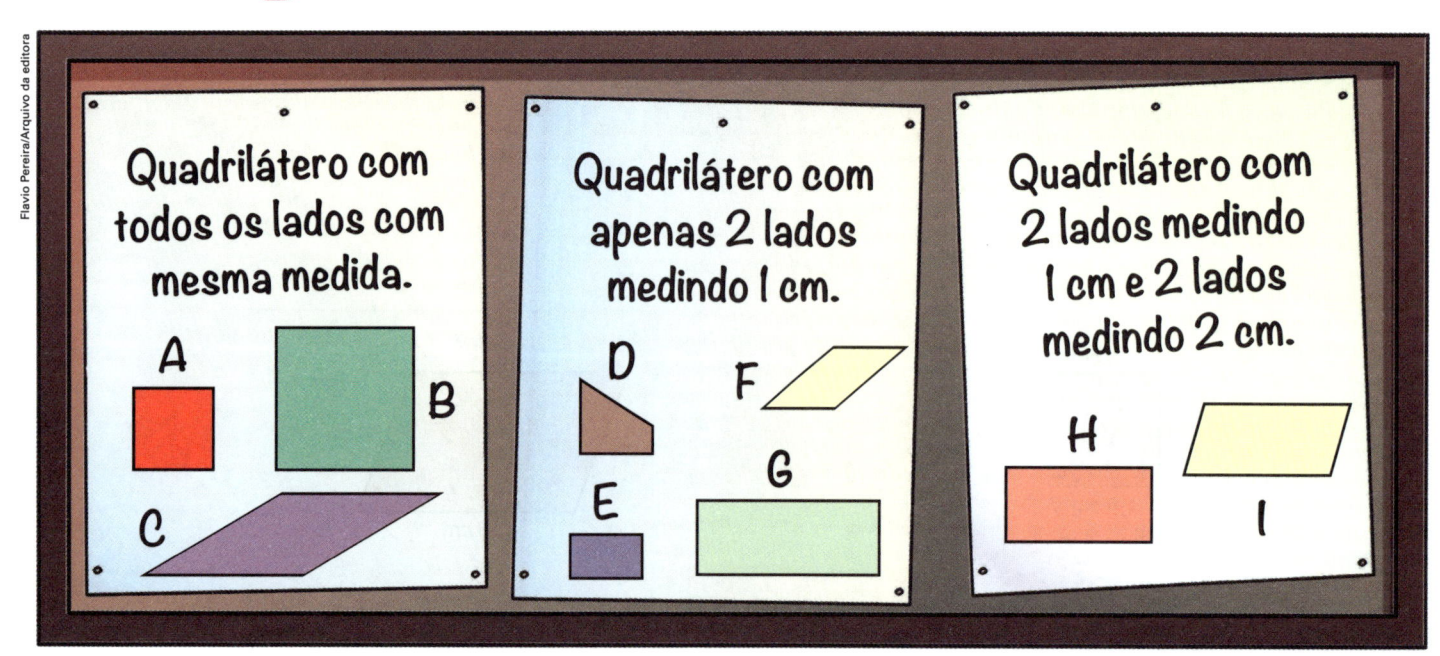

Quadrilátero com todos os lados com mesma medida.
A, B, C

Quadrilátero com apenas 2 lados medindo 1 cm.
D, E, F, G

Quadrilátero com 2 lados medindo 1 cm e 2 lados medindo 2 cm.
H, I

a) As imagens apresentadas nos cartazes estão de acordo com as descrições? Utilize uma régua para conferir sua resposta.

_____

b) Indique o nome de cada quadrilátero dos cartazes.

- Figura **A**: _____
- Figura **B**: _____
- Figura **C**: _____
- Figura **D**: _____
- Figura **E**: _____
- Figura **F**: _____
- Figura **G**: _____
- Figura **H**: _____
- Figura **I**: _____

c) Os quadriláteros em cada cartaz são iguais? Justifique.

_____

_____

d) Crie uma descrição como as usadas nesses cartazes, de modo que, de acordo com ela, possam ser desenhados losangos, paralelogramos, retângulos, quadrados e trapézios.

_____

6 Observe os quadriláteros abaixo.

Nome: _____

Diagonais: _____

Nome: _____

Diagonais: _____

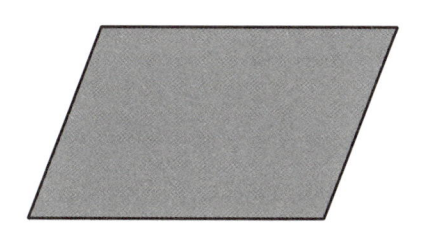

Nome: _____

Diagonais: _____

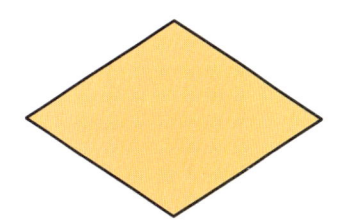

Nome: _____

Diagonais: _____

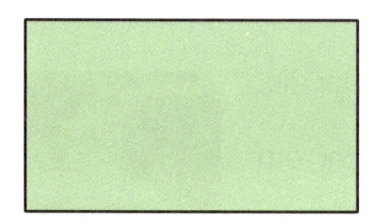

Nome: _____

Diagonais: _____

Nome: _____

Diagonais: _____

a) Escreva o nome de cada quadrilátero acima.

b) Trace as diagonais desses quadriláteros.

c) Meça as diagonais desses quadriláteros e indique se elas são iguais ou diferentes.

> As diagonais dos trapézios e dos paralelogramos podem ser iguais ou diferentes, ou seja, podem ou não ter a mesma medida.
>
> As diagonais dos paralelogramos que também são retângulos ou quadrados são iguais, ou seja, têm a mesma medida.

MEDIDAS DE CAPACIDADE

1 Rômulo vai fazer um refresco de laranja. Junto com a receita ao lado, ele encontrou um bilhete que dizia: "Um bom refresco tem de 50% a 70% de suco natural e o restante de água.".

> **Refresco de laranja**
> - Suco natural de laranja
> - Água

a) Se Rômulo quiser fazer 1 litro de refresco, então no mínimo quantos mililitros de suco natural de laranja ele deve usar?

_____

b) E se Rômulo quiser fazer 250 mL de refresco, então no máximo quantos mililitros de suco ele deve usar?

_____

2 Uma torneira defeituosa goteja 18 litros de água por dia.

a) Quantos litros essa torneira vai desperdiçar em 1 semana?

_____

_____

b) Quantos mililitros essa torneira vai desperdiçar em 10 dias?

Uma torneira mal fechada ou com defeito causa desperdício de água. Sempre feche a torneira após o uso ou solicite o conserto dela quando necessário.

_____

c) Em 30 dias, o desperdício será de mais ou de menos de 500 000 mL?

_____

3 Leia o texto abaixo.

> De acordo com a Organização das Nações Unidas (ONU), cada pessoa necessita de 3,3 mil litros de água por mês (cerca de 110 litros de água por dia para atender às necessidades de consumo e higiene). No entanto, no Brasil, o consumo por pessoa chega a mais de 200 litros por dia.
>
> SABESP. **Meio ambiente**. Disponível em: <http://site.sabesp.com.br/site/interna/Default.aspx?secaoId=140>. Acesso em: 11 maio 2016.

Converse com os colegas e o professor sobre cada item a seguir. Depois, registre a resposta.

a) Em sua opinião, por que no Brasil o consumo de água por pessoa pode chegar a mais de 200 litros por dia?

_____

_____

b) No dia a dia, a água é utilizada para várias finalidades. Dê alguns exemplos do uso da água na sua casa, na escola e em outros ambientes, como empresas e indústrias.

_____

_____

_____

c) Quantos litros de água por pessoa os brasileiros consomem a mais do que o necessário por dia, segundo a ONU?

_____

d) Verônica gasta por dia 50% de água a mais do que o recomendado pela ONU. Calcule quantos litros de água ela gasta por dia e por semana.

_____

e) Como podemos evitar o desperdício de água?

ATIVIDADES DO CAPÍTULO

1. A figura abaixo foi dividida em partes iguais. Represente a parte da figura pintada de cada cor usando uma fração, um decimal e uma porcentagem.

Cor	Fração	Decimal	Porcentagem
Verde			
Laranja			
Roxa			

2. Complete as multiplicações com os números que estão faltando.

   a) 10 × 12,45 = _____

   b) 100 × 12,45 = _____

   c) 1 000 × 12,45 = _____

   d) 10 × 3,04 = _____

   e) 100 × 3,04 = _____

   f) 1000 × 3,04 = _____

   g) 10 × _____ = 52,3

   h) 10 × _____ = 5,23

   i) 100 × _____ = 459

   j) 100 × _____ = 5,9

   k) 1000 × _____ = 651

   l) 1000 × _____ = 590

3. Siga, na malha quadriculada, os passos indicados abaixo e forme um quadrilátero. Em seguida, escreva o nome do quadrilátero formado.

   - A partir de **A**, ande na horizontal pelos lados de 2 quadradinhos.
   - Gire $\frac{2}{8}$ de volta para a direita.
   - Gire $\frac{1}{4}$ de volta para a esquerda.
   - Ande pelo lado de 1 quadradinho.
   - Gire $\frac{1}{4}$ de volta para a direita.
   - Ande pelo lado de 3 quadradinhos.
   - Repita os 2 últimos passos 2 vezes.

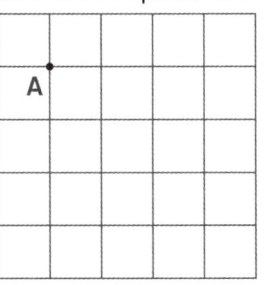

   Esse quadrilátero é um _____

RESOLVENDO PROBLEMAS

1. Crie um problema que possa ser resolvido com uma expressão numérica, sem usar parênteses, e resolva-o abaixo.

_____

_____

2. Um garrafão tem capacidade para armazenar 7 litros. Tatiana vai enchê-lo utilizando uma jarra com capacidade de 800 mL.

a) Após encher a jarra 6 vezes com água e despejar seu conteúdo no garrafão, quantos litros de água haverá no garrafão? E quantos mililitros?

_____

b) Quantas vezes ainda será preciso encher a jarra e despejar seu conteúdo no garrafão para completar 7 litros de água no garrafão?

_____

c) O garrafão comporta 7 litros de água. Quando Tatiana foi despejar o conteúdo da última jarra, não coube no garrafão toda a quantidade de água que havia na jarra. Quantos litros de água sobraram na jarra?

_____

CÁLCULO MENTAL

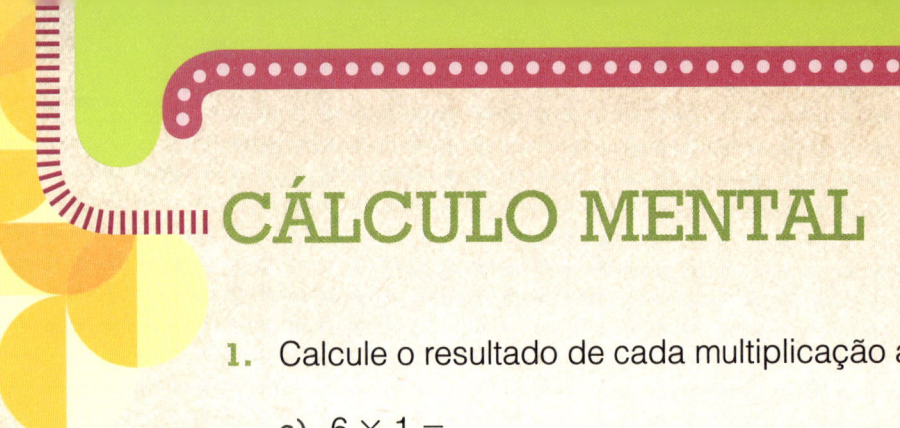

1. Calcule o resultado de cada multiplicação abaixo.

a) 6 × 1 = _____

b) 6 × 2 = _____

c) 6 × 3 = _____

d) 6 × 4 = _____

e) 6 × 5 = _____

f) 6 × 6 = _____

g) 6 × 7 = _____

h) 6 × 8 = _____

i) 6 × 9 = _____

j) 6 × 10 = _____

k) 6 × 0,1 = _____

l) 6 × 0,2 = _____

m) 6 × 0,3 = _____

n) 6 × 0,4 = _____

o) 6 × 0,5 = _____

p) 6 × 0,6 = _____

q) 6 × 0,7 = _____

r) 6 × 0,8 = _____

s) 6 × 0,9 = _____

t) 6 × 1,0 = _____

2. Observe os resultados das multiplicações da atividade anterior.

a) O que pode ser observado nos fatores das multiplicações da primeira coluna e da segunda coluna?

b) O que há em comum entre os resultados das multiplicações da primeira coluna e da segunda coluna?

ISSO SIGNIFICA QUE PODEMOS FAZER A MULTIPLICAÇÃO DE UM NÚMERO DECIMAL SEM CONSIDERAR A VÍRGULA! DEPOIS, É SÓ CONTAR QUANTAS CASAS DECIMAIS TEM ESSE NÚMERO E COLOCAR A VÍRGULA NO RESULTADO. VEJA O EXEMPLO.

8 × 0,91 → 8 × 91 = 728 → 8 × 0,91 = 7,28

↳ 2 casas decimais   ↳ 2 casas decimais

3. Use a estratégia da página anterior para calcular mentalmente o resultado de cada multiplicação abaixo.

a) 2 × 1,2 = _____

b) 7 × 0,8 = _____

c) 5 × 0,7 = _____

d) 8 × 0,8 = _____

e) 9 × 1,1 = _____

f) 3 × 0,21 = _____

g) 2 × 7,3 = _____

h) 4 × 2,1 = _____

i) 5 × 6,11 = _____

> TAMBÉM PODEMOS APLICAR ESSA REGRA PARA CALCULAR O RESULTADO DA MULTIPLICAÇÃO DE 2 DECIMAIS. VEJA OS EXEMPLOS. CONTAMOS QUANTAS CASAS DECIMAIS TÊM OS 2 NÚMEROS E COLOCAMOS A VÍRGULA NO RESULTADO. VEJA O EXEMPLO.

0,2 × 0,3 → 2 × 3 = 6 → 0,2 × 0,3 = 0,06
→ 1 casa decimal
→ 1 casa decimal
→ 2 casas decimais

1,4 × 0,02 → 14 × 2 = 28 → 1,4 × 0,02 = 0,028
→ 2 casas decimais
→ 1 casa decimal
→ 3 casas decimais

4. Use a estratégia acima para calcular mentalmente o resultado de cada multiplicação abaixo.

a) 0,2 × 1,2 = _____

b) 0,7 × 0,8 = _____

c) 0,5 × 0,7 = _____

d) 0,8 × 0,8 = _____

e) 0,9 × 0,4 = _____

f) 0,7 × 0,9 = _____

g) 0,2 × 4,03 = _____

h) 0,3 × 2,01 = _____

i) 0,6 × 0,01 = _____

MINHAS DICAS

Anote algo que você aprendeu nestas atividades e que pode ajudar a realizar cálculos mais rapidamente.

_____
_____
_____

LEITURA DE IMAGEM
CONSUMO E LIXO ELETRÔNICO

O uso de aparelhos eletrônicos, como computadores, celulares e *tablets,* é muito comum no dia a dia das pessoas, nas residências e nas empresas. Você sabe qual é o destino dos aparelhos eletrônicos quando são jogados no lixo?

A Loja de aparelhos eletrônicos novos em São Paulo (SP). Foto de 2016.

B Descarte de aparelhos eletrônicos em São João de Meriti, no Rio de Janeiro. Foto de 2014.

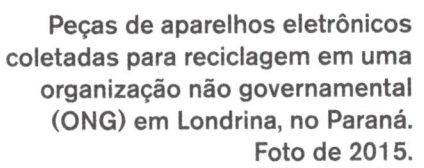

C Peças de aparelhos eletrônicos coletadas para reciclagem em uma organização não governamental (ONG) em Londrina, no Paraná. Foto de 2015.

OBSERVE

1. As fotos **A** e **B** mostram diferentes aparelhos eletrônicos. Qual é a principal diferença entre esses aparelhos?

_____

_____

2. A foto **C** mostra peças de aparelhos eletrônicos que foram separadas para reciclagem por uma ONG. Você já viu peças como essas? Onde você as viu? Converse com os colegas.

ANALISE

3. Por que você acha que as pessoas jogam aparelhos eletrônicos no lixo?

4. Você sabe para onde vão os aparelhos eletrônicos de sua casa quando são descartados?

5. Quando você olha para um computador, um celular ou outro aparelho eletrônico, você pensa sobre as matérias-primas com que eles são feitos? Você saberia dizer algumas matérias-primas dos aparelhos eletrônicos?

Matéria-prima: material utilizado na fabricação de um produto. Por exemplo, a madeira de uma árvore é a matéria-prima para a fabricação do papel deste livro de Matemática.

RELACIONE

6. Quando um computador é descartado, muitas de suas peças e suas matérias-primas vão parar no lixo e contaminam o solo e a água subterrânea ou, quando são queimados, contaminam o solo e a atmosfera. Você conhece alguma instituição que recebe lixo eletrônico para reutilizar ou reciclar? Conte aos colegas.

7. Algumas ONGs consertam computadores antigos e doam para escolas e comunidades carentes. Essa atitude ajuda a reduzir ou aumentar a quantidade de aparelhos eletrônicos no lixo?

8. Muitas lojas fazem promoção para vender aparelhos eletrônicos, dividindo o pagamento em várias prestações. Você acha que as promoções incentivam ou desestimulam o consumo?

9. O que você e sua família podem fazer para reduzir o descarte de lixo eletrônico?

10. Pesquise na internet se na região onde você mora existe alguma instituição que recicla computadores ou outros aparelhos eletrônicos. Depois, com os colegas, elabore um cartaz listando as vantagens de reciclar aparelhos eletrônicos em vez de descartá-los diretamente no lixo comum.

CAPÍTULO 9

DIVISÃO DE DECIMAL, ÁREA, PERÍMETRO E GRÁFICO DE SETORES

DIVISÃO DE DECIMAL

1 Laura comprou um aparelho celular de R$ 595,55 em 5 prestações iguais. Para saber o valor de cada prestação, podemos calcular o valor de 595,55 ÷ 5. Acompanhe o raciocínio abaixo e preencha o quadro de valor posicional.

> BOM, O NÚMERO 595 EU JÁ SEI DIVIDIR POR 5! COMEÇO A DIVIDIR AS CENTENAS: 5 CENTENAS DIVIDIDO POR 5 É IGUAL A 1 CENTENA. EM SEGUIDA, DIVIDO AS DEZENAS: 9 DEZENAS DIVIDIDO POR 5 É IGUAL A 1 DEZENA E SOBRAM 4 DEZENAS. JUNTO AS 4 DEZENAS QUE SOBRARAM COM AS 5 UNIDADES E OBTENHO 45 UNIDADES, QUE VOU DIVIDIR POR 5: DÁ 9 UNIDADES.

> MAS E A DIVISÃO DA PARTE DECIMAL, COMO EU FAÇO?

> PARA DIVIDIR A PARTE DECIMAL, VOCÊ DEVE PENSAR DA MESMA MANEIRA. VEJA: 5 DÉCIMOS DIVIDIDO POR 5 É IGUAL A 1 DÉCIMO, E NÃO SOBRAM DÉCIMOS. VOCÊ NÃO PODE SE ESQUECER DE COLOCAR A VÍRGULA APÓS AS UNIDADES!

> DEPOIS, DIVIDA OS CENTÉSIMOS: 5 CENTÉSIMOS DIVIDIDO POR 5 É IGUAL A 1 CENTÉSIMO E NÃO SOBRAM CENTÉSIMOS.

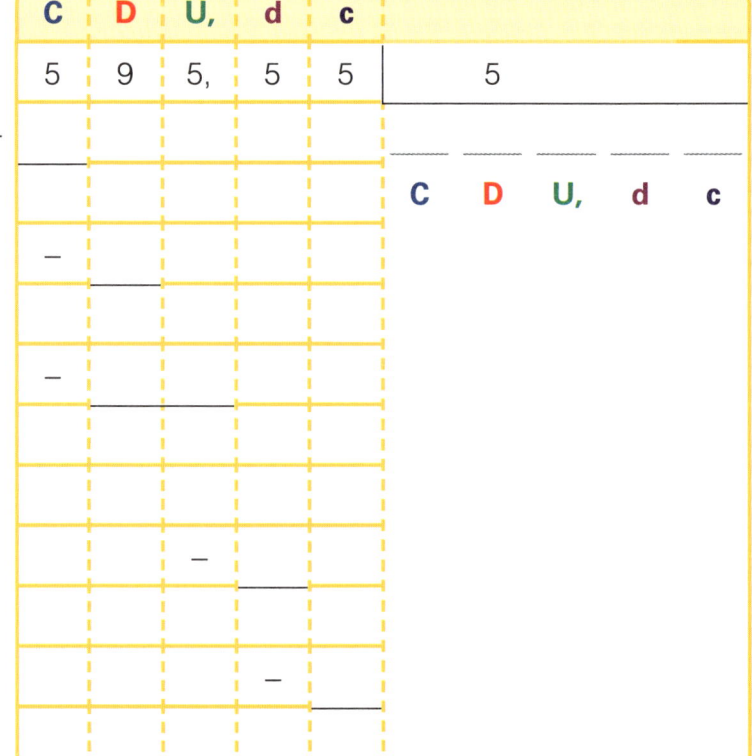

2 Agora é com você! Resolva as divisões abaixo.

a) 84,4 ÷ 4 = _____

b) 55,8 ÷ 9 = _____

Atenção!
Não se esqueça de colocar a vírgula quando dividir os decimais.

3 Veja os produtos que Júlia comprou em uma loja de material de construção.

Compras de Júlia

Produto	Preço unitário	Quantidade	Valor total (em R$)
Cartela com pregos	2,51	9	
Dobradiça para porta	6,99	10	
Chave de fenda	5,51	3	
Suporte de ferro para prateleira	22,46	5	

Tabela elaborada para fins didáticos.

a) Complete a tabela com o valor total de cada item. Use o espaço ao lado para os cálculos.

b) Quantos reais Júlia gastou ao todo com esses produtos?

_____

c) Para compras acima de R$ 150,00, essa loja oferece uma condição de pagamento em 4 prestações iguais. Júlia pode optar por dividir o pagamento de sua compra em 4 prestações iguais? Por quê?

_____

_____

d) Se Júlia optar pelo pagamento da compra em 4 prestações iguais, então qual será o valor de cada prestação?

_____

Observe agora o que acontece com a divisão abaixo.

D	U,	d	
4	1,	2	8
−4	0		0 5,
0	1		D U, d

> VAMOS DIVIDIR 41,2 POR 8. NÃO É POSSÍVEL OBTER DEZENAS AO DIVIDIR 4 DEZENAS POR 8. ENTÃO, TRANSFORMO 4 DEZENAS EM 40 UNIDADES, QUE, COM MAIS 1 UNIDADE, SÃO 41 UNIDADES. DIVIDO 41 UNIDADES POR 8, OBTENHO 5 UNIDADES E RESTA 1 UNIDADE.

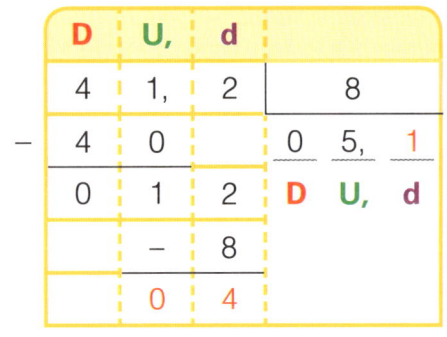

D	U,	d	
4	1,	2	8
−4	0		0 5, 1
0	1	2	D U, d
	−	8	
	0	4	

> AGORA TRANSFORMO ESSA 1 UNIDADE EM 10 DÉCIMOS, QUE, COM MAIS 2 DÉCIMOS, SÃO 12 DÉCIMOS. DIVIDO 12 DÉCIMOS POR 8, OBTENHO 1 DÉCIMO E RESTAM 4 DÉCIMOS.

D	U,	d	c	
4	1,	2		8
−4	0			0 5, 1 5
0	1	2		D U, d c
	−	8		
		4	0	
		−4	0	
		0	0	

41,2 ÷ 8 = 5,1 e resto 0,4

↓

41,2 ÷ 8 = 5,15 e resto 0

> EU PODERIA CONCLUIR A DIVISÃO DE 41,2 POR 8 OBTENDO QUOCIENTE 5,1 E RESTO 4 DÉCIMOS, OU SEJA, RESTO 0,4. MAS QUANDO EU FAÇO DIVISÕES COM DECIMAIS, DEVO CONTINUAR A RESOLVÊ-LA BUSCANDO UM RESTO IGUAL A ZERO!

> ENTÃO, CONTINUO A DIVISÃO TRANSFORMANDO O RESTO 4 DÉCIMOS EM 40 CENTÉSIMOS. DIVIDO 40 CENTÉSIMOS POR 8, OBTENHO 5 CENTÉSIMOS E RESTA ZERO CENTÉSIMO.

4 Resolva as divisões abaixo.

a) 5,4 ÷ 4 = _____

b) 48,2 ÷ 8 = _____

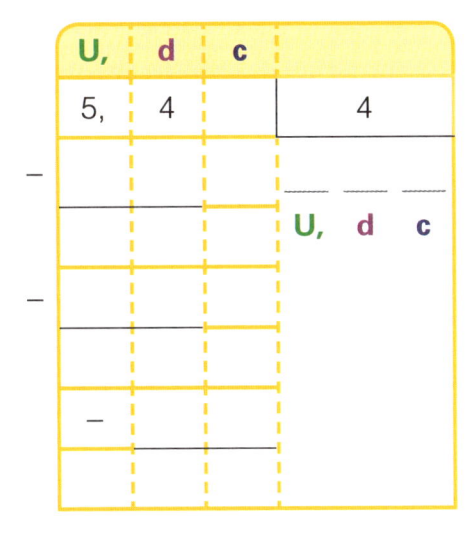

c) 18,7 ÷ 8 = _____

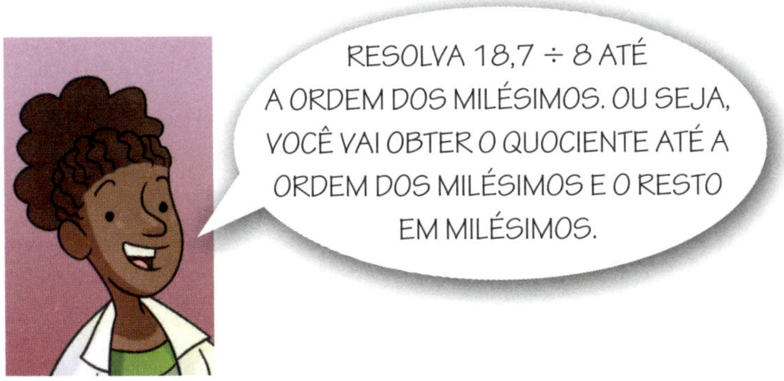

RESOLVA 18,7 ÷ 8 ATÉ A ORDEM DOS MILÉSIMOS. OU SEJA, VOCÊ VAI OBTER O QUOCIENTE ATÉ A ORDEM DOS MILÉSIMOS E O RESTO EM MILÉSIMOS.

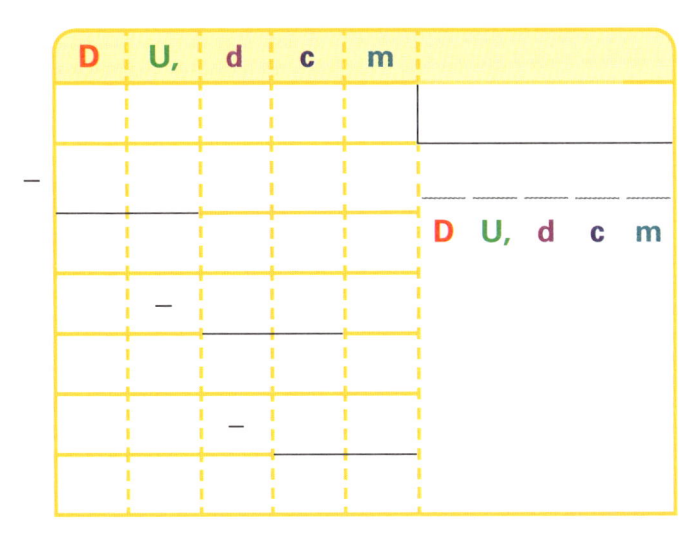

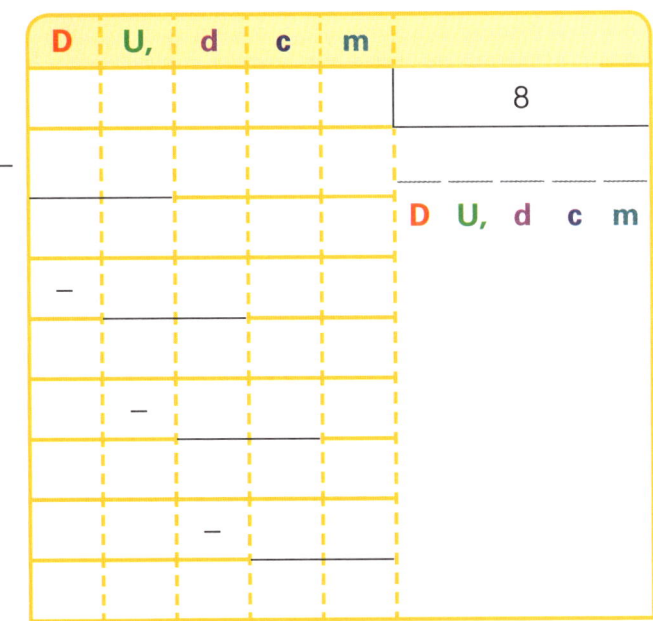

d) 43 ÷ 4 = _____

AGORA VOCÊ VAI RESOLVER A DIVISÃO DE 43 POR 4 E OBTER UM QUOCIENTE DECIMAL! FAÇA A DIVISÃO ATÉ OBTER RESTO ZERO.

AO DIVIDIR UM NÚMERO POR 10, 100 OU 1 000, A VÍRGULA DESSE NÚMERO "ANDA" PARA A ESQUERDA A QUANTIDADE DE CASAS DECIMAIS CORRESPONDENTE À QUANTIDADE DE ZEROS DO DIVISOR!

DIVISÃO DE DECIMAL POR 10, 100 E 1 000

Você viu uma regra para multiplicar um número por 10, 100 ou 1 000. Agora você vai ver uma regra para dividir um número por 10, 100 ou 1 000. Observe abaixo o que acontece com o valor posicional do algarismo 2 quando dividimos o número 1 234 por 10, por 100 e por 1 000.

Número	Número dividido por 10	Número dividido por 100	Número dividido por 1 000
1 2 34 (2 centenas)	12 3,4 (2 dezenas)	1 2,34 (2 unidades)	1, 2 34 (2 décimos)

Depois de observar os resultados acima, Larissa criou uma regra para dividir um número por 10, 100 ou 1 000. Veja ao lado o que ela disse.

1 Você concorda com a regra que Larissa criou? Converse com os colegas.

Quando dividimos um número por 10, estamos dividindo esse número em 10 partes iguais. Nesse caso, a vírgula desse número "anda" 1 casa decimal para a esquerda.

Quando dividimos um número por 100, estamos dividindo esse número em 100 partes iguais. Nesse caso, a vírgula desse número "anda" 2 casas decimais para a esquerda.

2 Releia as regras acima. Converse com os colegas e complete a regra abaixo.

Quando dividimos um número por 1 000, estamos dividindo esse número em _____ partes iguais. Nesse caso, a vírgula desse número "anda" _____ casas decimais para a _____.

3 Vamos relacionar a divisão com a multiplicação. Complete as frases abaixo.

a) Se 10 × 34,5 = 345, então o resultado de 345 ÷ 10 é _____.

b) Se 100 × 9,89 = 989, então o resultado de 989 ÷ 100 é _____.

c) Se 1 000 × 0,03 = 30, então o resultado de 30 ÷ 1 000 é _____.

d) O resultado de 3,9 ÷ 10 é _____, pois 10 × _____ = 3,9.

e) O resultado de 1,8 ÷ 100 é _____, pois 100 × _____ = 1,8.

f) O resultado de 49 ÷ 1 000 é _____, pois 1 000 × _____ = 49.

4 A professora Clarice inventou um jogo com divisão de decimais. Cada partida é dividida em 2 fases, e os alunos da turma devem se organizar em 4 grupos.

a) Na primeira fase da partida, Clarice mostra um cartaz com um número, e os grupos devem dividir esse número por 10, por 100 e por 1 000. Veja abaixo o cartaz que Clarice mostrou e as respostas dos grupos.

Grupo **1**: 392,8   39,28   3,928

Grupo **2**: 392,08   392,8   39,28

Grupo **3**: 39,28   392,8   3,928

Grupo **4**: 39,28   39 280   39,28

Quais grupos acertaram as divisões?

_____

b) Na segunda fase da partida, a professora mostra um cartaz com resultados, e os grupos devem calcular qual número foi dividido por 10, por 100 e por 1 000. Junte-se a alguns colegas, vejam abaixo os cartazes que Clarice mostrou e calculem o número correspondente a cada cartaz.

| 5,6 0,56 0,056 | 10,2 0,102 1,2 | 0,08 0,8 0,008 | 0,044 4,4 0,44 |

5 Leia abaixo a tirinha do personagem Armandinho. Você concorda com ele? Converse com os colegas.

OLHA... MATEMÁTICA NÃO É FÁCIL!

MULTIPLICAR, SOMAR E SUBTRAIR, TUDO BEM...

...MAS É FALAR EM "DIVIDIR" QUE UMA TURMA SE APAVORA!

DECIMAIS NA RETA NUMERADA

Você já sabe que 0,1 cm corresponde a 1 mm. Veja abaixo como podemos localizar decimais em uma régua.

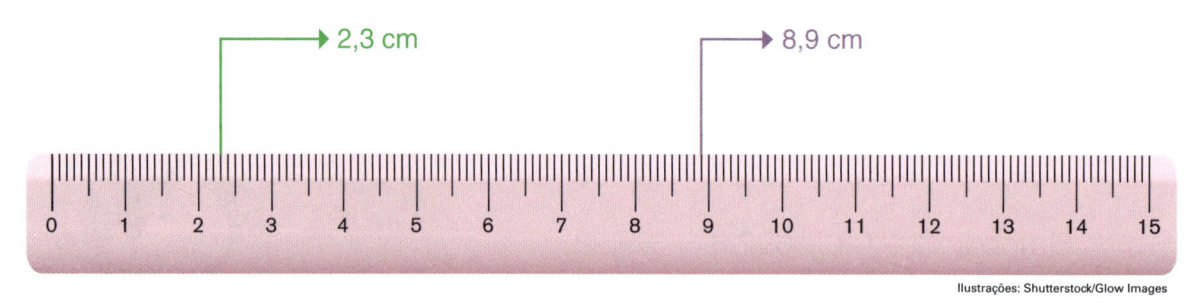

→ 2,3 cm   → 8,9 cm

1 Observe a régua abaixo. Qual das letras localizadas nela representa 12,4 cm?

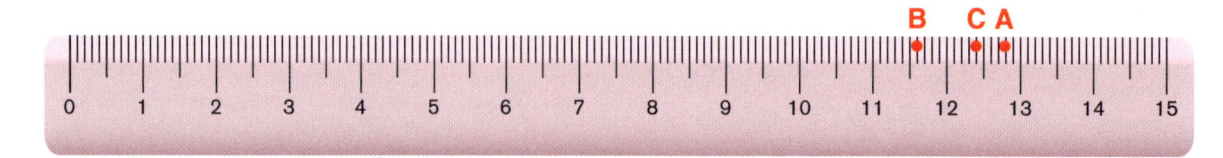

2 Registre os decimais que estão indicados na régua abaixo.

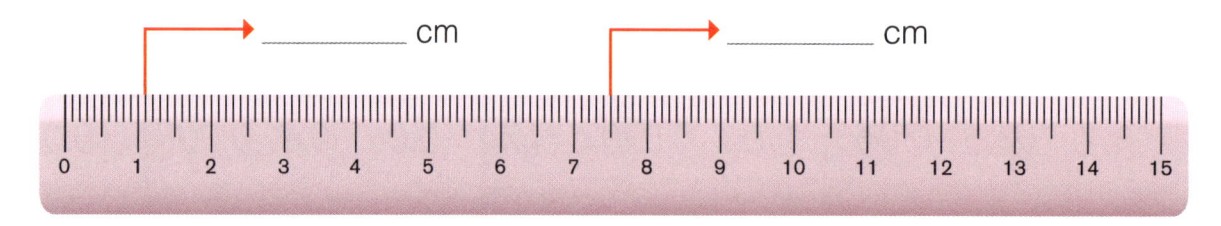

_____ cm   _____ cm

Podemos pensar na régua como uma reta numerada. Assim, também podemos localizar decimais em uma reta numerada.

Veja a localização do número 0,5 na reta numerada abaixo.

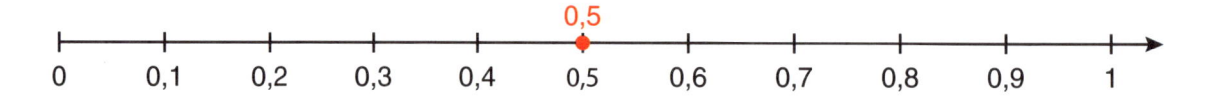

3 O número 0,1 já está representado na reta numerada abaixo. Localize nela os números 0,2; 0,25; 0,5; 0,9; 0,75.

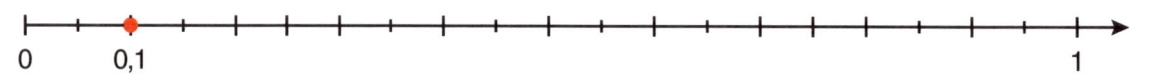

4 Observe as retas numeradas abaixo e complete as frases.

a) Dos números destacados, o número _____ é o mais próximo de 0 e está _____ centésimos distante de 0; o número _____ é o mais próximo de 1 e está _____ centésimos distante de 2.

```
|—————|—————|—————|—————|—————|—————|—————|—————|—————|—————|—————|—————|—————|—————|—————|—————|→
0                    0,75         1         1,25                              2
```

b) Em relação ao 0, o número _____ está 1 centésimo antes de 0,26; o número _____ está 1 centésimo depois de 1,26.

```
|—————|—————|—————|—————|—————|—————|—————|—————|—————|—————|—————|—————|—————|—————|—————|—————|→
0    0,26                                1           1,26                     2
```

c) Dos números destacados, o número _____ é o mais próximo de 1 e está _____ centésimos distante de 1; o número _____ é o mais próximo de 2 e está _____ centésimos distante de 2.

```
|—————|—————|—————|—————|—————|—————|—————|—————|—————|—————|—————|—————|—————|—————|—————|—————|→
0                                        1  1,12    1,38                     2
```

d) Em relação ao 0, o número _____ está 1 centésimo depois de 0,89; o número _____ está 1 centésimo antes de 1,11.

```
|—————|—————|—————|—————|—————|—————|—————|—————|—————|—————|—————|—————|—————|—————|—————|—————|→
0                              0,89  1  1,11                                  2
```

5 Faça como no exemplo: desenhe uma seta ligando cada decimal a sua posição na reta numerada abaixo.

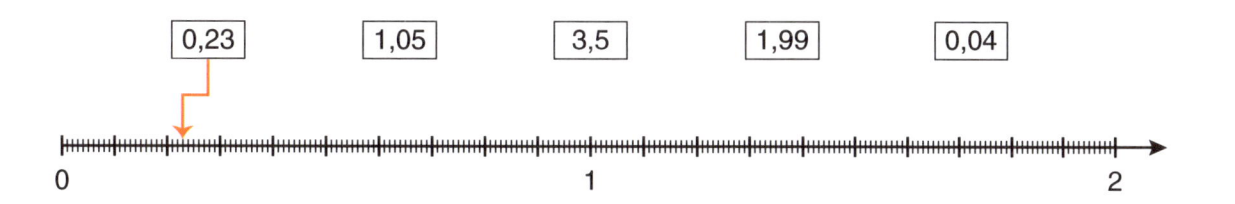

| 0,23 | | 1,05 | | 3,5 | | 1,99 | | 0,04 |

```
|—————|—————|—————|—————|—————|—————|—————|—————|—————|—————|—————|—————|—————|—————|—————|—————|→
0                                        1                                    2
```

MEDIDAS DE TEMPO E DE TEMPERATURA

1 Considere os dados sobre a temperatura em uma cidade em certo dia.
- A temperatura ao nascer do sol, às 6:32, foi 12,3 °C.
- Ao meio-dia, a temperatura era o dobro da temperatura ao nascer do sol.
- Ao pôr do sol, às 17:31, a temperatura era 3,2 °C a mais do que a temperatura ao nascer do sol.

a) Complete: o nascer do sol foi às _____ e o pôr do sol foi às _____.

b) Anote abaixo as temperaturas nesse dia.

Nascer do sol: _____ °C   Meio-dia: _____ °C   Pôr do sol: _____ °C

2 Pesquise as informações abaixo sobre a cidade em que você mora.

Ontem foi dia _____ de _____ de 20_____.

Temperatura máxima: _____ °C   Temperatura mínima: _____ °C

Horário do nascer do sol: _____:_____

Horário do pôr do sol: _____:_____

Nascer do sol na ilha de Marajó, no Pará. Foto de 2015.

3 Fabíola pesquisou os horários do nascer e do pôr do sol na cidade em que mora por alguns dias seguidos. Veja abaixo o registro que ela fez.

Horários do nascer e do pôr do sol pesquisados

Data / Fenômeno	2/6	3/6	4/6	5/6	6/6	7/6	8/6	9/6
Nascer do sol	6:41	6:42	6:42	6:43	6:43	6:43	6:44	6:44
Pôr do sol	17:26	17:26	17:26	17:25	17:25	17:24	17:24	17:23

Tabela elaborada para fins didáticos.

a) Fabíola notou que, quanto mais próximo do inverno, mais tarde o Sol nascia e mais cedo ele se punha. Você concorda com Fabíola?

b) No inverno, os dias são mais curtos (duram menos horas) e as noites são mais longas (duram mais horas) do que no verão. Complete: isso é o mesmo que dizer que no verão os dias são mais _____ (duram _____ horas) e as noites são mais _____ (duram _____ horas) do que no inverno.

4 Antes de sair de casa, algumas pessoas consultam a previsão do tempo para saber se precisam levar guarda-chuva e se devem vestir roupa de frio ou de calor.

a) E você, já consultou a previsão do tempo antes de sair de casa? Algum membro de sua família tem esse hábito?

_____

b) Em quais meios de comunicação você ou sua família consultam a previsão do tempo?

_____

5 Escreva as temperaturas a seguir em ordem crescente: 36,2 °C; 37,9 °C; 36,9 °C; 38,4 °C; 8,4 °C; 7,4 °C; 8,9 °C; 9,8 °C.

_____

6 Os termômetros representados abaixo indicam diferentes temperaturas. Faça um desenho que combine com cada temperatura mostrada. Use sua criatividade e capriche!

ÁREA E PERÍMETRO

1 Junte-se a um colega para esta atividade prática! Depois, respondam às questões.

- Um de vocês deve destacar os quadradinhos do **Material Complementar**.
- Juntos, formem diferentes retângulos usando todos os 36 quadradinhos.
- Desenhem, em uma folha à parte, cada retângulo que vocês formarem. Fiquem atentos para não obter o mesmo retângulo, mas em diferentes posições. Vejam um exemplo:

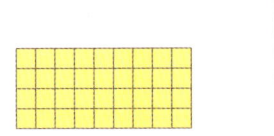

a) Meça com a régua os lados de um dos quadradinhos do **Material Complementar**. Qual é a área de cada quadradinho?

___

b) Quantos retângulos diferentes vocês conseguiram formar?

___

c) Observe os retângulos que vocês formaram. Atribua uma letra para identificar cada um deles e preencha as informações abaixo.

Retângulos formados

Retângulo	Medida dos lados (em cm)	Área (em cm²)	Perímetro (em cm)

Tabela elaborada para fins didáticos.

2 Observe a tabela que você e seu colega preencheram na página anterior.

a) Para cada retângulo formado, represente sua área por uma multiplicação.

_____

b) Qual dos retângulos tem o menor perímetro? E qual tem o maior?

_____

_____

🔊 c) O que há em comum entre a área de todos os retângulos formados? Explique sua resposta.

3 Use novamente os 36 quadradinhos do **Material Complementar** e forme uma figura geométrica plana diferente do retângulo.

a) Qual é o perímetro da figura que você construiu?

_____

b) Compare sua figura com a de um colega e verifique se há diferença entre o perímetro delas. Quem construiu a figura com o maior perímetro?

_____

c) Com esses quadradinhos é possível formar uma figura geométrica plana com área maior do que 36 cm²? Explique.

_____

_____

4 Agora, dobre 10 quadradinhos do **Material Complementar** ao meio, formando triângulos. Corte os quadradinhos na dobra usando uma tesoura de pontas arredondadas. Forme um trapézio, um paralelogramo e um losango usando alguns quadradinhos e triângulos e desenhe-os em uma folha à parte. Depois, anote abaixo o perímetro e a área das figuras que você construiu.

- Trapézio   Área: _____ cm²   Perímetro: _____ cm²
- Paralelogramo   Área: _____ cm²   Perímetro: _____ cm²
- Losango   Área: _____ cm²   Perímetro: _____ cm²

PERÍMETRO DE TRIÂNGULOS

1 Você já conhece algumas características dos triângulos. Então, complete: os triângulos têm _____ lados, _____ vértices e _____ ângulos.

2 Com o auxílio de uma régua, meça os lados de cada triângulo abaixo.

a) _____

b) _____

c) _____

d) _____

3 Para calcular o perímetro de um triângulo, você deve adicionar a medida dos 3 lados do triângulo. Calcule o perímetro dos triângulos da atividade anterior e registre abaixo.

a) _____   b) _____   c) _____   d) _____

4 Vamos comparar o perímetro de 2 triângulos.

a) Com uma régua, meça os lados dos triângulos abaixo. Em seguida, calcule o perímetro deles.

Perímetro: _____   Perímetro: _____

b) Triângulos com perímetros iguais têm a mesma forma?

5 Veja o desafio que Carolina propôs a seu amigo Tiago.

> DUVIDO QUE VOCÊ CONSIGA FAZER UM TRIÂNGULO COM EXATAMENTE AS MEDIDAS DOS LADOS DESTE TRIÂNGULO, 3 CENTÍMETROS, 4 CENTÍMETROS E 5 CENTÍMETROS, MAS QUE TENHA A FORMA DIFERENTE DA DELE.

Tiago aceitou o desafio. Com uma folha de papel, uma tesoura com pontas arredondadas e uma régua, ele fez o triângulo ao lado.

a) Meça os lados do triângulo de Tiago com uma régua. Ele venceu o desafio?

___

b) Compare o perímetro dos 2 triângulos.

___

c) Com o ângulo reto que você construiu anteriormente, compare os ângulos do triângulo de Tiago e do triângulo de Carolina. Esses triângulos têm ângulos menores ou maiores do que 90°?

___

d) Agora é com você! Pegue 3 canudinhos ou 3 palitos de madeira e corte-os nas medidas exatas dos lados do triângulo de Carolina: 3 cm, 4 cm e 5 cm. Tente montar um triângulo com a forma diferente da forma dos triângulos de Carolina e de Tiago. Você conseguiu?

GRÁFICO DE SETORES COM PORCENTAGENS

Na escola de Simone, os alunos do 5º ano se organizaram e coletaram material para ser reciclado. Eles coletaram 3 tipos de material: papel, vidro e lata. Em seguida, foi medida a massa de cada grupo de material coletado.

1 A professora de Simone fez o gráfico abaixo para representar os tipos de material que as turmas coletaram para reciclagem. Observe-o.

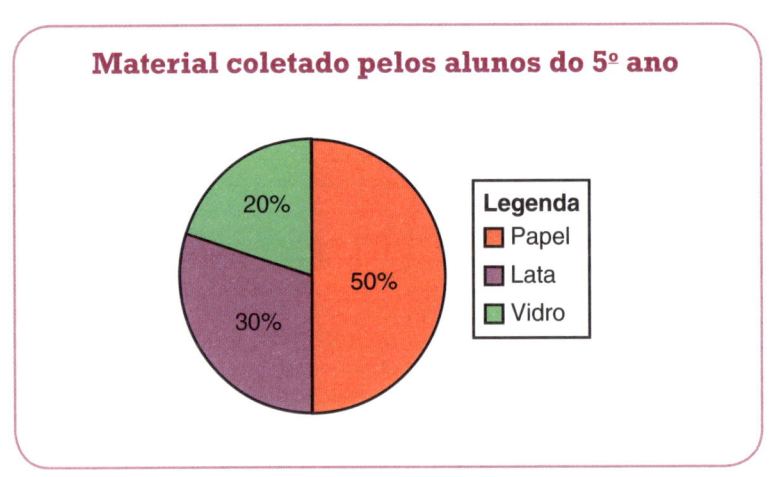

Material coletado pelos alunos do 5º ano

- Papel: 50%
- Lata: 30%
- Vidro: 20%

Legenda
- Papel
- Lata
- Vidro

Gráfico elaborado para fins didáticos.

a) Você já estudou esse tipo de gráfico. Qual é o nome dele?

_____

b) Esse gráfico apresenta porcentagens. O que elas representam?

_____

2 Observe novamente o gráfico da página anterior.

a) Complete: esse gráfico está dividido em _____ partes.

> Cada parte em que esse gráfico está dividido é chamada de **setor**.

b) Qual dos tipos de material representa a metade da massa total de material coletado? Que informações do gráfico ajudam a responder a essa pergunta?

_____

_____

c) Que fração representa a massa de vidro coletado em relação à massa total de material coletado? _____

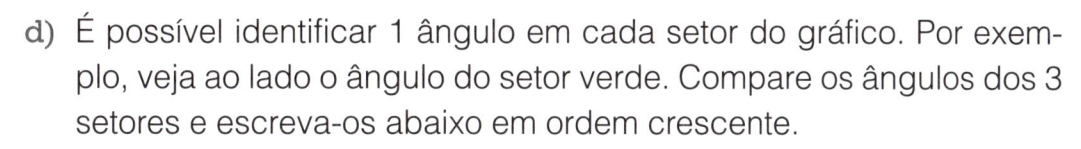

d) É possível identificar 1 ângulo em cada setor do gráfico. Por exemplo, veja ao lado o ângulo do setor verde. Compare os ângulos dos 3 setores e escreva-os abaixo em ordem crescente.

_____

e) Agora, compare as porcentagens que cada setor representa e escreva-as abaixo em ordem crescente.

_____

> Em um gráfico de setores, quanto maior o ângulo identificado no setor, maior é a porcentagem representada por esse setor.

f) Imagine que ao todo as turmas do 5º ano dessa escola coletaram 75 kg de material. Quantos quilogramas foram coletados de cada tipo?

- Papel: _____
- Vidro: _____
- Lata: _____

ATIVIDADES DO CAPÍTULO

1. Complete as divisões abaixo.

   a) 4,56 ÷ 10 = _____

   b) _____ ÷ 100 = 0,52

   c) _____ ÷ 100 = 0,9

   d) 0,2 ÷ 10 = _____

   e) _____ ÷ 100 = 3,61

   f) _____ ÷ 10 = 26,5

   g) _____ ÷ 10 = 8,2

   h) 2013 ÷ 100 = _____

2. Com uma régua, meça os lados de cada triângulo abaixo e calcule seu perímetro.

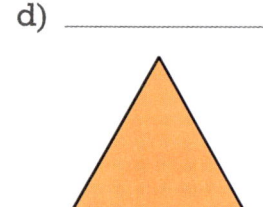

   a) _____   b) _____   c) _____   d) _____

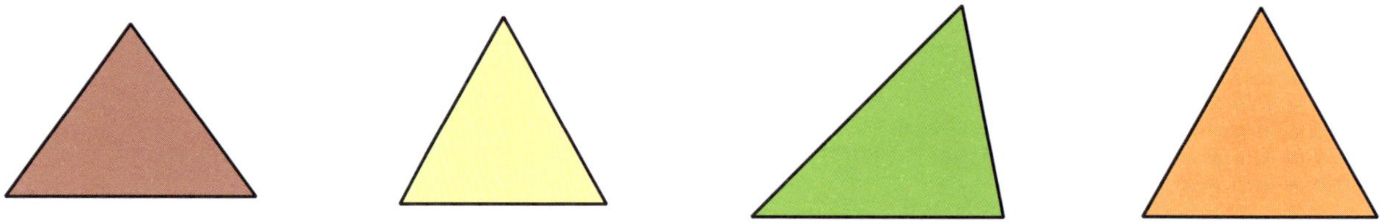

3. Da água disponível no nosso planeta, apenas 2,5% do total é água doce, a água adequada ao consumo. O restante da água disponível é salgada.
   Observe no gráfico ao lado como a água doce está distribuída no planeta.

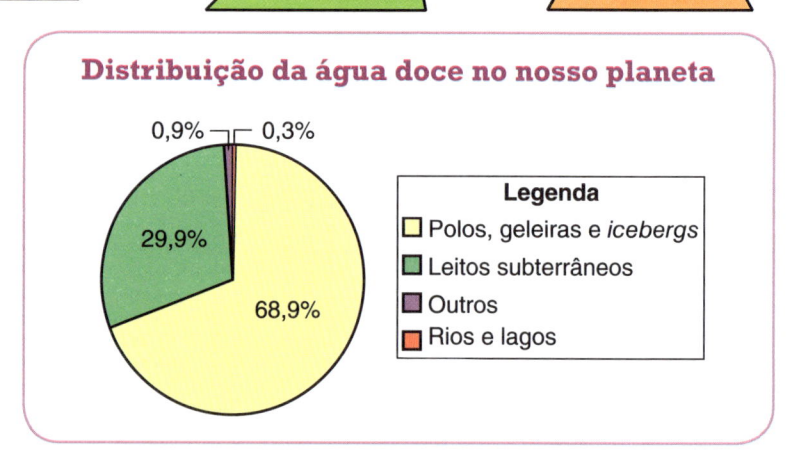

   Distribuição da água doce no nosso planeta

   0,9%   0,3%
   29,9%
   68,9%

   Legenda
   ☐ Polos, geleiras e *icebergs*
   ☐ Leitos subterrâneos
   ☐ Outros
   ☐ Rios e lagos

   Fonte de consulta: SABESP. **Professores e estudantes**. Disponível em: <http://site.sabesp.com.br/site/interna/Default.aspx?secaold=97>. Acesso em: 15 maio 2016.

   a) Qual porcentagem representa o maior setor desse gráfico? E o menor setor?

   _____

   _____

   b) Com base nesses dados, você acha que há muita ou pouca água disponível no planeta para o consumo? Por quê?

RESOLVENDO PROBLEMAS

Alguns problemas têm mais de 1 solução, como os apresentados a seguir. Resolva-os e compartilhe suas respostas com os colegas.

1. Os 18 palitos de fósforo abaixo formam a operação 6 + 4 = 4, que está errada.

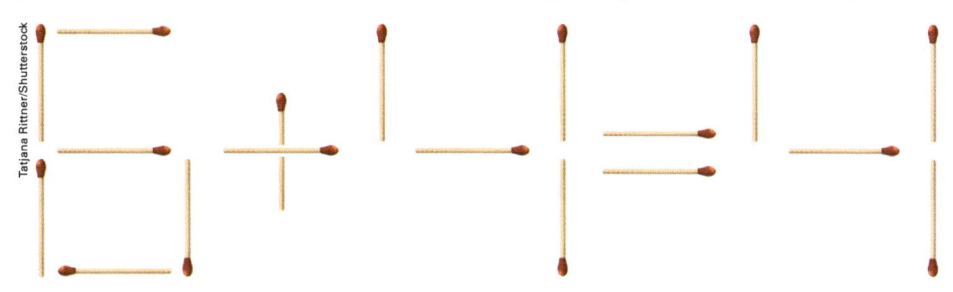

a) Mudando somente 1 palito de posição, corrija essa operação de modo que o resultado esteja correto. Risque o palito a ser mudado e desenhe-o na nova posição.

b) Agora, compare sua resposta com a dos colegas e anote abaixo, usando algarismos e símbolos matemáticos, mais 2 operações possíveis de ser formadas. Lembre-se de todos os símbolos matemáticos que você conhece.

_____

2. João tem uma fazenda com forma retangular, como mostra a figura ao lado. Ele vai dividir a fazenda em 2 partes iguais: uma para a lavoura e outra para a criação de animais.

Na parte da lavoura, a fazenda produzirá arroz, feijão, milho e soja, que serão plantados em áreas iguais. A área destinada à criação de animais será dividida em 3 partes iguais: para a criação de porcos e galinhas, para o pasto de bois e para o pasto de carneiros.

15 m

22 m

Faça abaixo um desenho para representar as partes da fazenda de João.

CÁLCULO MENTAL

No capítulo anterior, você viu como resolver uma multiplicação de decimais contando as casas decimais dos fatores. Agora você vai ver uma estratégia para resolver divisões com decimais.

1. Resolva as divisões abaixo.

   a) 6 ÷ 20 = _____
   b) 6 ÷ 30 = _____
   c) 8 ÷ 20 = _____
   d) 8 ÷ 40 = _____

   e) 180 ÷ 9 = _____
   f) 180 ÷ 6 = _____
   g) 0,6 ÷ 2 = _____
   h) 0,6 ÷ 3 = _____

   i) 0,8 ÷ 2 = _____
   j) 0,8 ÷ 4 = _____
   k) 18 ÷ 0,9 = _____
   l) 18 ÷ 0,6 = _____

2. Observe os resultados das divisões da atividade anterior.

   a) Compare os divisores em ambas as colunas.

   b) Agora, compare os dividendos.

   c) O que há em comum entre os resultados das 2 colunas?

---

10 ×   10 ×

2,7 ÷ 3 → 27 ÷ 30 = 0,9 → 2,7 ÷ 3 = 0,9

↳ 1 casa decimal   1 casa decimal

100 ×   100 ×

0,27 ÷ 3 → 27 ÷ 300 = 0,09 → 0,27 ÷ 3 = 0,09

↳ 2 casas decimais   2 casas decimais

> PARA RESOLVER DIVISÕES DE DECIMAIS, VOCÊ DEVE IGUALAR A QUANTIDADE DE CASAS DECIMAIS DO DIVISOR E DO DIVIDENDO. PARA ISSO, MULTIPLIQUE ESSES NÚMEROS POR 10, 100 OU 1 000, DE MODO QUE FIQUEM SEM VÍRGULA. EM SEGUIDA, RESOLVA A DIVISÃO QUE VOCÊ JÁ CONHECE. O RESULTADO DA DIVISÃO SEM CASAS DECIMAIS É O RESULTADO DA DIVISÃO DOS DECIMAIS!

3. Observe os exemplos e use a estratégia da página anterior para calcular mentalmente o resultado de cada divisão abaixo.

$$1,4 \div 7 = 14 \div 70 = 0,2 \qquad 32 \div 1,6 = 320 \div 16 = 20$$

a) 2,4 ÷ 2 = _____
b) 2,1 ÷ 7 = _____
c) 45 ÷ 0,5 = _____
d) 4,8 ÷ 12 = _____
e) 93 ÷ 0,3 = _____
f) 50,2 ÷ 2 = _____
g) 300,12 ÷ 3 = _____
h) 0,72 ÷ 8 = _____
i) 1 ÷ 0,02 = _____

> TAMBÉM PODEMOS APLICAR ESSA REGRA PARA CALCULAR DIVISÕES DE 2 DECIMAIS.

$$0,75 \div 0,3 \rightarrow 75 \div 30 = 0,75 \div 0,3 = 2,5$$

→ 1 casa decimal   1 casa decimal ←
→ 2 casas decimais

$$14,75 \div 0,25 \rightarrow 1\,475 \div 25 = 59 \rightarrow 14,75 \div 0,25 = 59$$

→ 2 casas decimais   0 casa decimal ←
→ 2 casas decimais

4. Use a estratégia acima para calcular mentalmente o resultado de cada divisão abaixo.

a) 1,2 ÷ 0,2 = _____
b) 0,77 ÷ 0,7 = _____
c) 2,5 ÷ 0,5 = _____
d) 0,08 ÷ 0,8 = _____
e) 0,63 ÷ 0,7 = _____
f) 0,81 ÷ 0,3 = _____
g) 0,46 ÷ 0,02 = _____
h) 0,01 ÷ 0,01 = _____

> NA ESTRATÉGIA DA MULTIPLICAÇÃO, A QUANTIDADE DE CASAS DECIMAIS DO PRODUTO É IGUAL À **SOMA** DA QUANTIDADE DE CASAS DECIMAIS DOS FATORES. NA DIVISÃO É DIFERENTE: A QUANTIDADE DE CASAS DECIMAIS DO QUOCIENTE É IGUAL À **DIFERENÇA** DA QUANTIDADE DE CASAS DECIMAIS DO DIVISOR E DO DIVIDENDO.

● MINHAS DICAS

Anote algo que você aprendeu nestas atividades e que pode ajudar a realizar cálculos mais rapidamente.

_____
_____

LER E ENTENDER

A FORÇA DA AGRICULTURA BRASILEIRA

O Brasil é um dos líderes mundiais na produção de produtos agrícolas. É o país com maior produção de café, açúcar e laranjas frescas. Além disso, é o que mais exporta carne de frango, soja, café e açúcar.

Cada gráfico a seguir é chamado de **pictograma** ou **gráfico pictórico**, pois nele são usadas figuras para representar quantidades.

Safra: colheita de um produto agrícola ou o período de colheita desse produto.

PRODUÇÃO AGRÍCOLA NAS SAFRAS DE 2014/2015 E 2015/2016

Safra 2014/2015

Principais produtores de laranjas frescas
- 1º Brasil 33,1%
- 2º China 14,3%
- 3º Estados Unidos 12%
- Outros 40,6%

Safra 2015/2016

Exportação mundial de arroz
- 1º lugar Tailândia 9 500 000 t (22,9%)
- 9º lugar Brasil 900 000 t (2,2%)

Legenda: 100 000 toneladas de produtos exportados

Safra 2015/2016

Maiores produtores de café
- 1º Brasil (52 400)
- 2º Vietnã (28 600)
- 3º Colômbia (13 000)

Legenda: 200 mil sacos de 60 kg de café produzidos

Safra 2015/2016

Área colhida de milho (em milhões de m²)
- Total da área colhida de milho 1 770 500 (100%)
- 1º lugar: China 378 500 (21,4%)
- 3º lugar: Brasil 150 550 (8,8%)

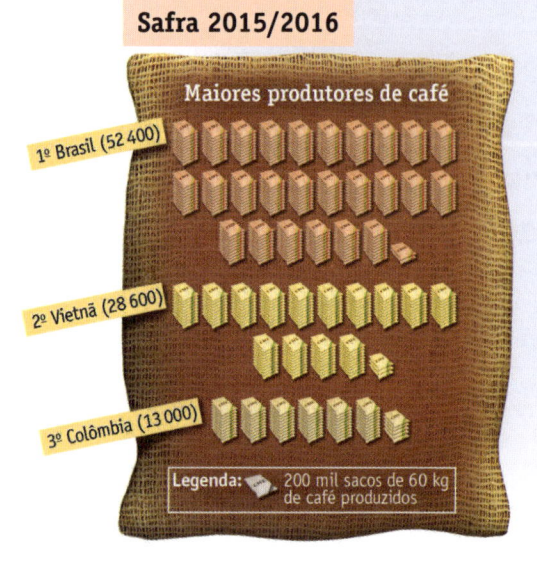

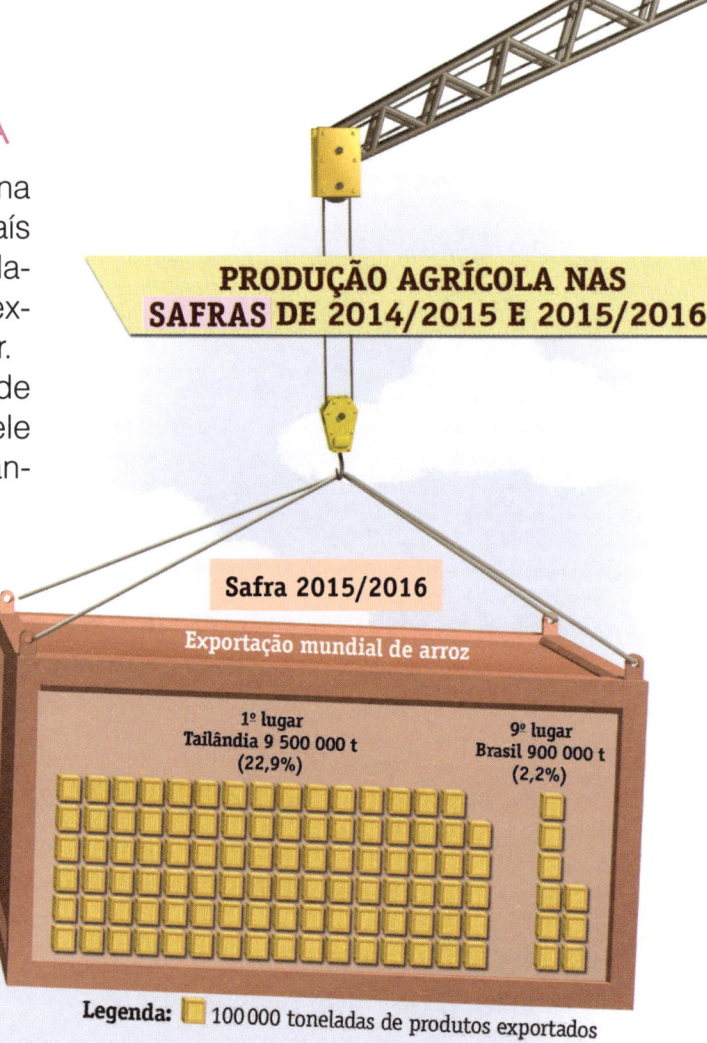

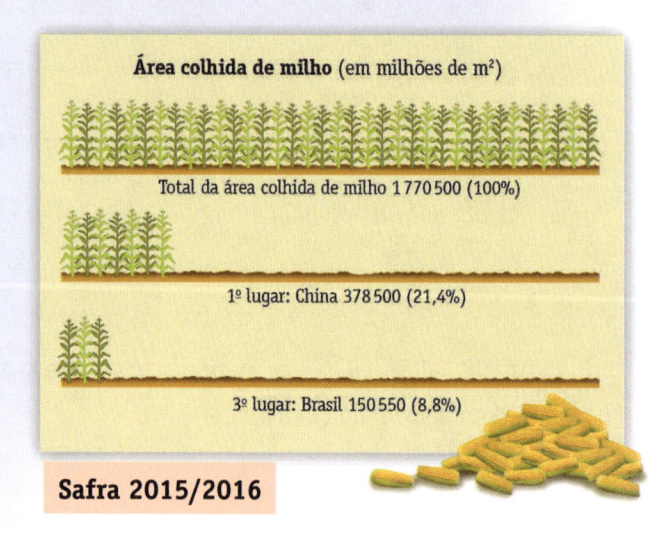

Fonte de consulta: SECRETARIA DE ESTADO DE AGRICULTURA, PECUÁRIA E ABASTECIMENTO DE MINAS GERAIS. **Perfil**. Disponível em: <www.agricultura.mg.gov.br/images/documentos/perfil_mundial_out_2015[1].pdf>. Acesso em: 24 maio 2016.

ANALISE

1. Observe os pictogramas da página anterior.

   a) Você sabe o que é um pictograma? Converse com os colegas.

   b) Procure o significado de **pictograma** em um dicionário. Em seguida, anote abaixo com suas palavras os significados que você acha que estão relacionados com os gráficos da página anterior.

   _____

   _____

   _____

   c) Qual é o assunto desses pictogramas?

   _____

   _____

   d) Anote abaixo todas as unidades de medida que foram utilizadas nos pictogramas.

   _____

2. Avalie se as afirmações abaixo são verdadeiras (**V**) ou falsas (**F**).

   ☐ O Brasil teve a maior produção de laranjas frescas do mundo na safra de 2014/2015 e essa produção foi maior do que a produção do segundo e do terceiro colocados juntos.

   ☐ O Brasil foi o maior produtor de café do mundo na safra de 2015/2016 e sua produção foi maior do que o dobro da produção do segundo colocado.

   ☐ A Tailândia exportou 20 vezes mais toneladas de arroz do que o Brasil na safra de 2015/2016.

   ☐ A área colhida de milho da China e do Brasil na safra de 2015/2016 totalizam metade da área colhida de milho em todo o mundo.

RELACIONE

3. Na safra de 2001/2002, o total de área plantada de milho em todo o mundo foi 1 373 430 milhões de metros quadrados (m^2). O aumento da área colhida dessa safra para a de 2015/2016 foi de quantos metros quadrados?

   _____

O QUE APRENDI?

1. Observe novamente o cartaz do supermercado que você viu na abertura desta Unidade.

   a) Escreva a porcentagem de desconto do *notebook* anunciado nessa imagem com uma fração e por extenso.

   ———— ou ————————————.

   b) Qual é o preço do *notebook* com desconto?

   _____

   _____

   c) Se o preço do *notebook* sem desconto é R$ 1 369,00, então de quantos reais é o desconto?

   _____

   d) E qual é o preço do *notebook* com desconto?

   _____

2. O dono de uma empresa resolveu aproveitar a promoção do *notebook* e trocar os aparelhos de alguns funcionários. Ele comprou 10 *notebooks* nessa promoção.

   a) Quantos reais ele gastou ao todo?

   _____

   b) Quantos reais ele economizou ao comprar os *notebooks* com desconto?

   _____

   c) Com o dinheiro que economizou, ele poderia comprar mais 4 *notebooks*?

   _____

   _____

3. Observe a caixa de suco de laranja ao lado e complete as frases.

a) Há 1,5 L de suco nessa embalagem. Carolina e seus 2 filhos consumiram no café da manhã metade do suco dessa embalagem. Restaram _____ L ou _____ mL de suco na embalagem.

b) Se ela serviu o suco em 3 copos iguais, então colocou _____ mL de suco em cada copo.

4. A imagem ao lado mostra parte do piso do supermercado visto de cima.

a) Complete: o piso é formado por lajotas de cor marrom e bege, que têm a forma de _____. Essa parte do piso tem a forma de um quadrilátero chamado _____.

b) Imagine que cada lajota desse piso tenha 1 m de lado. Indique o perímetro e a área dessa parte do piso.

Perímetro: _____   Área: _____

5. Leia o cartum ao lado e explique-o com suas palavras.

_____
_____
_____
_____

CAVALHEIRISMO MATEMÁTICO

Cartum: desenho humorístico que faz piada de situações cotidianas.

● MINHA COLEÇÃO DE PALAVRAS

Escreva o significado de cada expressão abaixo.

- Grau: _____

- Expressão numérica: _____

- Setor: _____

UNIDADE 4

A MATEMÁTICA EM JOGOS E BRINCADEIRAS

- O que você vê nesta cena?
- Você conhece as brincadeiras mostradas? Já brincou de algo parecido? Descreva.

227

CAPÍTULO 10

A MATEMÁTICA DOS JOGOS

● PROBABILIDADE

Lúcia e Luís são vizinhos. Sempre que podem, eles brincam de chutes a gol em uma praça perto de suas casas.

COMO VAMOS DECIDIR QUEM COMEÇA A CHUTAR?

PODEMOS JOGAR **CARA OU COROA**!

ISSO! EU ESCOLHO "CARA".

ENTÃO, VOCÊ GANHA SE SAIR "CARA" NA FACE PARA CIMA DA MOEDA E EU GANHO SE SAIR "COROA".

1 Observe a moeda ao lado.

Na moeda de 1 real, a face "cara" tem a efígie da República.

As imagens desta página não estão representadas em proporção.

a) Você já jogou **Cara ou coroa** para descobrir quem começa uma brincadeira ou em outras situações? Em quais situações você jogou **Cara ou coroa**?

b) O que você costuma escolher: "cara" ou "coroa"?

c) Quem você acha que tem maior chance de ganhar: a pessoa que escolheu "cara" ou a pessoa que escolheu "coroa"?

d) Reveja a imagem acima. Quem ganhou no **Cara ou coroa**? Justifique.

2 Vamos ver agora como a Matemática pode ser usada para medir a chance de ganhar em um **Cara ou coroa**. Complete o raciocínio abaixo.

Ao jogar uma moeda para cima, tenho _____ resultados possíveis na face para cima da moeda: "cara" ou "coroa". Quando escolho "cara", estou escolhendo _____ possibilidade de resultado.

> Representamos a medida da chance ou a **probabilidade** de algo acontecer por uma fração ou pela porcentagem correspondente a essa fração.

A probabilidade de sair "cara" no lançamento de uma moeda é 1 possibilidade em 2 resultados possíveis (ou, simplesmente, 1 em 2). Expressamos essa probabilidade assim:

$$\frac{\text{quantidade de possibilidades de sair "cara"}}{\text{quantidade de resultados possíveis}} = \frac{1}{2} \text{ ou } 50\%$$

3 Agora complete o raciocínio: ao jogar uma moeda para cima, tenho _____ resultados possíveis na face para cima da moeda: "cara" ou "coroa". Quando escolho "coroa", estou escolhendo _____ possibilidade de resultado. Assim, a probabilidade de sair "coroa" é —— ou _____ %.

4 Com um colega, joguem **Cara ou coroa** 10 vezes.

a) Marquem com um **X** o resultado de cada jogada no quadro abaixo.

Jogada / Resultado	1ª	2ª	3ª	4ª	5ª	6ª	7ª	8ª	9ª	10ª
Cara										
Coroa										

b) Quantas vezes vocês obtiveram a face "cara" voltada para cima? E quantas vezes obtiveram a face "coroa"?

_____

c) Pergunte a outras 9 duplas da turma quantas vezes eles obtiveram "cara" e quantas vezes obtiveram "coroa" em seus lançamentos. Registre abaixo.

- Quantidade de faces "cara" nas 10 duplas: _____
- Quantidade de faces "coroa" nas 10 duplas: _____

d) Essas quantidades são próximas?

e) Que porcentagem representa a quantidade de vezes em que saiu "cara" em relação ao total de lançamentos das 10 duplas? Essa porcentagem é próxima da porcentagem que representa a probabilidade de sair "cara" no lançamento de uma moeda?

_____

5 Você acha importante saber a probabilidade de alguma coisa acontecer? Por quê? Converse com os colegas e o professor.

6 Imagine que você lançou uma moeda 80 vezes.

a) Complete: a probabilidade de obter "coroa" em cada lançamento é _____ ou _____%.

b) De acordo com essa probabilidade, quantas vezes deveria sair "cara" nos 80 lançamentos?

_____

c) Pense na sua reposta ao item **b** acima e no resultado do experimento que você fez na atividade **4**. É correto dizer que a resposta do item **b** acima é uma resposta exata? Justifique.

_____

_____

7 Júlia guardou em uma caixa 10 canetas idênticas, mas de cores diferentes. Ela fechou a caixa e fez um buraco para colocar a mão, de modo que não fosse possível ver a cor das canetas. Então, Júlia pediu a Plínio que retirasse 1 caneta da caixa.

a) Quantas canetas diferentes Plínio pode retirar dessa caixa? Então, qual é o total de resultados possíveis nessa situação?

_____

_____

b) Das canetas que Júlia guardou na caixa, 3 são azuis e 7 são pretas. Então, quantas possibilidades Plínio tem de retirar 1 caneta azul?

_____

c) Complete: a probabilidade de Plínio retirar 1 caneta azul é _____ ou _____%, e a probabilidade de retirar 1 caneta preta é _____ ou _____%.

8 Helen encontrou um baú de tesouro enquanto jogava **Aventura medieval**. Quando abrir o baú, ela vai ganhar 1 dos 7 itens disponíveis, e a probabilidade de ganhar cada item é a mesma. Desses 7 itens, 3 são cântaros, 2 são algibeira de moedas e o restante são odres de água.

a) Procure em um dicionário o significado das palavras **cântaro**, **algibeira** e **odre**.

- Cântaro: _____
- Algibeira: _____
- Odre: _____

b) Indique a probabilidade de Helen abrir o baú e receber cada um dos itens.

- 1 cântaro: ——
- 1 algibeira: ——
- 1 odre: ——

9 Em uma loja de brinquedos, todas as pessoas que fizerem uma compra podem girar a roleta ao lado e ganhar um brinde. A probabilidade de a roleta parar em cada parte com um brinde é a mesma.

a) Em quantas partes essa roleta está dividida?

_____

b) Qual brinde tem a maior probabilidade de ser obtido ao girar a roleta? Por quê?

_____

c) Qual brinde tem a segunda maior probabilidade de ser obtido? Por quê?

_____

d) Qual brinde tem a menor probabilidade de ser obtido? Por quê?

_____

e) Indique abaixo a probabilidade de receber cada brinde ao girar a roleta. A probabilidade de obter o chaveiro já está indicada.

- Chaveiro: $\frac{3}{10}$ ou 30%.
- Bexiga: —— ou _____ %.
- Livro: —— ou _____ %.
- Quebra-cabeça: —— ou _____ %.

Flavio Pereira/Arquivo da editora

FRAÇÕES NA RETA NUMERADA

Você estudou como representar decimais na reta numerada. Você também pode representar frações na reta numerada! Observe as frações $\frac{1}{10}$, $\frac{1}{5}$, $\frac{1}{2}$ e $\frac{2}{3}$.

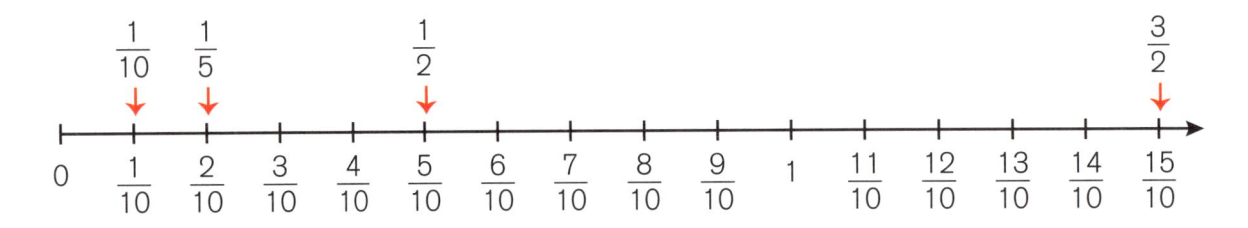

1 Agora, é com você!

a) Escreva uma fração que possa ser associada a cada localização indicada na reta numerada abaixo.

b) Qual estratégia você usou para obter essas frações? Conte para um colega e ouça a estratégia usada por ele.

2 Agora, represente os números $\frac{7}{5}$, $\frac{9}{15}$ e $1\frac{1}{10}$ na reta numerada abaixo.

3 Você lembra como adicionar frações? Resolva as adições de frações abaixo e indique o resultado na forma de fração e na forma decimal.

- $\frac{1}{2} + \frac{7}{2} = \underline{\qquad} = \underline{\qquad}$

- $\frac{17}{18} + \frac{14}{9} + \frac{1}{2} + \frac{6}{3} = \underline{\qquad} = \underline{\qquad}$

- $\frac{1}{6} + \frac{3}{4} + 3\frac{1}{3} = \underline{\qquad} = \underline{\qquad}$

4 Preencha a reta numerada abaixo de modo que os resultados das adições de frações da atividade **3** possam ser representados por seus tracinhos.

Lembre-se: Uma reta numerada é dividida em partes iguais.

5 A professora Marta inventou um jogo chamado **Roleta das frações**. Cada aluno escolhe um denominador entre 1 e 10 para suas frações e roda a roleta 3 vezes: os números que saem na roleta serão os numeradores das frações. Em seguida, cada aluno deve adicionar as 3 frações. Vence a partida quem obtiver resultado 1 na adição das frações.

a) Escreva abaixo o resultado das adições das frações dos jogadores.

- Bruna: $\dfrac{1}{6} + \dfrac{4}{6} + \dfrac{1}{6} =$ _____
- Edson: $\dfrac{3}{2} + \dfrac{5}{2} + \dfrac{1}{2} =$ _____
- Alberto: $\dfrac{2}{9} + \dfrac{1}{9} + \dfrac{2}{9} =$ _____
- Daniel: $\dfrac{1}{7} + \dfrac{2}{7} + \dfrac{2}{7} =$ _____
- Fabiana: $\dfrac{5}{10} + \dfrac{4}{10} + \dfrac{3}{10} =$ _____
- Carla: $\dfrac{2}{8} + \dfrac{1}{8} + \dfrac{5}{8} =$ _____

b) Quais jogadores obtiveram resultado 1? E quais obtiveram mais do que 1 como resultado?

_____

_____

c) Represente as frações obtidas por Bruna, Alberto e Carla na reta numerada abaixo.

d) Você acha que os números 1 e 2 são boas escolhas para o denominador das frações? Converse com os colegas.

MULTIPLICAÇÃO DE FRAÇÕES

Fabiano está preparando uma oficina de dobraduras com seus alunos. Para isso, ele dividiu uma folha de papel colorido em 20 pedaços iguais e fez a dobradura de 2 corujas, 3 araras e 8 flores. Para cada dobradura, ele usou 1 pedaço da folha.

1 Pense na quantidade de pedaços de papel que Fabiano usou nas dobraduras.

a) Que fração da folha de papel colorido Fabiano usou para fazer cada dobradura de arara? Registre-a: ——

b) Usando uma adição, calcule a fração da folha que Fabiano usou para fazer as 3 dobraduras de arara: —— + —— + —— = ——

Você já sabe que pode representar uma adição de parcelas iguais por uma multiplicação. Assim, para calcular a fração da folha que Fabiano usou para fazer as 3 dobraduras de arara, podemos multiplicar a fração por 3. E, para resolver essa multiplicação, multiplicamos o numerador da fração por 3 e repetimos seu denominador.

$$\frac{1}{20} + \frac{1}{20} + \frac{1}{20} = 3 \times \frac{1}{20} = \frac{3 \times 1}{20} = \frac{3}{20}$$

c) Usando uma multiplicação, calcule a fração da folha que Fabiano usou para fazer as 8 dobraduras de flor: ——— × —— = ——

2 Represente cada adição de frações abaixo com uma multiplicação.

a) $\frac{1}{5} + \frac{1}{5} + \frac{1}{5} + \frac{1}{5} =$ ——— × —— = ——

b) $\frac{2}{7} + \frac{2}{7} + \frac{2}{7} + \frac{2}{7} + \frac{2}{7} + \frac{2}{7} =$ ——— × —— = ——

c) $\frac{5}{2} + \frac{5}{2} + \frac{5}{2} =$ ——— × —— = ——

d) $\frac{15}{45} + \frac{15}{45} + \frac{15}{45} + \frac{15}{45} + \frac{15}{45} + \frac{15}{45} =$ ——— × —— = ——

e) $\frac{102}{1\,000} + \frac{102}{1\,000} + \frac{102}{1\,000} =$ ——— × ——— = ———

3 Ana fez a lista de compras abaixo e, em seguida, comprou esses produtos pela internet.

2 kg de macarrão
2 kg de pó de café
3 latas de azeite de 500 mL cada

a) Ana comprou 4 pacotes de macarrão, cada um com $\frac{1}{2}$ kg. Ela comprou a quantidade de macarrão de sua lista?

_____

b) Ela comprou 6 pacotes de pó de café com $\frac{1}{4}$ kg em cada um. Ela comprou a quantidade de pó de café de sua lista?

_____

c) Se Ana comprou 5 latas de azeite com $\frac{1}{4}$ L em cada uma, então quantos mililitros de azeite ela comprou a mais do que registrou em sua lista?

_____

_____

MÉDIA ARITMÉTICA

Acompanhe o diálogo da professora com o aluno Guilherme.

> PROFESSORA, QUAL SERÁ MINHA NOTA DE MATEMÁTICA NESTE SEMESTRE?

> GUILHERME, PARA SABER SUA NOTA, VOCÊ PRECISA FAZER A **MÉDIA ARITMÉTICA** DE SUAS AVALIAÇÕES.

1 Você já ouviu a expressão **média aritmética**? Sabe o que ela significa?

2 Leia as manchetes abaixo, de reportagens do dia 31 de maio de 2016.

Instabilidade provoca chuvas acima da média em Londrina em maio

G1-GLOBO. **Paraná**. Disponível em: <http://g1.globo.com/pr/norte-noroeste/noticia/2016/05/instabilidade-provoca-chuvas-acima-da-media-em-londrina-em-maio.html>. Acesso em: 3 jun. 2016.

Seleção feminina de basquete deve ter média de idade alta na Rio-2016

O GLOBO. **Rio-2016**. Disponível em: <http://oglobo.globo.com/esportes/selecao-feminina-de-basquete-deve-ter-media-de-idade-alta-na-rio-2016-19409880#ixzz4AXXt0myS>. Acesso em: 3 jun. 2016.

Cantareira fecha maio com chuva acima da média

TERRA. **Notícias**. Disponível em: <http://noticias.terra.com.br/climatempo/cantareira-fecha-maio-com-chuva-acima-da-media,17b2f9dbf48b54df2e42ba4277754fb8gjv7du2l.html>. Acesso em: 3 jun. 2016.

a) Contorne a palavra **média** nas manchetes acima. O que você acha que significa essa palavra em cada manchete?

b) Pesquise a manchete de uma reportagem que use as palavras **média** ou **médio** e copie-a abaixo.

_____

_____

3 Como os professores de sua escola calculam as notas dos alunos ao final de um período? Se não souber, pergunte a um dos professores.

_____

> Nas escolas, é comum as notas serem calculadas ao final de um período, que pode ser a cada bimestre, trimestre, quadrimestre ou semestre.

Em algumas escolas, a nota que os alunos recebem ao final de um período é calculada pela **média aritmética** das avaliações que o aluno fez no período.

> IMAGINE QUE UM ALUNO FEZ 2 AVALIAÇÕES E TIROU 8,5 NA PRIMEIRA E 6,5 NA SEGUNDA.
>
> 1ª avaliação = nota 8,5
> 2ª avaliação = nota 6,5
>
> ADICIONANDO 8,5 E 6,5 TEMOS O TOTAL DE 15 PONTOS OBTIDOS NAS 2 AVALIAÇÕES. DIVIDIMOS ESSES PONTOS IGUALMENTE POR 2, QUE É A QUANTIDADE DE AVALIAÇÕES, E OBTEMOS 7,5.
>
> ENTÃO, DIZEMOS QUE A MÉDIA ARITMÉTICA DESSAS NOTAS É 7,5.

- A **média aritmética** de um conjunto de números, ou simplesmente **média**, é a soma desses números dividida pela quantidade de números adicionados.

4 Guilherme fez 2 avaliações de Ciências. Na primeira avaliação, ele obteve nota 7 e na segunda, nota 9. Qual é a média aritmética das notas de Guilherme nessa disciplina?

_____

Atenção! Nesta atividade você vai adicionar as 4 notas e dividir o resultado por 4 para calcular a média aritmética.

5 Na escola de Júlia, os alunos fazem 4 avaliações por semestre em cada disciplina. Em Língua Portuguesa, Júlia tirou 6,5 na primeira avaliação, 7,25 na segunda, 8,4 na terceira e 7,45 na última.

a) Qual é a média aritmética das notas de Júlia em Língua Portuguesa?

_____

b) As notas de cada avaliação de Júlia são iguais à média aritmética das notas?

_____

6 Em um campeonato de futebol escolar, cada time disputou 10 partidas. Veja abaixo a quantidade de gols que um dos times marcou em cada partida.

Gols marcados por partida

Partida	1ª	2ª	3ª	4ª	5ª	6ª	7ª	8ª	9ª	10ª
Quantidade de gols	2	3	0	1	1	3	1	4	1	4

Tabela elaborada para fins didáticos.

a) Qual é a média aritmética de gols marcados por partida por esse time?

_____

b) Em quais partidas esse time marcou menos gols do que a média aritmética por partida? Contorne na tabela.

c) Outro time que participou desse campeonato teve média aritmética de 3 gols por partida. Quantos gols esse time fez em cada partida?

_____

_____

7 Bernardo anota quantos quilômetros ele percorre com seu carro por mês. Quando foi anotar a quantidade de quilômetros percorridos em agosto, ele percebeu que algumas das suas anotações estavam apagadas.

Janeiro: 1438 km   Fevereiro: 875 km   Março: _____ km
Média aritmética do 1º trimestre: 1272 km

Abril: 1516 km   Maio: _____ km   Junho: 577 km
Média aritmética do 2º trimestre: 1272 km

a) Complete as anotações de Bernardo.

b) Observe as quilometragens percorridas em cada mês e a média de cada trimestre. É possível que números diferentes resultem em uma média aritmética igual?

_____

8 Vamos fazer uma pesquisa!

a) Pergunte a idade e a altura de 6 familiares e amigos e anote-as na tabela abaixo.

Idade e altura dos familiares e amigos

Idade						
Altura						

b) Calcule a média aritmética da idade e a média aritmética da altura dessas pessoas.

- Média aritmética da idade: _____
- Média aritmética da altura: _____

c) Contorne as idades que estão acima da média e pinte as alturas que estão abaixo da média.

QUILOGRAMA, GRAMA E MILIGRAMA

Você já sabe que litro e mililitro são unidades de medida de capacidade. Também já sabe que quilômetro, metro, centímetro e milímetro são unidades de medida de comprimento.

Agora você vai estudar uma unidade de medida de massa que é menor do que o grama.

1 Pense nos prefixos das unidades de medida que você conhece e complete abaixo.

1 _____grama = 1000 gramas ou
   prefixo

1 grama = $\dfrac{1}{1000}$ _____grama = 0,001 quilograma
             prefixo

1 grama = 1000 _____gramas ou
            prefixo

1 _____grama = $\dfrac{1}{1000}$ grama = 0,001 grama
 prefixo

2 Complete as conversões abaixo.

a) 1,5 g = _____ mg

b) 250 mg = _____ g

c) 0,523 kg = _____ g = _____ mg

d) _____ kg = _____ g = _____ mg

3 Leia a frase abaixo.

> A palavra **milímetro** significa "milésimo de metro" e a palavra **mililitro** significa "milésimo de litro".

a) Você concorda com a frase acima? Se não concorda, corrija essa frase.

b) Tendo essa frase como exemplo, escreva o significado da palavra **miligrama**.

> Abreviamos a unidade de medida de massa **miligrama** como **mg**.

4 Você já viu algum produto que é vendido em miligramas? Converse com os colegas e cite exemplos.

5 Pesquise 2 exemplos de produtos ou de componentes de produtos cuja massa é indicada em miligramas. Você pode perguntar para alguém de sua casa.

_____

_____

6 Observe a embalagem de um produto alimentício que você costuma consumir. A tabela nutricional desse produto mostra a quantidade de alguns componentes em unidades de medida de massa.

a) Recorte a tabela nutricional da embalagem, com uma tesoura de pontas arredondadas, e cole-a no espaço abaixo.

b) Contorne na tabela nutricional que você colou acima os componentes que estão indicados em miligramas.

c) Converta os valores que estão em miligramas nessa tabela para gramas.

_____

_____

_____

d) Converta os valores que estão em gramas nessa tabela para miligramas.

_____

_____

_____

COMPOSIÇÃO DE FIGURAS

Luana gosta de brincar com um jogo eletrônico de encaixar peças. Nesse jogo, enquanto cada peça desce pela tela, o jogador deve movê-la para os lados e organizá-la preenchendo os espaços. Quando todos os espaços de uma linha estão preenchidos, a linha some da tela e o jogador ganha pontos. Veja abaixo 2 níveis que Luana jogou.

Nível 1: fundo quadriculado.

Nível 2: fundo triangulado.

1 Observe as peças e as telas dos 2 níveis do jogo.

a) As peças apresentadas têm a forma de quais polígonos?

_____

_____

b) Em cada nível do jogo, as peças são formadas pela composição de polígonos iguais. Como são chamados esses polígonos?

_____

_____

c) Em qual dos níveis Luana usou peças com a forma de hexágonos? No mínimo quantos triângulos são necessários para formar essas peças?

_____

_____

d) No outro nível é possível usar peças com a forma de hexágonos? Justifique.

_____

_____

2 Observe a forma da próxima peça que vai descer pela tela em cada jogo abaixo. Escreva o nome do polígono e pinte como Luana pode encaixar essa peça de modo a completar 1 ou mais linhas.

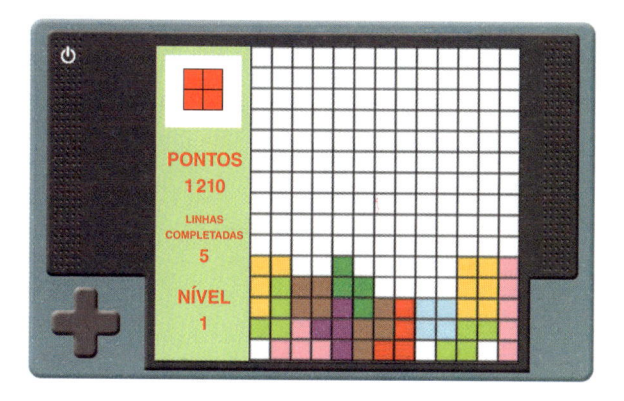

a) _____   b) _____

3 Ainda no nível 2 desse jogo, Luana teve que encaixar as peças abaixo.

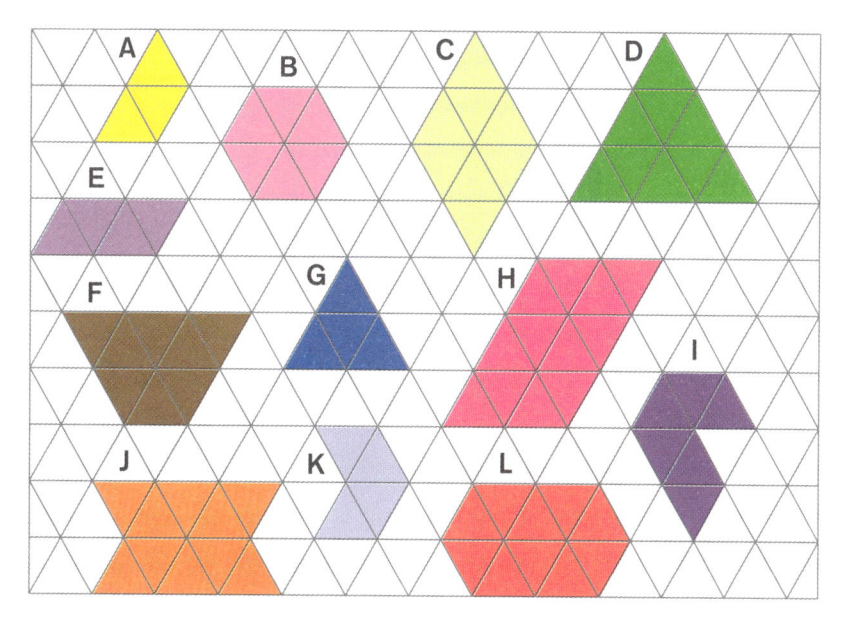

a) Contorne as letras das peças que não têm a forma de quadriláteros.

b) Classifique essas peças entre as opções abaixo.

- Têm a forma de polígono: _____
- Não têm a forma de polígono: _____
- Têm a forma de paralelogramo: _____
- Têm a forma de trapézio: _____

4 Pense nos seguintes polígonos: triângulo, quadrado, retângulo, paralelogramo, losango e trapézio.

a) Pintando os triângulos da malha triangulada abaixo, tente representar um exemplo de cada um desses polígonos.

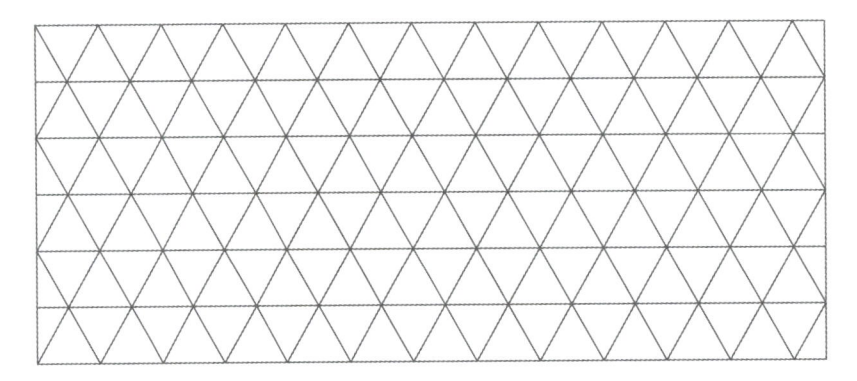

b) Indique abaixo quais polígonos você conseguiu pintar nessa malha e quais você não conseguiu. Confira sua resposta com a dos colegas.

- Consegui pintar: _____
- Não consegui pintar: _____

c) Agora, pintando os quadradinhos da malha quadriculada abaixo, tente representar um exemplo de cada um dos polígonos citados.

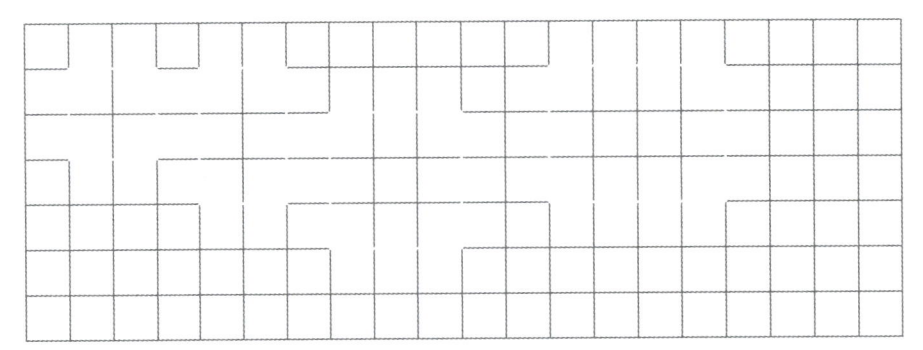

d) Indique abaixo quais polígonos você conseguiu pintar nessa malha e quais você não conseguiu. Confira sua resposta com a dos colegas.

- Consegui pintar: _____
- Não consegui pintar: _____

e) Converse com os colegas sobre o motivo de você conseguir pintar apenas alguns polígonos nessas malhas. Converse também sobre o motivo de você conseguir pintar alguns dos polígonos em uma das malhas e na outra não.

244

5 Inspirada em seu jogo eletrônico, Luana pintou os mosaicos abaixo.

Pinte cada mosaico deixando-o simétrico em relação ao eixo de simetria vermelho.

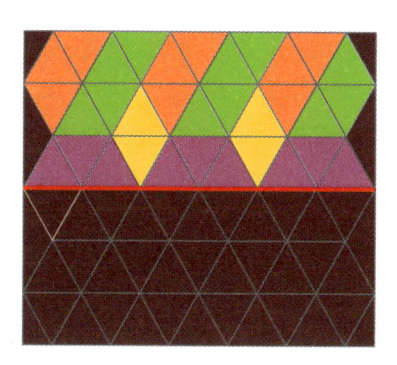

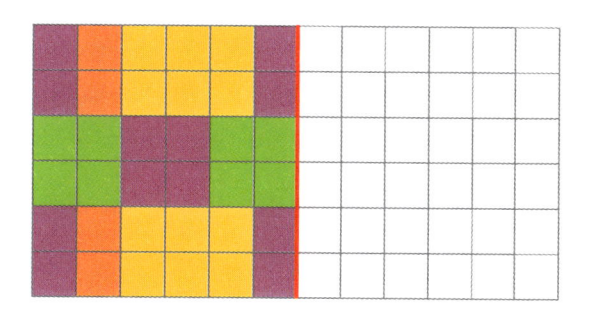

6 Vamos fazer mais mosaicos!

a) Crie um mosaico do lado direito da malha hexagonal abaixo.

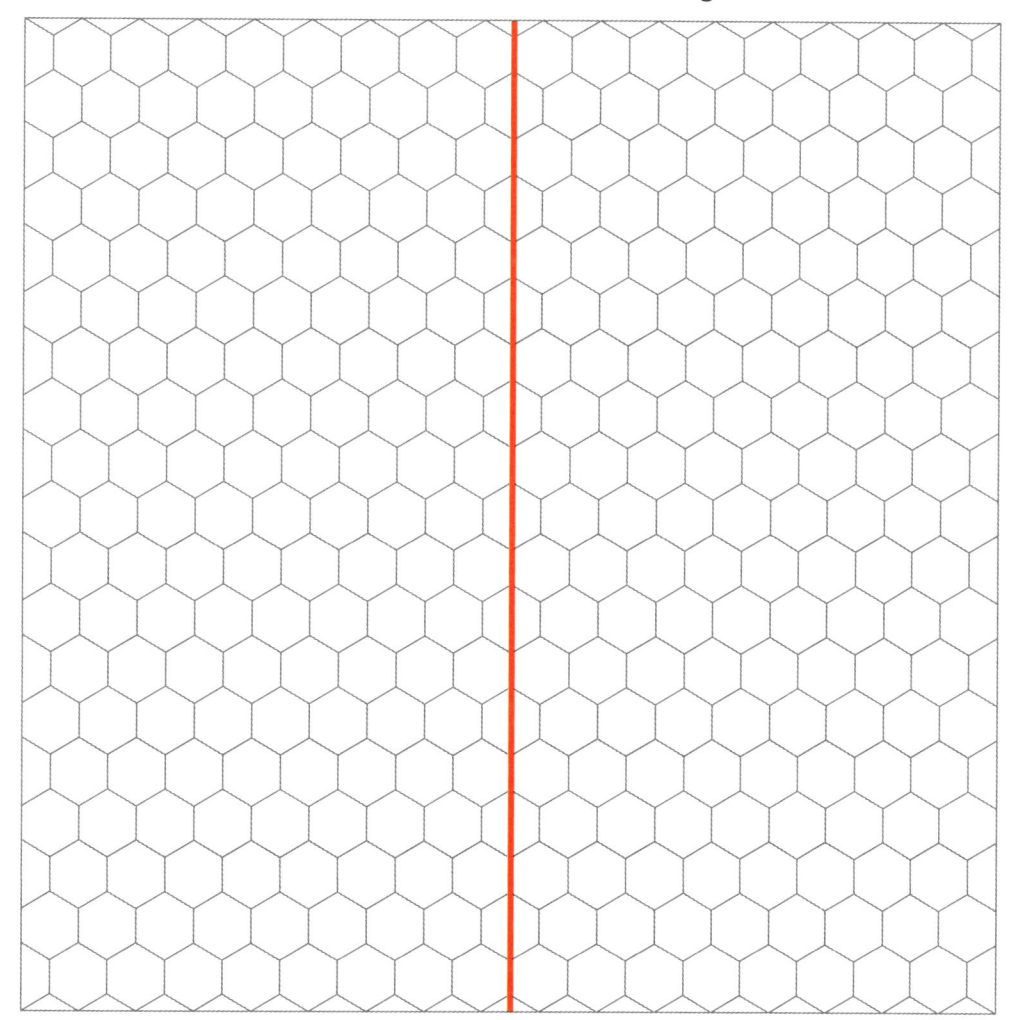

b) Agora, peça para um colega completar o mosaico acima de modo que ele fique simétrico em relação ao eixo de simetria vermelho.

GRÁFICO DE SETORES E GRÁFICO DE COLUNAS

Após terminar cada nível do jogo, Luana pode consultar tabelas e gráficos que mostram algumas informações dos níveis que ela já completou.

1 Após o nível 20, Luana consultou a tabela com os dados da maior pontuação que ela obteve em cada nível. Veja abaixo a porcentagem de níveis em que ela atingiu a pontuação de cada intervalo.

Quantidade de níveis em cada intervalo de pontuação

Pontuação	Quantidade de níveis (em porcentagem)
Menos de 1 000 pontos	15%
De 1 001 pontos a 2 000 pontos	5%
De 2 001 pontos a 3 000 pontos	25%
De 3 001 pontos a 4 000 pontos	45%
Mais de 4 000 pontos	10%

Tabela elaborada para fins didáticos.

a) O gráfico de setores abaixo está dividido em partes iguais. Preencha-o com os dados da tabela acima. Não se esqueça de indicar o título do gráfico e as porcentagens de cada setor.

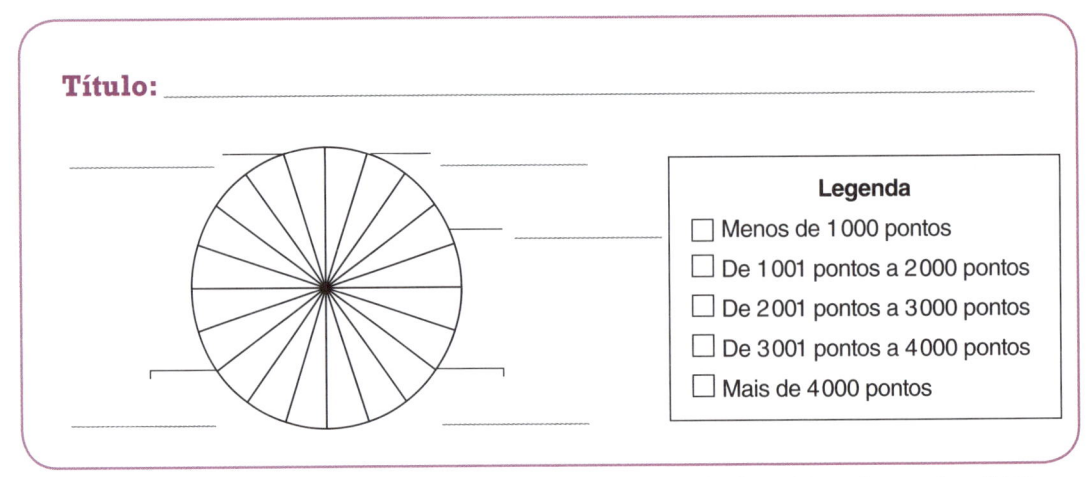

Título: _____

Legenda
☐ Menos de 1 000 pontos
☐ De 1 001 pontos a 2 000 pontos
☐ De 2 001 pontos a 3 000 pontos
☐ De 3 001 pontos a 4 000 pontos
☐ Mais de 4 000 pontos

Gráfico elaborado para fins didáticos.

b) Crie uma pergunta sobre esse gráfico cuja resposta seja **30%**.

2 Luana gosta de jogar várias vezes os níveis do jogo para tentar completar cada vez mais linhas. A tabela abaixo mostra seu recorde de linhas completadas nos primeiros 10 níveis do jogo.

Recorde de linhas completadas

Nível	1	2	3	4	5	6	7	8	9	10
Quantidade de linhas completadas	35	25	31	11	23	27	6	25	26	4

Tabela elaborada para fins didáticos.

a) Desenhe as colunas no gráfico de barras abaixo de acordo com os dados da tabela acima. Indique o título do gráfico, o nome dos eixos e a quantidade que cada coluna representa.

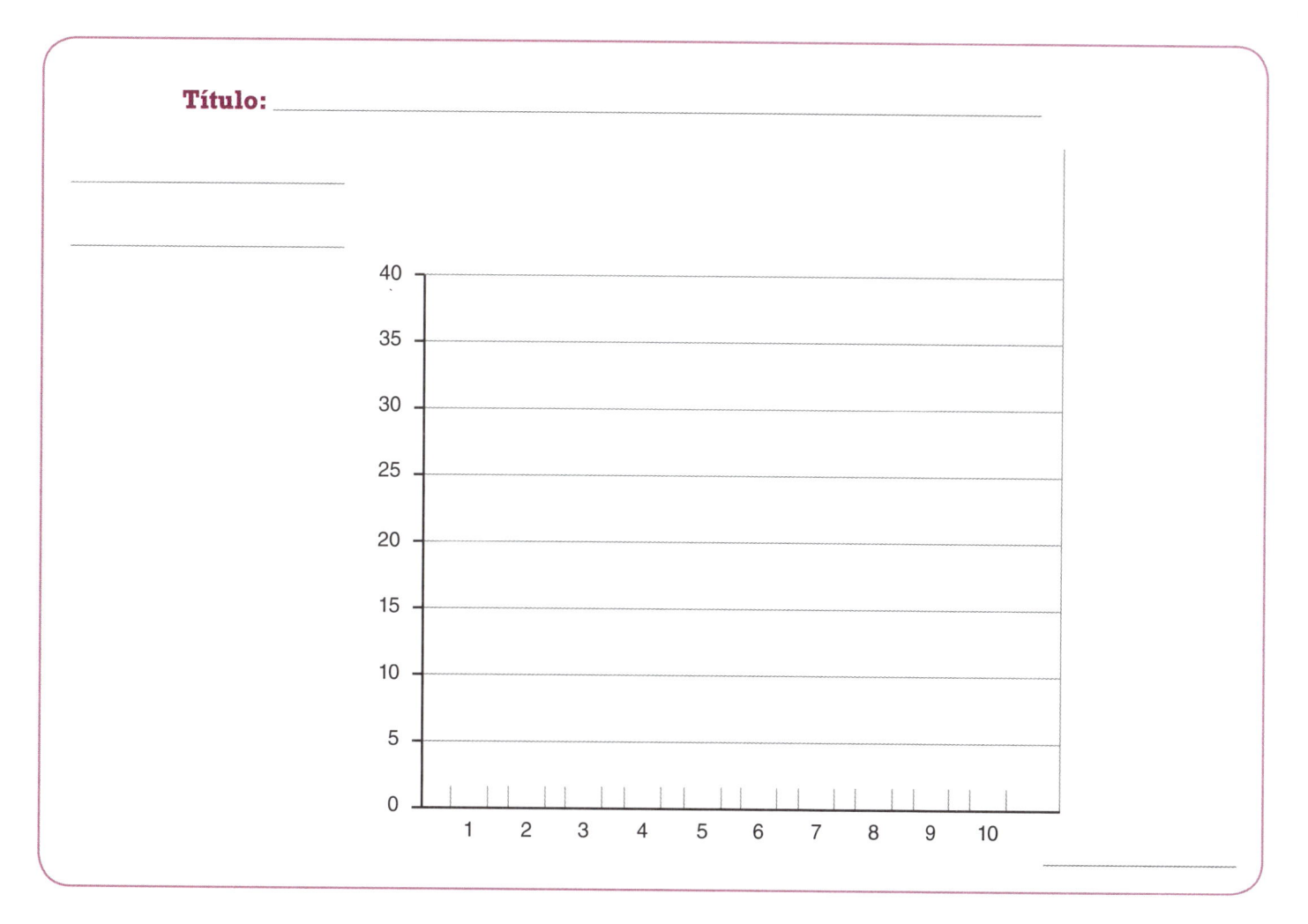

Título: _____

b) Você já brincou com jogos eletrônicos que possuem níveis? Já refez algum nível que já tinha completado? Se sim, então por que você refez os níveis? Converse com os colegas.

ATIVIDADES DO CAPÍTULO

1. Todos os dias, a professora Soraia faz um sorteio para escolher um aluno para ajudá-la durante a aula. Veja ao lado todos os alunos de sua turma. Cada aluno tem a mesma chance de ser sorteado.

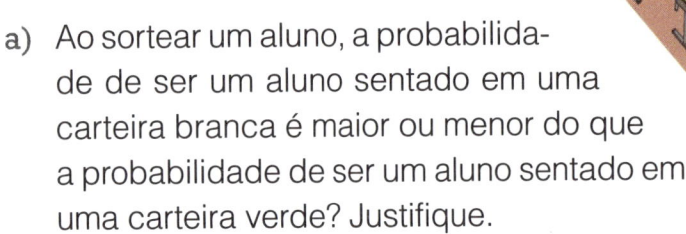

    a) Ao sortear um aluno, a probabilidade de ser um aluno sentado em uma carteira branca é maior ou menor do que a probabilidade de ser um aluno sentado em uma carteira verde? Justifique.

    _____
    _____
    _____

    b) Ao sortear um aluno, é mais provável que seja um aluno que está na 1ª fileira de carteiras ou na última fileira?

    _____

2. Calcule o resultado de cada multiplicação abaixo. Em seguida, simplifique-a.

    a) $5 \times \dfrac{1}{5} = $ _____ = _____

    b) $5 \times \dfrac{17}{20} = $ _____ = _____

    c) $5 \times \dfrac{8}{132} = $ _____ = _____

    d) $10 \times \dfrac{13}{5} = $ _____ = _____

3. Localize as frações $\dfrac{5}{5}$, $1\dfrac{5}{10}$, $\dfrac{10}{5}$ e $\dfrac{5}{2}$ na reta numerada abaixo.

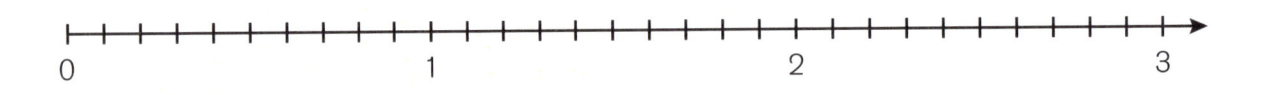

RESOLVENDO PROBLEMAS

- Os elevadores costumam trazer informações como a da foto ao lado.

    a) De acordo com essa placa, se 6 pessoas entrarem juntas no elevador, então quantos quilogramas cada uma delas deve ter em média?

    _____

    b) Uma dúzia de pessoas vai usar um elevador com uma placa igual a essa e, para isso, elas farão 2 viagens. Observe abaixo a massa de cada pessoa e, em seguida, organize-as em 2 grupos de modo que a média de suas massas, em cada grupo, seja igual ou menor do que a média que você calculou no item anterior.

    - Isabela: 63,22 kg
    - Catarina: 75,84 kg
    - Leila: 78,49 kg
    - Tamires: 81,20 kg
    - Mariana: 73,5 kg
    - Flávia: 80,25 kg
    - Ricardo: 81,55 kg
    - Oscar: 95,8 kg
    - Leandro: 78,45 kg
    - Alfredo: 72,59 kg
    - Caio: 85,68 kg
    - Marcos: 92,17 kg

    _____
    _____

    c) Agora, organize essas pessoas em 3 grupos de modo que a massa total delas, em cada grupo, não ultrapasse a carga máxima indicada pela placa no elevador. Indique o nome das pessoas e a massa total de cada grupo que você criou.

    Grupo 1

    Pessoas: _____ Massa total: _____ kg

    Grupo 2

    Pessoas: _____ Massa total: _____ kg

    Grupo 3

    Pessoas: _____ Massa total: _____ kg

TRABALHANDO COM JOGOS

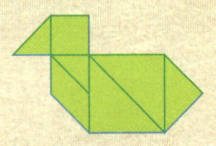

FIGURAS COM TANGRAM

Número de jogadores: 4

Como jogar

- Cada jogador deve destacar seu conjunto de peças do tangram do **Material Complementar**.
- Um a um, os jogadores devem escolher uma das figuras desenhadas nesta e na próxima página. Cada jogador deve escolher uma figura diferente da escolhida pelos outros jogadores.
- Juntos, todos os jogadores devem começar a montar sua figura escolhida, colocando as peças do tangram lado a lado, sem sobreposição e com a parte colorida da peça para cima. Quem terminar primeiro de montar sua figura ganha 1 ponto.
- Todos os jogadores devem terminar de montar suas figuras antes de passarem para a próxima rodada. Se necessário, o jogador que montou sua figura primeiro pode ajudar os demais jogadores.
- Para a próxima rodada, repete-se a escolha e a montagem das figuras. Porém, nenhum jogador pode escolher uma figura que já tenha sido montada em alguma rodada anterior, ou seja, as figuras usadas nas rodadas anteriores não podem ser escolhidas novamente.
- A partida acaba quando não restarem mais figuras para montar, e vence a partida quem tiver mais pontos.

MATERIAL NECESSÁRIO

- Peças do tangram do **Material Complementar**

250

Pensando sobre o jogo

Na Unidade anterior você leu 2 textos sobre o tangram. Então você já sabe que, com essas peças, é possível montar cerca de 1700 figuras diferentes. Nesse jogo, você e seus colegas montaram 32 dessas figuras.

1. As peças do tangram têm a forma de polígonos. Quais são os nomes desses polígonos e quantos são?

2. Faça os desenhos descritos abaixo.

   a) Um quadrado usando 2 peças do tangram com a forma triângulos.

   b) Um quadrado usando quaisquer 4 peças do tangram.

   c) Um triângulo usando 2 peças do tangram com a forma triângulos.

   d) Um triângulo usando 4 peças do tangram com a forma triângulos.

   e) Um triângulo usando quaisquer 3 peças do tangram.

   f) Um quadrado usando todas as peças do tangram.

3. Compare as peças do tangram que têm a forma de triângulos (2 triângulos grandes, 1 triângulo médio e 2 triângulos pequenos).

   a) Que fração do triângulo médio representa cada triângulo pequeno? ——

   b) Que fração do triângulo grande representa cada triângulo pequeno? ——

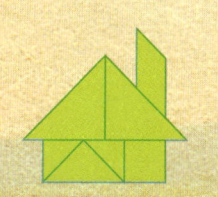

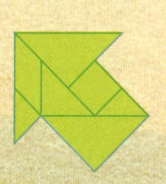

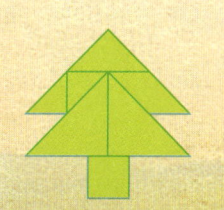

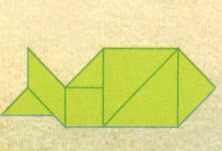

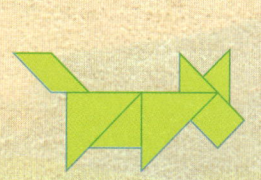

CAPÍTULO 11

QUEM PARTE REPARTE...

MEDIDAS DE TEMPO

Leia o texto abaixo, que conta um pouco da história dos Jogos Olímpicos da Antiguidade e da Era Moderna.

De onde surgiram os Jogos Olímpicos?

Os Jogos Olímpicos surgiram na Grécia. Os antigos gregos promoviam competições de atletismo em Olímpia, no Peloponeso. Os primeiros registros escritos desses eventos remontam a 776 a.C.

Os Jogos aconteciam a cada quatro anos [...]. Deles participavam apenas homens livres de cidadania grega, o que significava que escravos, mulheres e estrangeiros não podiam participar das competições. As mulheres nem podiam sequer assistir às disputas. [...]

Os Jogos da Era Moderna foram criados pelo barão francês Pierre de Coubertin. [...] Quando, no século XVIII, os arqueólogos descobriram o sítio de Olímpia, surgiu um grande interesse pelos Jogos da Antiguidade. Ao longo do século XIX, foram feitas várias tentativas de recriar os Jogos [...].

[...] Por que Coubertin foi bem-sucedido quando tantos outros tinham fracassado? Seu brilhantismo foi dar imediatamente aos Jogos uma dimensão internacional, considerando-os parte de uma estratégia mais ampla de educação por meio do esporte. [...]

Ele alcançou seu objetivo com a criação do Comitê Olímpico Internacional em Paris, no dia 23 de junho de 1894, e com a realização dos primeiros Jogos Olímpicos da Era Moderna em Atenas, em 1896. [...]

Desde Atenas, em 1896, os Jogos Olímpicos são realizados a cada quatro anos para atletas de todo o mundo.

Os Jogos da Olimpíada (Jogos de Verão) e os Jogos de Inverno compõem os Jogos Olímpicos. O período de quatro anos que separa os Jogos de Verão chama-se Olimpíada.

Você conhece os Jogos Olímpicos?, de Comitê Olímpico Internacional (COI). Tradução de Alexandre Martins. Rio de Janeiro: Casa da Palavra, 2007. p. 2-6.

Ex-jogador de vôlei Nalbert carregando a tocha olímpica em Belo Horizonte (MG). Foto de 2016.

1 Considere as informações do texto da página anterior.

a) O texto menciona que nem todas as pessoas podiam participar dos Jogos Olímpicos da Antiguidade. Quem não podia participar desses Jogos?

_____

b) Quais unidades de medida de tempo são citadas nesse texto?

_____

c) O imperador bizantino Teodósio I aboliu os Jogos Olímpicos em 393 d.C. Por quantos anos os Jogos Olímpicos deixaram de ser realizados?

_____

d) De qual outro evento olímpico esportivo você já ouviu falar?

e) Em 1896 aconteceram os primeiros Jogos Olímpicos da Era Moderna. Registre abaixo em quais anos aconteceram os Jogos Olímpicos seguintes.

2º Jogos Olímpicos: _____   6º Jogos Olímpicos: _____

3º Jogos Olímpicos: _____   7º Jogos Olímpicos: _____

4º Jogos Olímpicos: _____   8º Jogos Olímpicos: _____

5º Jogos Olímpicos: _____   9º Jogos Olímpicos: _____

f) Divida o número que representa cada um desses anos por 4. O que ocorre com o resto das divisões? Então, a que tabuada esses números pertencem? E eles são múltiplos de que número?

_____

_____

g) Em um ano ímpar é possível ter Jogos Olímpicos? Justifique.

LINHA DO TEMPO

Gabriel e Paula são os pais de Soraia e Leandro. Eles começaram a construir uma linha do tempo com informações importantes para a família. Veja abaixo.

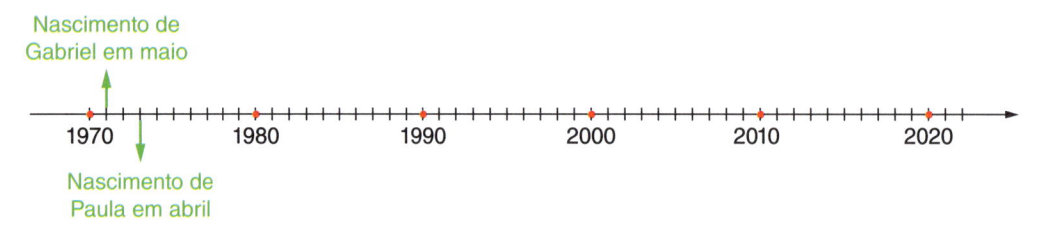

Nascimento de Gabriel em maio

1970   1980   1990   2000   2010   2020

Nascimento de Paula em abril

2 Você já tinha visto uma linha do tempo? Para que você acha que linhas do tempo são usadas?

3 Observe a linha do tempo acima.

a) Quantos anos Gabriel tem hoje?

b) Quem é mais velho: Gabriel ou Paula? Justifique.

c) Soraia nasceu no mês de janeiro e é a filha mais velha de Gabriel e Paula. Em 2016 Soraia tinha 14 anos. Em que ano ela nasceu? Marque o nascimento dela na linha do tempo.

d) Depois que Soraia completou 5 anos, Leandro nasceu no mês de julho. Em que ano ele nasceu? Marque o nascimento dele na linha do tempo.

e) Em fevereiro de 2010, Paula começou a treinar para participar de uma competição de natação em novembro de 2012. Quanto tempo antes da competição ela começou a treinar?

f) Gabriel participou de uma maratona em agosto de 1990. Quantos anos ele tinha? Há quanto tempo ele participou dessa maratona?

4 E você, em que ano nasceu? Desenhe uma linha do tempo em uma folha de papel à parte e marque nela o ano de seu nascimento e alguns acontecimentos importantes de sua vida.

5 Releia o texto **De onde surgiram os Jogos Olímpicos?** e as atividades que você realizou sobre ele. Complete a linha do tempo abaixo com as informações que faltam. Registre também o ano atual na linha do tempo.

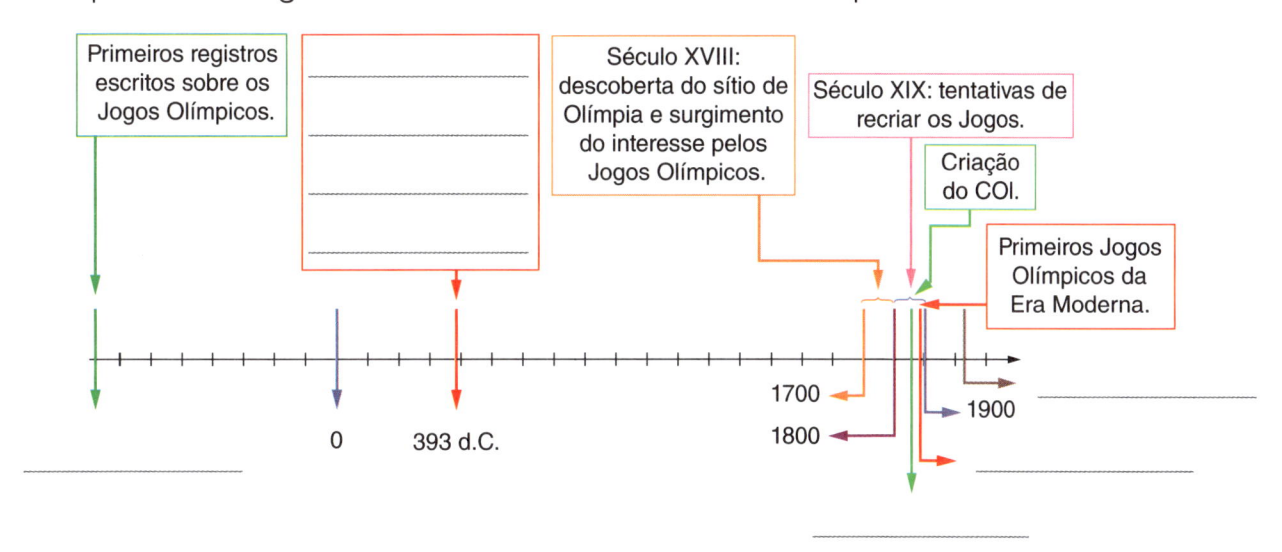

Primeiros registros escritos sobre os Jogos Olímpicos.

Século XVIII: descoberta do sítio de Olímpia e surgimento do interesse pelos Jogos Olímpicos.

Século XIX: tentativas de recriar os Jogos.

Criação do COI.

Primeiros Jogos Olímpicos da Era Moderna.

0   393 d.C.   1700   1800   1900

6 Marina faz aniversário em fevereiro e começou a frequentar o 1º ano da escola no dia do seu aniversário de 6 anos de idade. Ela estudou até o 9º ano na mesma escola e mudou de escola para fazer o Ensino Médio, que cursou em 3 anos. Depois do Ensino Médio, ela entrou para a faculdade para cursar Engenharia.

a) Qual era a idade de Marina quando ela terminou o 9º ano?

b) Se Marina concluiu a graduação em Engenharia em 5 anos, então quantos anos ela tinha ao término da graduação?

c) Desenhe uma linha do tempo em uma folha de papel à parte e marque nela os anos em que Marina: nasceu; começou a frequentar a escola; começou o 9º ano; terminou o Ensino Médio; concluiu a graduação.

TRIÂNGULOS

CLASSIFICAÇÃO DE TRIÂNGULOS EM RELAÇÃO À MEDIDA DE SEUS LADOS

Veja abaixo como podemos classificar os triângulos em relação à medida de seus lados.

O **triângulo escaleno** tem 3 lados com medidas diferentes.

O **triângulo isósceles** tem apenas 2 lados com medidas iguais.

O **triângulo equilátero** tem os 3 lados com medidas iguais.

Atenção! Podemos indicar com tracinhos os lados que têm medidas iguais.

1 Destaque os triângulos do **Material Complementar**.

a) Faça dobraduras em cada triângulo, procurando os eixos de simetria de cada um deles. Os três triângulos têm eixo de simetria?

b) Meça os lados de cada triângulo com uma régua e classifique-o de acordo com a medida dos lados.

- Triângulo **laranja**: _____

- Triângulo **verde**: _____

- Triângulo **roxo**: _____

c) Indique a quantidade de eixos de simetria que cada triângulo tem.

- Triângulo isósceles: _____

- Triângulo equilátero: _____

- Triângulo escaleno: _____

CLASSIFICAÇÃO DE TRIÂNGULOS EM RELAÇÃO À MEDIDA DE SEUS ÂNGULOS

No capítulo **6**, você construiu e utilizou uma dobradura para medir ângulos retos. Agora, você vai utilizá-la novamente.

2 Utilize sua dobradura e meça cada ângulo dos triângulos abaixo. Depois, escreva se o ângulo é **igual a 90°**, **maior do que 90°** ou **menor do que 90°**.

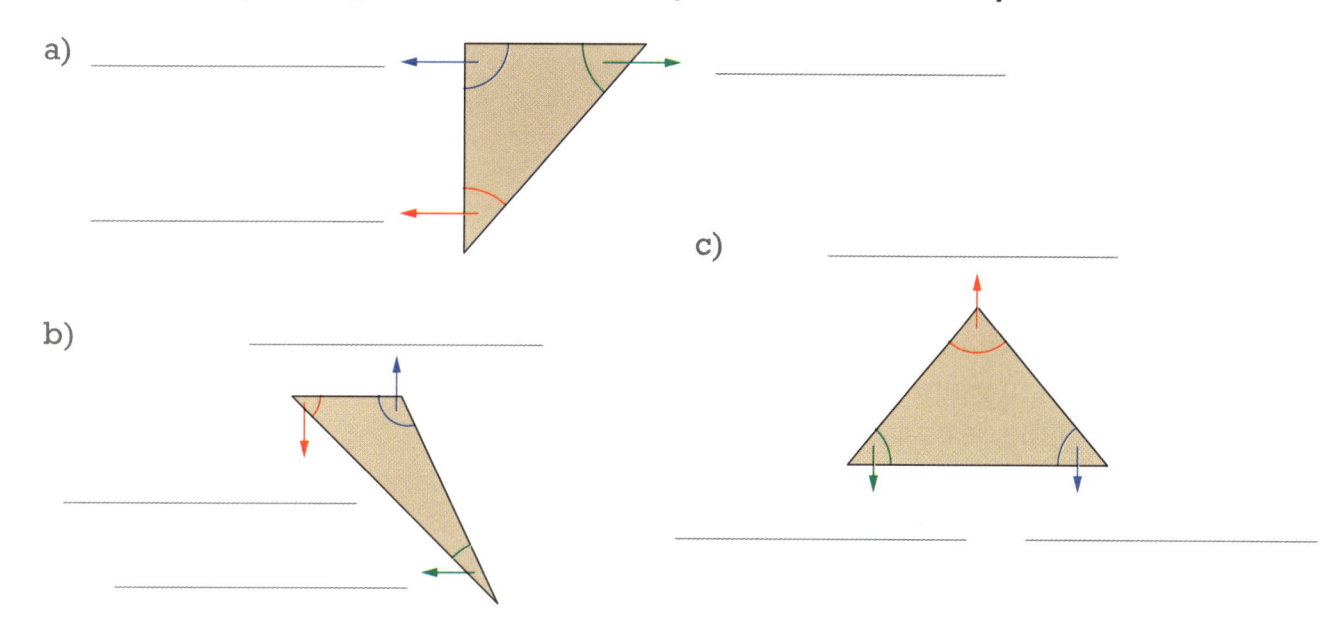

a) _____   _____

_____

b) _____

c) _____

_____   _____

O triângulo que tem 1 ângulo reto (mede 90°) é chamado de **triângulo retângulo**.

O triângulo que tem todos os ângulos menores do que 90° é chamado de **triângulo acutângulo**.

O triângulo que tem 1 ângulo maior do que 90° é chamado de **triângulo obtusângulo**.

---

3 Classifique os triângulos da atividade **2** em relação à medida de seus ângulos.

a) _____

b) _____

c) _____

4 Observe os triângulos da atividade **2** e converse com os colegas sobre as questões abaixo. Se quiser, tentem construir os triângulos.

a) É possível um triângulo ter 2 ângulos retos?

b) É possível um triângulo ter 2 ângulos maiores do que o ângulo reto?

DESENHOS E FIGURAS GEOMÉTRICAS PLANAS

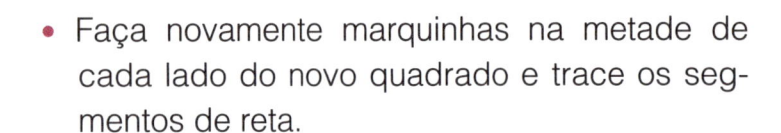

Érika traçou alguns segmentos de reta em uma folha de papel quadrada e obteve o desenho ao lado.

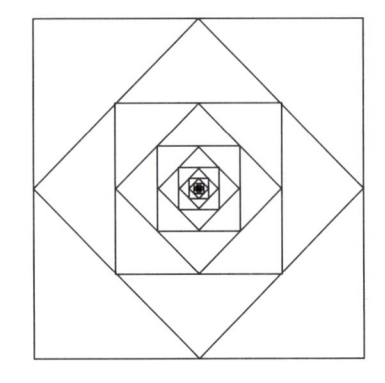

1 Vamos fazer um desenho como o de Érika? Siga os passos abaixo.

MATERIAL NECESSÁRIO
- Folha de papel quadrada
- Lápis, borracha e régua

- Com o lápis, faça uma marca bem leve na metade de cada lado da folha de papel quadrada.

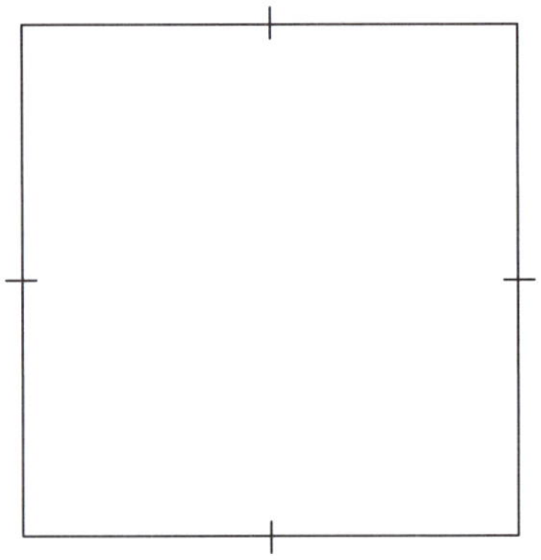

- Com a régua, trace um segmento de reta unindo essas marquinhas, 2 a 2, como mostrado ao lado.

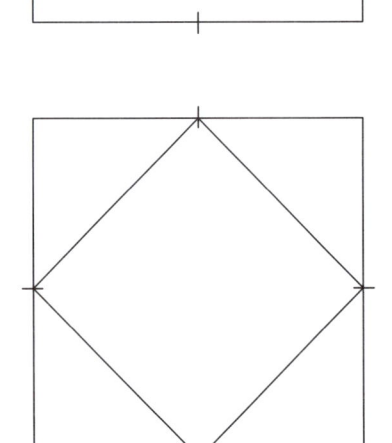

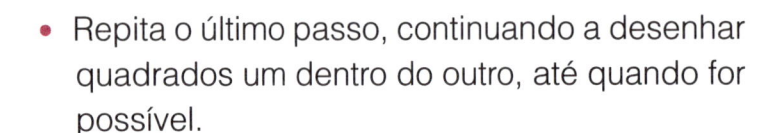

- Faça novamente marquinhas na metade de cada lado do novo quadrado e trace os segmentos de reta.

- Repita o último passo, continuando a desenhar quadrados um dentro do outro, até quando for possível.

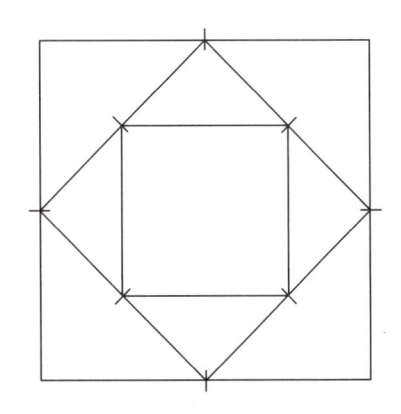

- Para terminar, apague as marcas leves que você fez.

2 Depois de traçar os segmentos de reta, Érika pintou os espaços da folha e obteve o desenho ao lado.

a) Converse com um colega sobre a sensação que esse desenho desperta em vocês.

b) Os espaços que Érika pintou têm a forma de que polígono?

_____

c) Pegue sua dobradura de ângulo reto, meça os ângulos desses polígonos e classifique-os de acordo com a medida de seus ângulos.

_____

d) Agora, meça os lados desses polígonos e classifique-os de acordo com a medida de seus lados.

_____
_____

3 Agora é novamente a sua vez!

a) Pinte seu desenho da maneira que preferir.

b) Os espaços que você pintou têm a forma de que polígono?

_____

4 Vamos tentar dividir quadrados em partes iguais?

a) Divida cada quadrado abaixo em 4 partes iguais usando segmentos de reta. Você deve obter partes com formas diferentes em cada quadrado.

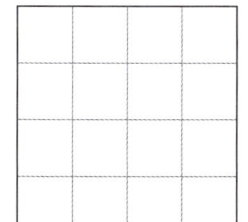

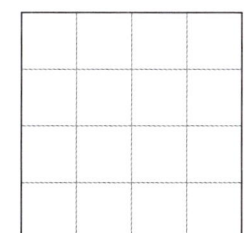

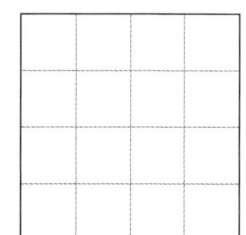

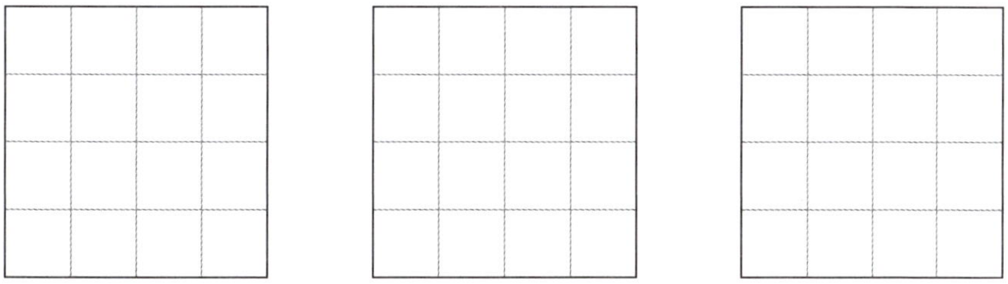

b) Escolha uma das divisões dos quadrados que você fez acima e faça-a na malha quadriculada do **Material Complementar**. Depois, use a criatividade e pinte as partes como preferir!

ÁREA E PERÍMETRO

Vamos rever seus conhecimentos sobre área e perímetro de retângulos.

1 Complete as frases abaixo.

Um retângulo tem 2 pares de lados com medidas _____. Seu perímetro pode ser calculado multiplicando uma das medidas dos lados por _____ e a outra medida dos lados por _____ e depois adicionando os resultados.

Sua área pode ser calculada _____ uma medida pela outra.

2 Calcule o perímetro e a área de cada figura descrita abaixo.

a) Um retângulo com lados medindo 2 cm e 3 cm.

Perímetro: _____   Área: _____

b) Um retângulo com lados medindo 4 cm e 6 cm.

Perímetro: _____   Área: _____

c) Um retângulo com lados medindo 6 cm e 9 cm.

Perímetro: _____   Área: _____

d) Qual é a relação entre a medida dos lados do retângulo do item **a** e a medida dos lados do retângulo do item **b**? E entre seus perímetros? E entre suas áreas?

e) Qual é a relação entre a medida dos lados do retângulo do item **a** e a medida dos lados do retângulo do item **c**? E entre seus perímetros? E entre suas áreas?

f) Complete: quando multiplicamos por _____ a medida dos lados de um retângulo, seu perímetro também é multiplicado por _____, enquanto sua área é multiplicada por _____ (_____ × _____).

> Quando multiplicamos por 2 a medida dos lados de um retângulo, seu perímetro também é multiplicado por 2, enquanto sua área é multiplicada por 4 (2 × 2).

3 Cada quadradinho das malhas quadriculadas abaixo tem 0,5 cm de lado.

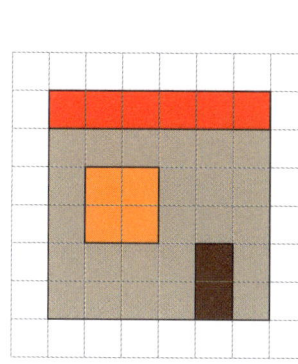

Malha quadriculada **A** 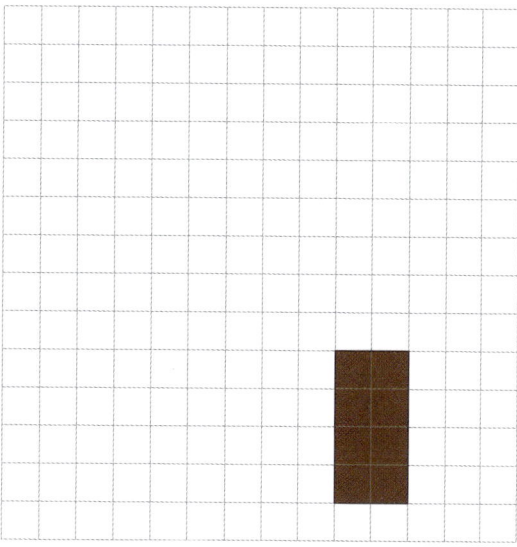   Malha quadriculada **B**

a) Amplie a figura desenhada na malha quadriculada **A** na malha quadriculada **B**, de modo que cada quadradinho do desenho na malha quadriculada **A** seja representado por 4 quadradinhos na malha quadriculada **B**. Uma parte do desenho já está feita!

b) Calcule o perímetro das figuras indicadas abaixo.

Figura na malha quadriculada **A**: _____   Porta dessa figura: _____

Figura na malha quadriculada **B**: _____   Porta dessa figura: _____

c) Calcule a área das figuras indicadas abaixo.

Figura na malha quadriculada **A**: _____   Porta dessa figura: _____

Figura na malha quadriculada **B**: _____   Porta dessa figura: _____

d) As respostas dos itens anteriores estão de acordo com o que você concluiu na atividade **2**? Justifique sua resposta e converse com os colegas.

_____

_____

_____

_____

ATIVIDADES DO CAPÍTULO

1. Vamos classificar um triângulo!

    a) Com o ângulo reto, meça os ângulos do triângulo abaixo. Em seguida, com uma régua, meça os lados desse triângulo.

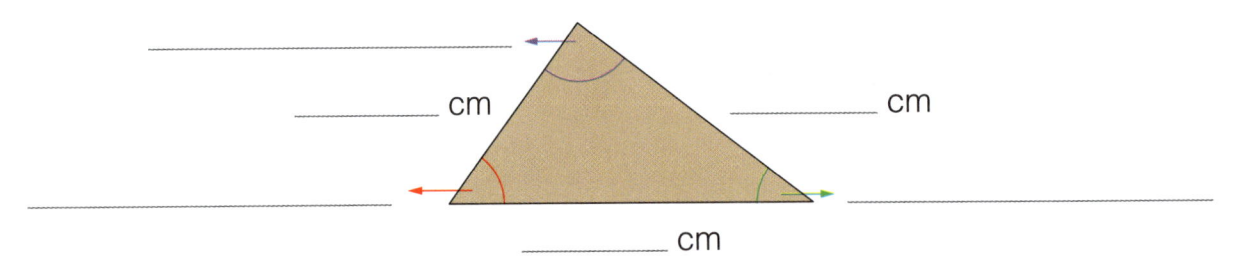

    _____ cm   _____ cm

    _____ cm

    b) Classifique esse triângulo em relação à medida de seus ângulos e em relação à medida de seus lados.

    _____

2. Classifique cada afirmação em verdadeira (**V**) ou falsa (**F**). Justifique ou dê um exemplo.

    ☐ Podemos classificar um triângulo como retângulo e acutângulo.

    _____

    ☐ Um triângulo pode ser classificado, ao mesmo tempo, em relação à medida de seus ângulos e em relação à medida de seus lados.

    _____

3. Crie um problema que possa ser resolvido com as operações abaixo.

    $\frac{2}{5}$ de 149,58   149,58 ÷ 5 = 29,916   2 × 29,916 = 59,832

    _____
    _____
    _____

RESOLVENDO PROBLEMAS

- Assim como os Jogos Olímpicos de Verão, a Copa do Mundo de Futebol acontece a cada 4 anos e em anos pares. Mas esses 2 eventos mundiais nunca acontecem no mesmo ano. Em 1958, o Brasil foi o campeão da Copa do Mundo de Futebol, na Suécia; em 1970, no México, o Brasil conquistou o título de tricampeão.

    a) Entre as 2 datas citadas no enunciado, quantas edições da Copa do Mundo de Futebol foram realizadas? E em quais anos?

    _____

    _____

    b) Entre as 2 datas citadas no enunciado, quantas edições dos Jogos Olímpicos de Verão foram realizadas? E em quais anos?

    _____

    _____

    c) Da sua primeira edição, em 1924, até 1992, os Jogos Olímpicos de Inverno aconteceram no mesmo ano que os Jogos Olímpicos de Verão. A partir de 1994 esses jogos passaram a ser alternados de 2 em 2 anos – em 1994 houve o evento de Inverno e, em 1996, o de Verão.
    Indique na linha do tempo abaixo 3 edições de cada evento: Copa do Mundo de Futebol, Jogos Olímpicos de Verão e Jogos Olímpicos de Inverno.

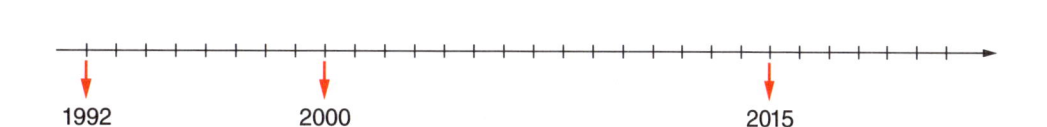

    ↓ 1992   ↓ 2000   ↓ 2015

    d) A partir de 1994, quais dos Jogos Olímpicos passaram a acontecer no mesmo ano da Copa do Mundo de Futebol?

CÁLCULO MENTAL

1. Calcule mentalmente as operações abaixo e escreva os resultados.

   a) 0,5 × 50 = _____
   b) 0,5 × 32 = _____
   c) 0,5 × 28 = _____
   d) 0,5 × 24 = _____
   e) 0,5 × 18 = _____
   f) 0,5 × 14 = _____
   g) 0,5 × 8 = _____
   h) 0,5 × 6 = _____
   i) 0,5 × 4 = _____
   j) 0,5 × 2 = _____

   k) 50 ÷ 2 = _____
   l) 32 ÷ 2 = _____
   m) 28 ÷ 2 = _____
   n) 24 ÷ 2 = _____
   o) 18 ÷ 2 = _____
   p) 14 ÷ 2 = _____
   q) 8 ÷ 2 = _____
   r) 6 ÷ 2 = _____
   s) 4 ÷ 2 = _____
   t) 2 ÷ 2 = _____

2. Compare os resultados das duas colunas acima e explique por que, ao multiplicar um número por 0,5 e ao dividir esse número por 2, obtemos resultados iguais.

   OBSERVE QUE EM UMA COLUNA HÁ MULTIPLICAÇÕES E, NA OUTRA, HÁ DIVISÕES. COMO OS RESULTADOS PODEM SER IGUAIS?

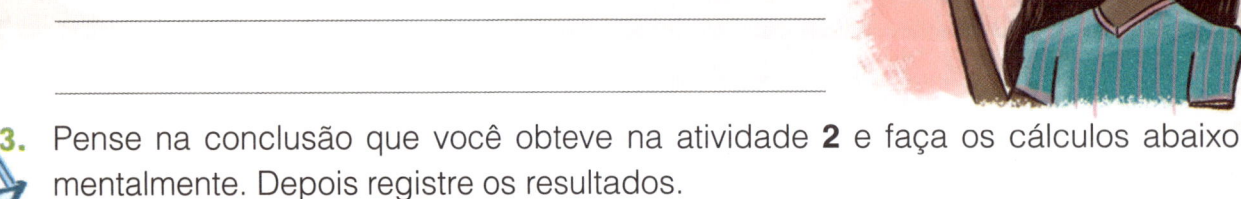

   _____
   _____
   _____

3. Pense na conclusão que você obteve na atividade **2** e faça os cálculos abaixo mentalmente. Depois registre os resultados.

   a) 50% de 164 → _____
   b) 0,5 × 234 = _____
   c) 338 ÷ 2 = _____
   d) Metade de 254 → _____

Enquanto Mariana escolhia algumas maçãs na seção de frutas de um mercado, ela pediu a sua filha Clara que pegasse 1 dúzia e meia de bananas. Clara pegou 2 cestas com bananas, como mostra a figura ao lado.

Podemos representar a quantidade de bananas que Clara pegou usando a expressão numérica:

$$1 \times 12 + 0{,}5 \times 12 = 12 + 6 = 18$$

4. Transcreva cada frase abaixo como uma expressão numérica.

a) 1 hora e meia são 90 minutos. _____

b) 1 quilômetro e meio são 1 500 metros. _____

5. Resolva mentalmente as multiplicações dos itens abaixo. Depois, confira os resultados completando as expressões numéricas.

a) 1,5 × 14 = _____, pois 1,5 × 14 = _____ × _____ + _____ × 14 = _____.

b) 1,5 × 30 = _____, pois 1,5 × 30 = _____ × _____ + _____ × _____ = _____.

c) 1,5 × 100 = _____, pois 1,5 × 100 = _____ × _____ + _____ × _____ = _____.

d) 1,5 × 200 = _____, pois 1,5 × 200 = _____ × _____ + _____ × _____ = _____.

6. Calcule o resultado de cada multiplicação abaixo.

a) 1,5 × 4 = _____

b) 1,5 × 16 = _____

c) 1,5 × 50 = _____

d) 1,5 × 120 = _____

e) 1,5 × 150 = _____

f) 1,5 × 200 = _____

g) 1,5 × 300 = _____

h) 1,5 × 400 = _____

MINHAS DICAS

Anote algo que você aprendeu nestas atividades e que pode ajudar a realizar cálculos mais rapidamente.

_____

_____

LEITURA DE IMAGEM

BRINCANDO PARA SER SAUDÁVEL

Para ter uma vida saudável, é preciso manter mente e corpo saudáveis, por exemplo, com a prática de atividades físicas, com momentos de lazer e tendo uma alimentação equilibrada. Além dos esportes, como futebol, capoeira e dança, os jogos e as brincadeiras podem ajudar na prática de atividades físicas.

OBSERVE

A

B

Crianças brincando de **Cabo de guerra**.

Crianças jogando *videogame*.

1. Você sabe para que serve a fita amarrada no meio da corda na brincadeira **Cabo de guerra**?

   _____

   _____

2. O que significam os números que aparecem na tela mostrada na imagem **B**?

   _____

   _____

ANALISE

3. Você já participou da brincadeira **Cabo de guerra**? Qual tipo de ambiente você acha mais adequado para essa brincadeira?

___

4. Você conhece alguma estratégia para tentar vencer nessa brincadeira? Converse com os colegas.

___

5. Você já jogou ou joga *videogame*? Se sim, então como você prefere jogar: em grupo ou sozinho; em jogos cooperativos ou jogos competitivos?

___

6. Qual tipo de ambiente você acha mais adequado para jogar *videogame*?

___

RELACIONE

7. Imagine que os participantes do jogo de *videogame* encerrem a partida no momento mostrado na imagem **B**. Em seguida, eles jogam outra partida e cada um obtém o dobro da pontuação anterior. Nessa situação, qual seria a média aritmética de pontos de cada jogador nas 2 partidas?

___

8. Você conhece outros jogos e outras brincadeiras que exigem esforço físico? E que exigem habilidade manual ou intelectual? Pesquise quais são as principais brincadeiras de sua região e indique se elas exigem esforço físico ou habilidade manual ou intelectual.

___

CAPÍTULO 12
QUAL É SUA CHANCE?

RETOMANDO PORCENTAGENS

Você já estudou porcentagens neste livro. Vamos retomá-las?

1 Dê alguns exemplos de situações do dia a dia em que usamos porcentagem.

Os gráficos abaixo mostram alguns dos resultados de uma pesquisa sobre os hábitos de leitura de 229 alunos do 4º ano de uma escola em Brasília, no Distrito Federal.

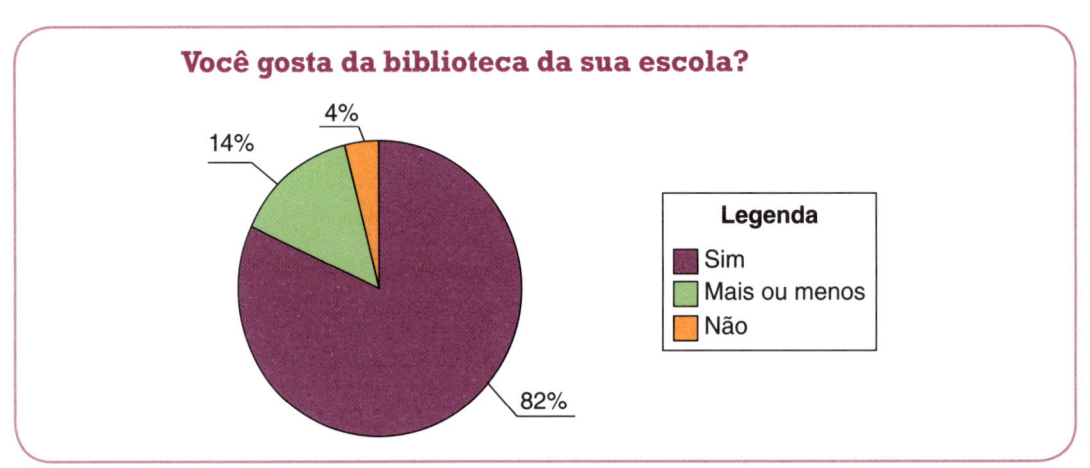

Você gosta da biblioteca da sua escola?

- 82% Sim
- 14% Mais ou menos
- 4% Não

Fonte de consulta: BIBLIOTECA DIGITAL DE MONOGRAFIA (BDM), da Universidade de Brasília (UnB). Disponível em: <http://bdm.unb.br/bitstream/10483/1152/1/2010_VanessadeSousaSilva.pdf.pdf>. Acesso em: 15 jun. 2016.

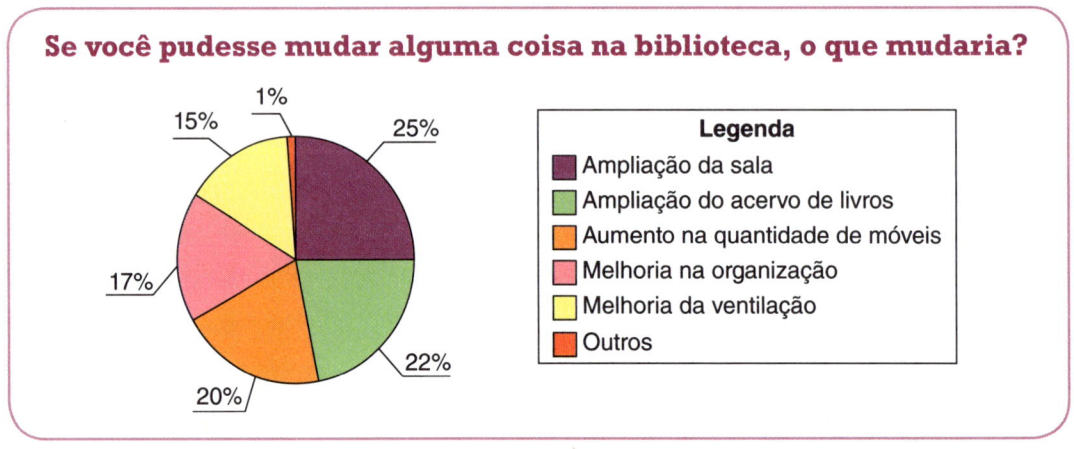

Se você pudesse mudar alguma coisa na biblioteca, o que mudaria?

- 25% Ampliação da sala
- 22% Ampliação do acervo de livros
- 20% Aumento na quantidade de móveis
- 17% Melhoria na organização
- 15% Melhoria da ventilação
- 1% Outros

Fonte de consulta: BIBLIOTECA DIGITAL DE MONOGRAFIA (BDM), da Universidade de Brasília (UnB). Disponível em: <http://bdm.unb.br/bitstream/10483/1152/1/2010_VanessadeSousaSilva.pdf.pdf>. Acesso em: 15 jun. 2016.

2 Observe os gráficos da página anterior. Os títulos dos gráficos indicam as perguntas feitas aos alunos.

a) A maioria dos alunos pesquisados gosta ou não da biblioteca da escola? Justifique sua resposta.

_____

_____

b) Qual mudança na biblioteca os alunos dessa escola mais desejam?

_____

c) Pesquise o significado da palavra **acervo**.

_____

d) Preencha as tabelas abaixo com os dados dos gráficos.

Você gosta da biblioteca da sua escola?

Resposta dos alunos	Sim	Mais ou menos	Não
Porcentagem			

Fonte de consulta: BIBLIOTECA DIGITAL DE MONOGRAFIA (BDM), da Universidade de Brasília (UnB). Disponível em: <http://bdm.unb.br/bitstream/10483/ 1152/1/2010_VanessadeSousaSilva.pdf.pdf>. Acesso em: 15 jun. 2016.

Se você pudesse mudar alguma coisa na biblioteca, o que mudaria?

Resposta dos alunos	Ampliação da sala	Ampliação do acervo de livros	Aumento da quantidade de móveis	Melhoria na organização	Melhoria da ventilação	Outros
Porcentagem						

Fonte de consulta: BIBLIOTECA DIGITAL DE MONOGRAFIA (BDM), da Universidade de Brasília (UnB). Disponível em: <http://bdm.unb.br/bitstream/10483/ 1152/1/2010_VanessadeSousaSilva.pdf.pdf>. Acesso em: 15 jun. 2016.

e) Adicione as porcentagens indicadas em cada gráfico. Qual é a porcentagem total de cada gráfico? Por que você acha que isso acontece?

_____

_____

3 Agora é a sua vez! Responda às perguntas da pesquisa. Você gosta da biblioteca de sua escola? Se você pudesse mudar alguma coisa na biblioteca, o que mudaria?

Veja abaixo as notícias que Júlio leu no jornal.

Reservatórios de hidrelétricas estão com 100% da capacidade na região

G1-GLOBO. **Rio Preto e Araçatuba**. Disponível em: <http://g1.globo.com/sao-paulo/sao-jose-do-rio-preto-aracatuba/noticia/2016/06/reservatorios-de-hidreletricas-estao-com-100-da-capacidade-na-regiao.html>. Acesso em: 14 jun. 2016.

GRS/Manhumirim distribuiu 100% das doses de vacinas de H1N1

PORTAL CAPARAÓ. **Saúde**. Disponível em: <www.portalcaparao.com.br/noticia/20715/grsmanhumirim-distribuiu-100-das-doses-de-vacinas-de-h1n1>. Acesso em: 14 jun. 2016.

Júlio pensou sobre elas e percebeu que o reservatório está totalmente cheio e que todas as doses da vacina foram distribuídas. Veja como ele chegou a essa conclusão.

$$100\% = \frac{100}{100} = 1$$

Então, 100% representa o inteiro ou toda a quantidade tomada como referência na situação.

4 Leia o exemplo abaixo e depois resolva os problemas.

Na escola de Fábio, 75% dos alunos têm animal de estimação e o restante não tem animal de estimação. Qual é a porcentagem de alunos que não tem animal de estimação?
100% − 75% = 25% → A porcentagem de alunos que não tem animal de estimação é 25%.

a) Em uma partida da seleção brasileira de basquete, 80% dos ingressos foram vendidos. Qual foi a porcentagem de ingressos não vendidos?

_____

b) Já foram consumidos 60% da carga da bateria do celular de Giovana. Qual é a porcentagem restante da carga?

_____

_____

c) Denise comprou ovos. Ela vai usar 20% deles em uma receita de bolo e 35% para fazer uma omelete. Qual é a porcentagem restante de ovos?

_____

5 Dos 300 alunos de uma faculdade, 10% caminham até a faculdade, 15% usam o transporte público, 25% vão de carro próprio, 15% pegam carona com colegas e o restante vai de bicicleta.

a) Que porcentagem de alunos vai à faculdade de bicicleta?

_____

b) Faça os cálculos e complete a tabela abaixo com as porcentagens e as quantidades de alunos.

Meios de transporte usados pelos alunos da faculdade

Meio de transporte	A pé	Transporte público	Carro próprio	Carona	Bicicleta
Porcentagem de alunos					
Quantidade de alunos					

Tabela elaborada para fins didáticos.

6 Por esquecimento, Mário deixou de pagar na data certa a prestação de R$ 600,00 de uma geladeira. A multa pelo atraso no pagamento é de 15%.

a) Qual é o valor em reais dessa multa?

_____

b) Quantos reais Mário terá que pagar por essa prestação com a multa?

_____

FIGURAS GEOMÉTRICAS

POLÍGONOS E POLIEDROS

Você já estudou polígonos e também poliedros. Veja abaixo alguns exemplos deles.

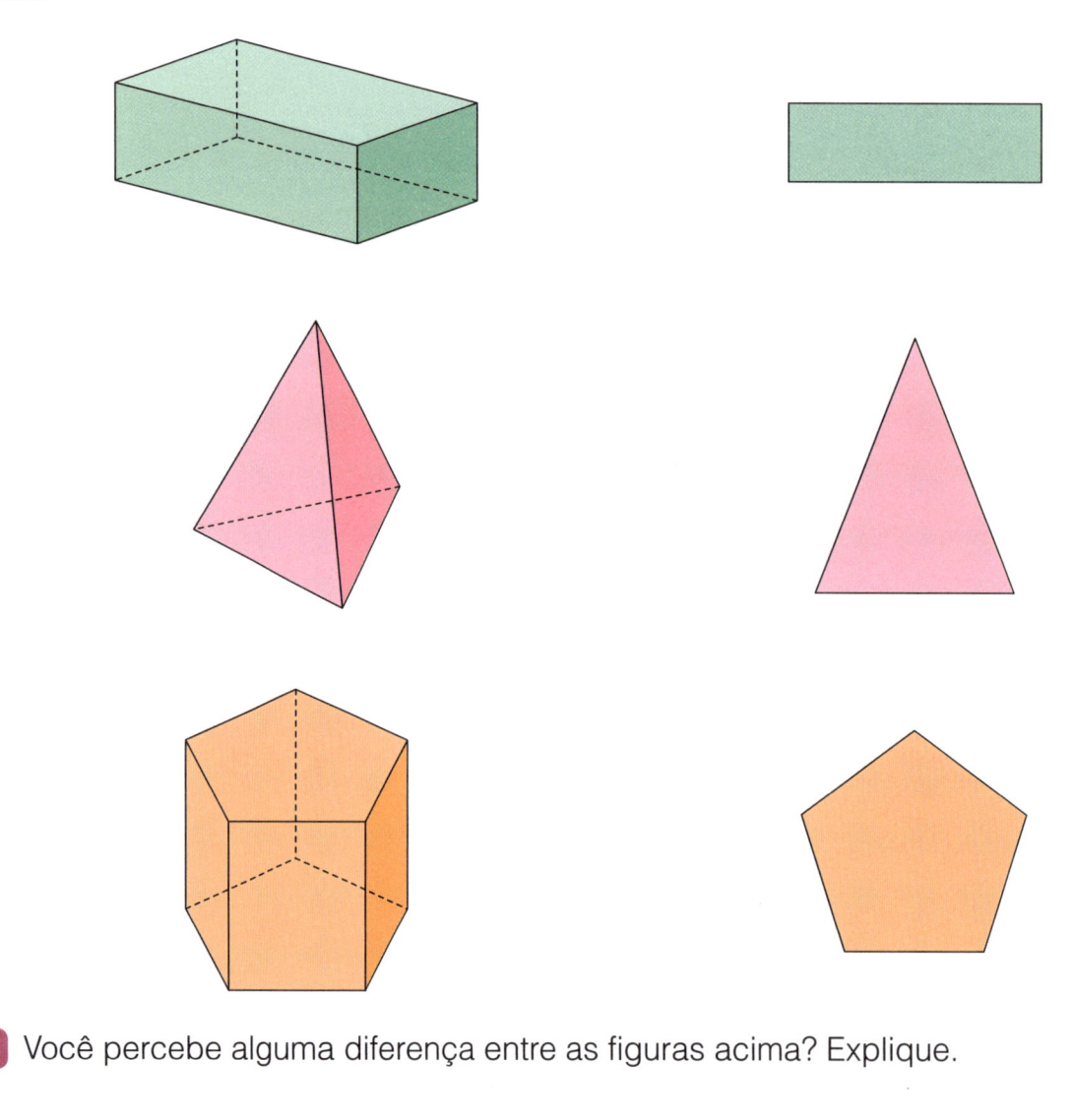

1 Você percebe alguma diferença entre as figuras acima? Explique.

_____
_____
_____

> **Polígono** é uma figura geométrica plana (ou bidimensional) que é fechada e formada apenas por linhas retas que não se cruzam. **Poliedro** é um sólido geométrico (ou figura geométrica tridimensional) que tem todas as faces planas.

2 Samuel e Luana estavam jogando dominó de figuras geométricas. Observe abaixo certo momento da partida.

a) Liste o nome das figuras geométricas que aparecem nessas peças.
_____

b) Essas figuras são poliedros ou polígonos?
_____

c) Qual é a lógica do jogo de dominó acima?
_____

d) O que você faria para que esse jogo se tornasse mais difícil? Justifique.
_____
_____
_____

3 Pinte de **laranja** os polígonos e de **roxo** os poliedros.

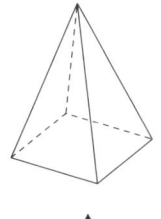

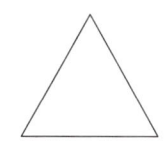

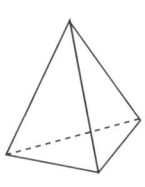

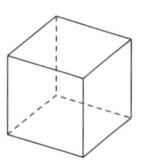

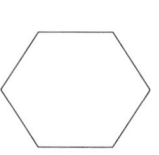

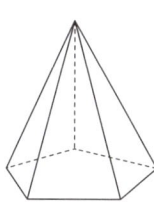

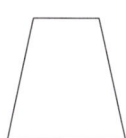

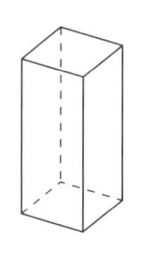

POLÍGONOS, POLIEDROS E CORPOS REDONDOS

Você já sabe que todas as faces de um poliedro são planas.

1 Você conhece um sólido geométrico que não é um poliedro, ou seja, que não se encaixa na descrição acima? Cite seu nome e justifique sua escolha.

_____

> Os sólidos geométricos que são arredondados são chamados de **corpos redondos**. Os corpos redondos podem rolar dependendo da posição em que são apoiados sobre uma superfície.

Veja abaixo alguns exemplos de corpos redondos.

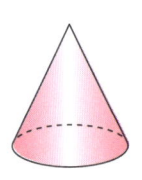

Cone 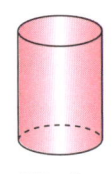   Cilindro 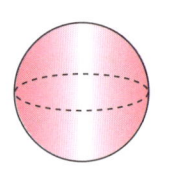   Esfera

2 Classifique as figuras abaixo como **polígonos**, **poliedros** ou **corpos redondos**.

a) _____   c) 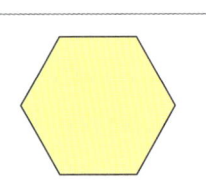 _____   e) _____

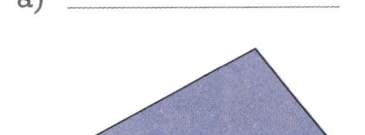

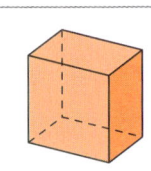

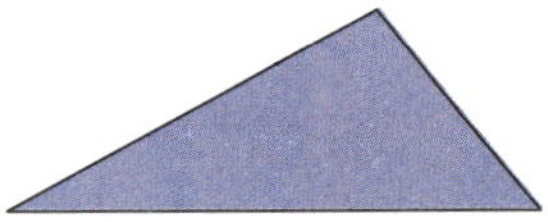

b) 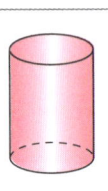 _____   d) 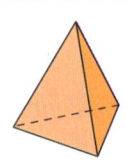 _____   f) _____

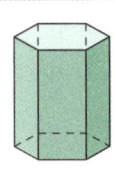

3 Felipe e Ana Clara estão montando torres com peças com a forma de sólidos geométricos. Qual é o nome do corpo redondo que aparece nessas peças?

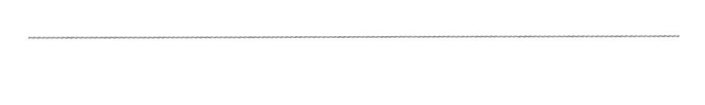

_____

_____

CÍRCULO E CIRCUNFERÊNCIA

Você já conhece a figura geométrica plana chamada círculo. E a figura geométrica plana chamada circunferência? Observe-as abaixo e pense nas diferenças entre elas.

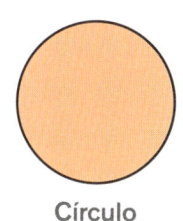

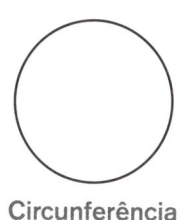

Círculo   Circunferência

> **Circunferência** é o contorno de um círculo.

1 Gabriel pegou a tampa de uma lata de leite em pó e desenhou seu contorno em uma folha de papel. Veja ao lado.

a) Depois de contornar a tampa, Gabriel observou o desenho que ele obteve. Esse desenho é uma circunferência ou um círculo?

_____

b) Que outros objetos podemos usar, além da tampa de uma lata de leite em pó, para obter a figura que Gabriel desenhou?

_____

c) Se Gabriel pintar completamente o interior da figura que ele desenhou, então qual figura ele terá desenhado?

_____

2 Observe as planificações ao lado.

Essas são as planificações de quais sólidos geométricos? Nessas planificações são usados círculos ou circunferências?

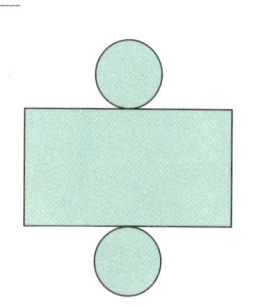

_____

_____

275

MEDIDAS DE VOLUME

Kátia foi escolher um presente para seu irmão. Depois de olhar as opções, ela escolheu um cubo mágico.

TEMOS ESTES 2 MODELOS DE CUBO. QUAL VOCÊ ESCOLHE: O CUBO MÁGICO COM 8 CUBINHOS OU O MAIOR, COM 27 CUBINHOS?

COMO ELE SABE QUANTOS CUBINHOS HÁ EM CADA BRINQUEDO?

1 Para calcular os 8 cubinhos no cubo menor, o vendedor pode contar de 1 em 1, pois todos os cubinhos são visíveis. Você conhece outra maneira de chegar a esse resultado sem precisar contar todos os cubinhos?

Veja abaixo o raciocínio de Kátia.

JÁ SEI! POSSO DIVIDIR O CUBO MAIOR EM 3 PARTES (OU FATIAS) IGUAIS. CADA PARTE É FORMADA POR 3 CUBINHOS DE LARGURA POR 3 CUBINHOS DE ALTURA. ENTÃO CADA PARTE É FORMADA POR 9 CUBINHOS. COMO SÃO 3 PARTES, ENTÃO SÃO 3 VEZES 9, QUE DÁ 27 CUBINHOS AO TODO!

FOI EXATAMENTE ASSIM QUE EU FIZ O CÁLCULO DE QUANTOS CUBINHOS TEM ESSE BRINQUEDO!

Agora, observe abaixo como Rubens calcula a quantidade de caixas laranja empilhadas.

3 caixas de largura
×
4 caixas de comprimento
×
5 caixas de altura
=
60 caixas

EU CONTO A QUANTIDADE DE CAIXAS QUE HÁ NA LARGURA, NO COMPRIMENTO E NA ALTURA DO EMPILHAMENTO E DEPOIS MULTIPLICO ESSES NÚMEROS.

2 Faça como Rubens, indique quantas caixas há na largura, no comprimento e na altura do empilhamento de caixas verdes. Em seguida, calcule a quantidade de caixas.

Largura: _____

Comprimento: _____

Altura: _____

_____

Quando multiplicamos a altura, o comprimento e a largura de um empilhamento, estamos calculando seu **volume**. Na imagem acima, considerando 1 caixa como unidade de medida, o volume do empilhamento amarelo é **60 caixas** e do empilhamento verde é **120 caixas**.

3 Considerando 1 cubinho como unidade de medida, calcule o volume dos cubos mágicos da página anterior usando a estratégia de Rubens.

Volume do cubo mágico menor: _____

Volume do cubo mágico maior: _____

O CENTÍMETRO CÚBICO

Uma das maneiras de medir o volume de objetos é usar cubos com 1 cm de aresta como unidade de medida. Veja ao lado um cubo como esse.

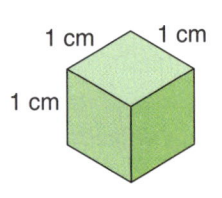

> O volume de um cubo com 1 cm de aresta é 1 cm × 1 cm × 1 cm = **1 cm³** (lemos **1 centímetro cúbico**).

Por exemplo, queremos calcular o volume de um paralelepípedo de base medindo 10 cm por 20 cm, e de 15 cm de altura.

Se pensarmos na forma oca desse paralelepípedo, como ao lado, temos que em sua base "cabem" 20 cubinhos em cada linha e 10 cubinhos em cada coluna; assim, apenas no fundo "cabem" 200 cubinhos.

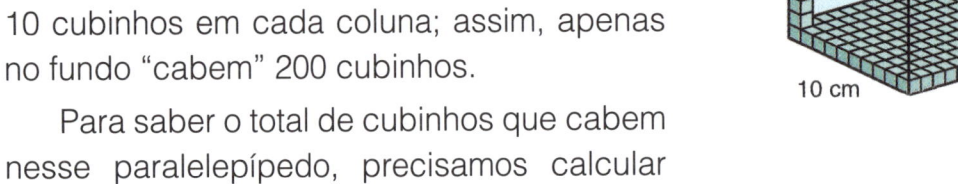

Para saber o total de cubinhos que cabem nesse paralelepípedo, precisamos calcular quantas placas de 200 cubos cabem nesse paralelepípedo. Como o paralelepípedo tem 15 cm de altura, cabem 15 dessas placas.

Portanto, cabem 3 000 cubinhos nesse paralelepípedo, ou seja, o volume do paralelepípedo de base medindo 10 cm por 20 cm, e de 15 cm de altura é 3 000 cm³.

$$20 \times 10 \times 15 = 3000$$

4 Cada cubinho dos empilhamentos abaixo tem 1 cm de aresta. Indique o volume de cada empilhamento, em cm³.

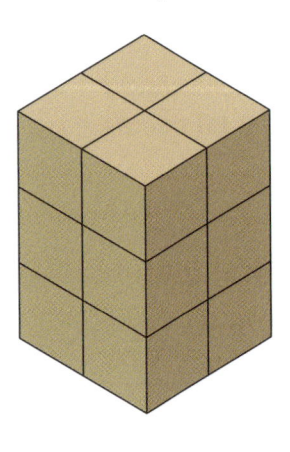

_____   _____

O METRO CÚBICO

Para medir o volume de objetos maiores, podemos usar cubos com 1 m de aresta como unidade de medida. Veja ao lado um cubo como esse.

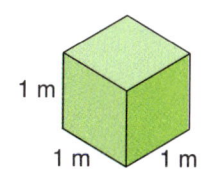

> O volume de um cubo com 1 m de aresta é 1 m × 1 m × 1 m = **1 m³** (lemos **1 metro cúbico**).

Imagine uma torre sólida com a forma de um paralelepípedo, formada por cubos de cimento com 1 m de aresta. Essa torre tem 2 cubos no comprimento, 5 cubos na largura e 10 cubos na altura. Podemos dizer que essa torre tem ao todo 100 cubos de 1 m³, ou seja, que seu volume é 100 m³.

$$10 \times 5 \times 2 = 100$$

5 Pense sobre essa torre. Pinte na malha quadriculada abaixo a vista superior dessa torre, em **laranja**, e as vistas laterais, em **roxo**. Considere que cada quadradinho da malha vai representar a face de 1 cubo de cimento da torre.

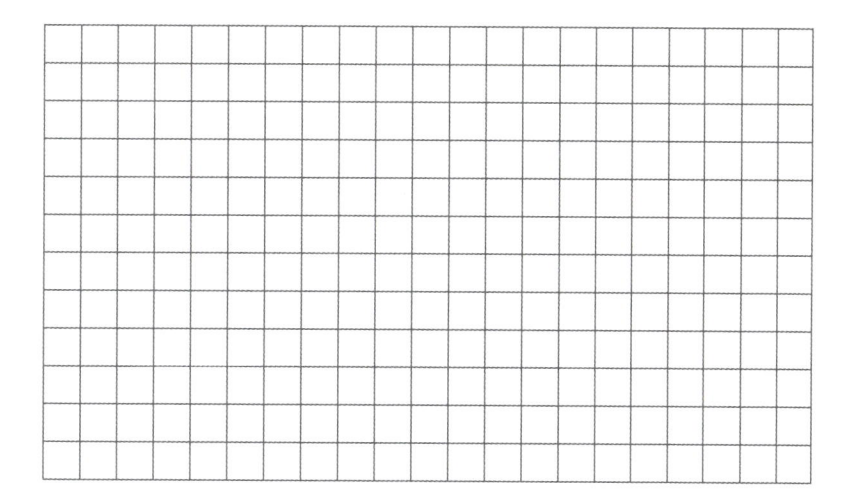

6 Pense nos seguintes objetos: cubo de gelo, sabão de coco, tijolo maciço.

a) Qual desses objetos você acha que tem o menor volume? E qual tem o maior volume?

b) Qual unidade de medida é mais adequada para medir o volume desses objetos: m³ ou cm³?

CONSTRUÇÕES E TRIÂNGULOS

Que tal aprender um pouco mais sobre triângulos?

1 Reúna-se com 3 colegas para montar algumas figuras.

MATERIAL NECESSÁRIO
- 20 canudos flexíveis

- Com 6 canudos flexíveis, montem 1 figura com a forma de um hexágono, como mostrado abaixo. A parte flexível de cada canudo ficará no vértice do hexágono.

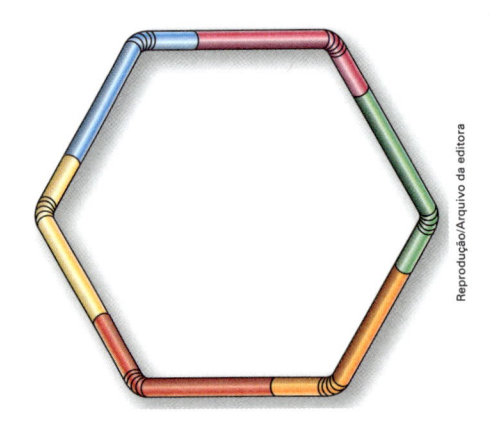

- Da mesma maneira, montem 1 figura com a forma de um triângulo, 1 figura com a forma de um quadrado e 1 figura com a forma de um pentágono.

a) Você conseguiu formar as 4 figuras pedidas?

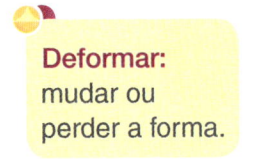

_____

Deformar: mudar ou perder a forma.

b) Depois de construir essas figuras, você vai tentar deformá-las. Para isso, segure uma figura de cada vez, por um dos vértices, e pressione outro vértice empurrando-o para o centro da figura. O que você observou?

_____

_____

O triângulo é o único polígono que não se deforma e, por isso, é chamado de **polígono rígido**.

c) Procure no dicionário o significado da palavra **rígido** e copie-o abaixo.

_____

2 A figura ao lado é o esboço da estrutura de um telhado.

a) Qual é o nome do polígono utilizado para servir de sustentação para esse telhado como um todo?

_____

_____

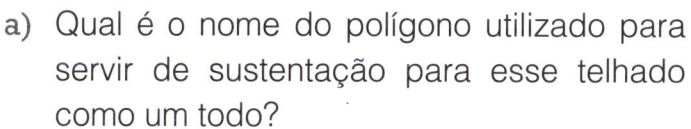

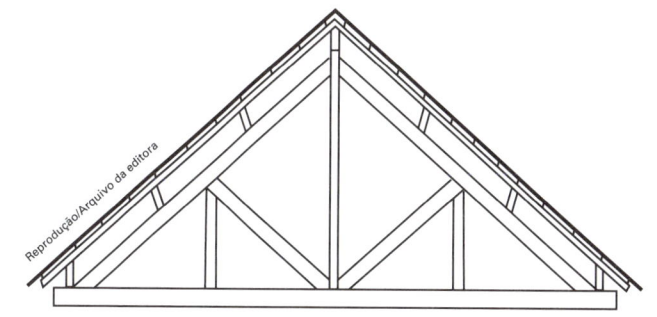

b) Esse polígono aparece em outras partes dessa estrutura?

_____

🔊 c) Na sua opinião, por que está sendo utilizado esse polígono na sustentação do telhado em vez de outro polígono? Converse com os colegas.

3 Outras construções também utilizam dessa propriedade de rigidez do triângulo em sua estrutura. Pesquise exemplos de construção como essas em sua cidade e descreva-as ou desenhe-as abaixo.

Ponte Campos Salles em Barra Bonita (SP). Foto de 2016.

281

MAIS GRÁFICOS

DECIMAIS E GRÁFICO DE COLUNAS

1 No jogo *on-line* **Aventura Medieval**, cada jogador vai ganhando pontos de experiência de acordo com as atividades que realiza. Veja na tabela abaixo os pontos que Catarina e Luís ganharam nesse jogo.

Pontos de experiência de Catarina e Luís no jogo Aventura Medieval

Jogador / Atividade	Cortar lenha	Pescar truta	Cozinhar torta	Minerar ferro
Catarina	8,5	9,5	8	4,5
Luís	7	5	7,5	10

Tabela elaborada para fins didáticos.

Represente abaixo os dados dessa tabela em um gráfico de colunas. Desenhe as colunas e escreva a quantidade que cada uma delas representa e o título do gráfico.

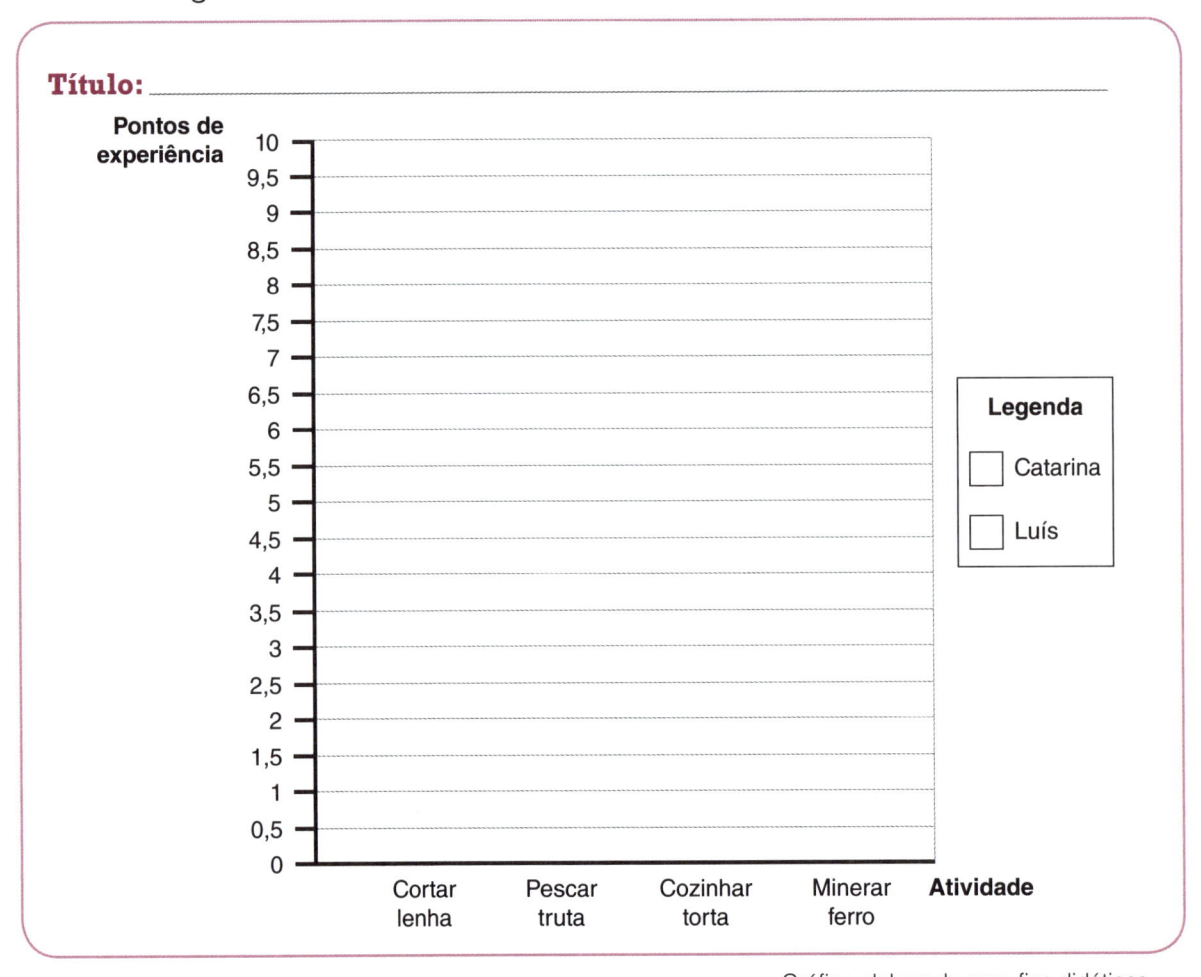

Título: _____

Gráfico elaborado para fins didáticos.

282

GRÁFICO DE LINHA

Durante cada dia de uma semana, sempre no mesmo horário, Sandra anotou a temperatura que o termômetro digital de sua varanda estava registrando. Depois ela construiu o gráfico ao lado.

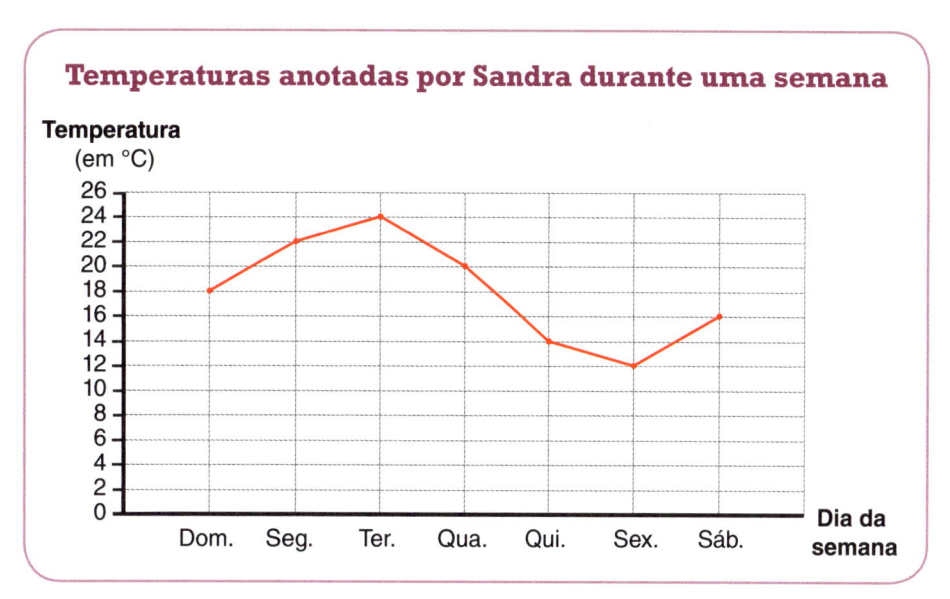

Temperaturas anotadas por Sandra durante uma semana

Gráfico elaborado para fins didáticos.

2 Observe o gráfico que Sandra fez.

a) Você já viu um gráfico como o que Sandra montou? Em que situação?

> O gráfico que Sandra montou é chamado de **gráfico de linha** ou **gráfico de segmentos**. Em geral, é um gráfico usado para mostrar a variação de uma grandeza em função do tempo.

b) Na sua opinião, por que esse tipo de gráfico é chamado de gráfico de linha ou gráfico de segmentos?

_____

_____

c) Complete com os dias da semana: Sandra anotou uma temperatura maior do que 16 °C nos dias da semana _____, _____, _____ e _____; e anotou uma temperatura menor do que 14 °C _____. Ela anotou a maior temperatura _____.

d) Acompanhe a linha vermelha do gráfico e descreva o que acontece com a temperatura ao longo da semana.

_____

ATIVIDADES DO CAPÍTULO

1. Classifique cada afirmação em verdadeira (**V**) ou falsa (**F**) e justifique a classificação.

    a) ☐ Os poliedros podem ter partes arredondadas.
    _____

    b) ☐ Um cone é um poliedro.
    _____

    c) ☐ O triângulo é um poliedro.
    _____

    d) ☐ A pirâmide não é um polígono.
    _____

2. Reescreva a frase abaixo utilizando porcentagem. Depois, reescreva-a utilizando fração.

    > No campeonato de futebol da escola, o time de Isabela jogou contra outros 4 times e venceu todas as partidas.

    _____
    _____
    _____
    _____

3. Cassiano está construindo um cubo de madeira colando cubinhos de 1 cm³. Para isso, ele começou montando placas com 10 cubinhos de largura por 10 cubinhos de altura e depois juntou 10 placas para formar o cubo.

    a) Qual é o volume de cada placa que Cassiano colou?
    _____

    b) Qual é o volume do cubo que Cassiano obteve?
    _____

RESOLVENDO PROBLEMAS

- Um museu vai revestir com azulejos a estrutura onde será colocada uma escultura. Serão utilizados azulejos quadrados, com 10 cm de comprimento e 10 cm de largura, e azulejos cortados pela metade (meio azulejo), formando 2 triângulos. Para saber quantos azulejos serão utilizados, o azulejista fez o desenho abaixo de como ficaria a estrutura após o revestimento e também os desenhos da parte da frente, da lateral e de cima da estrutura.

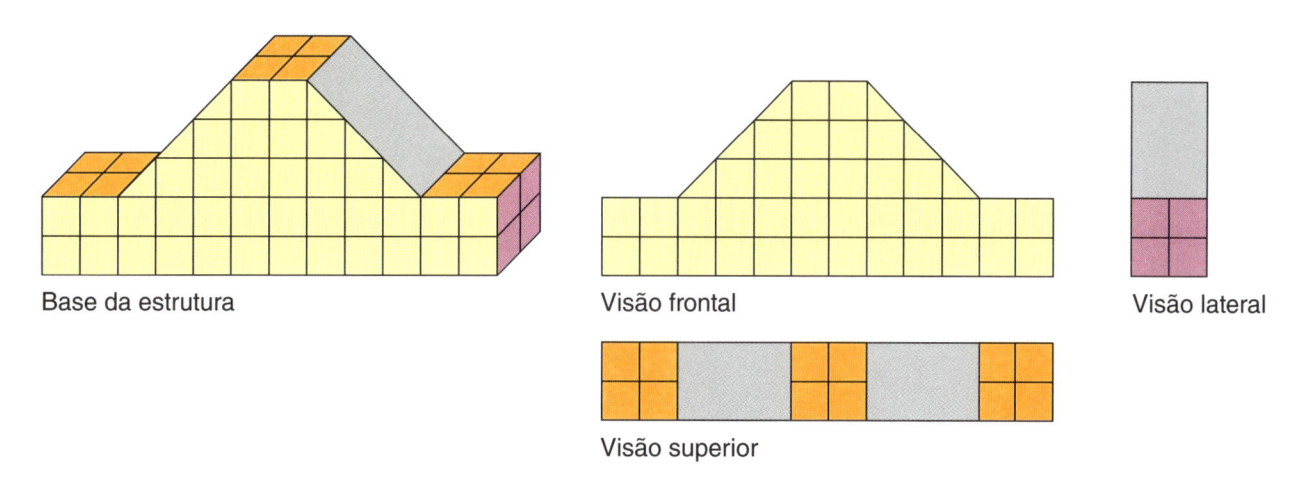

Base da estrutura

Visão frontal

Visão lateral

Visão superior

a) Qual é a área de cada azulejo que vai ser usado nessa estrutura?

_____

b) Quantos azulejos são necessários para revestir a parte de cima dela?

_____

Atenção! Faça os cálculos dos itens **a** e **b** mentalmente.

c) A parte de trás dessa estrutura terá o mesmo revestimento da parte da frente. Então, quantos azulejos são necessários para revestir a parte da frente e de trás dessa estrutura?

_____

_____

d) Sabendo que a parte de baixo dessa estrutura não terá revestimento, calcule quantos cm² de azulejos serão utilizados para revestir toda a estrutura.

_____

CÁLCULO MENTAL

1. Complete as operações com frações abaixo de modo que em cada círculo o resultado seja sempre 1.

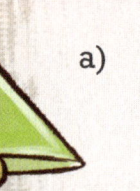

a)

$\dfrac{4}{8}$ —— $\dfrac{}{8}$

$\dfrac{}{6} - \dfrac{3}{6}$ —— 1 —— $\dfrac{}{14}$ —— $\dfrac{2}{14}$

$\dfrac{7}{10} + \dfrac{}{10}$

b)

$\dfrac{9}{8}$ —— $\dfrac{}{8}$

$\dfrac{}{7}$ —— $\dfrac{9}{7}$ —— 1 —— $\dfrac{13}{20} + \dfrac{}{20}$

$\dfrac{}{6} - \dfrac{4}{6}$

2. Agora, complete as operações com frações abaixo de modo que em cada círculo o resultado seja sempre $\dfrac{1}{2}$.

a)

$\dfrac{2}{8}$ —— $\dfrac{}{8}$

$\dfrac{}{10} - \dfrac{2}{10}$ —— $\dfrac{1}{2}$ —— $\dfrac{}{12} + \dfrac{1}{12}$

$\dfrac{14}{22} - \dfrac{}{22}$

b)

$\dfrac{7}{8}$ —— $\dfrac{}{8}$

$\dfrac{}{4}$ —— $\dfrac{}{4}$ —— $\dfrac{1}{2}$ —— $\dfrac{}{6} - \dfrac{2}{6}$

$\dfrac{10}{24} + \dfrac{}{24}$

Carolina precisa calcular o quádruplo de 0,009. Veja ao lado como ela pensou.

> EU JÁ SEI QUE O DOBRO DE 0,009 É 0,018. AGORA FICA MAIS RÁPIDO CALCULAR: 2 × 0,018 = 0,036.

3. Faça os cálculos abaixo utilizando a mesma estratégia que Carolina usou.

a) 4 × 0,004 = 2 × _____ = _____

b) 4 × 0,008 = 2 × _____ = _____

c) 4 × 0,005 = 2 × _____ = _____

d) 4 × 0,007 = 2 × _____ = _____

4. Pense na estratégia de Carolina e elabore uma estratégia para calcular o óctuplo (o dobro do quádruplo) dos números abaixo.

a) 8 × 0,004 = _____ × _____ = _____

b) 8 × 0,008 = _____ × _____ = _____

c) 8 × 0,005 = _____ × _____ = _____

d) 8 × 0,007 = _____ × _____ = _____

5. Resolva as operações abaixo do mesmo modo que o exemplo.

0,5 × 2 = 1 e 1 ÷ 2 = 0,5

a) 0,5 × 4 = _____ e 2 ÷ 4 = _____

b) 3,1 × 3 = _____ e 9,3 ÷ 3 = _____

c) 4,2 × 4 = _____ e 16,8 ÷ 4 = _____

● **MINHAS DICAS**

Anote algo que você aprendeu nestas atividades e que pode ajudar a realizar cálculos mais rapidamente.

_____
_____

LER E ENTENDER

Uma das maneiras de apresentar informações aos leitores é por meio da reportagem. As reportagens são informações detalhadas de fatos que costumam conter depoimentos, dados comparativos e fotos. Você já leu reportagens em revistas, jornais ou na internet?

Leia abaixo o trecho de uma reportagem de 17 de fevereiro de 2016 sobre as chuvas na Amazônia.

Amazônia extrema: sem chuva, ribeirinhos são obrigados a se adaptar

Camila Fróis

O clima está mudando na Amazônia. Os eventos extremos, de forte seca ou muita chuva, estão cada vez mais agressivos, e as populações locais têm sido forçadas a encontrar novos meios de sobreviver com um clima cada vez menos previsível. No meio da Amazônia paraense, os ribeirinhos das margens do rio Tapajós são alguns dos mais impactados.

A equipe do **InfoAmazonia** esteve na região no fim de 2015 e ao longo de uma semana visitou comunidades ribeirinhas e sobrevoou a Floresta Nacional do Tapajós. A estiagem naquele momento fora muito além do normal: 120 dias [...].

Edinelson Fonseca, 62 anos, nasceu e foi criado na comunidade do Jamaraquá. Enquanto avista o rio ao longe, sentado na praia, ele conta em tom nostálgico sobre épocas de temperaturas mais frescas, árvores frutíferas mais carregadas e os rios mais fartos em peixes.

"Hoje, os peixes nos lagos estão morrendo por causa da água quente. Se é pra pescar aqui no rio, a pessoa tem que ficar uma manhã inteira pra pegar um tucunaré. E às vezes nem pega."

Para as pessoas que vivem no interior da região, assim como os moradores da bacia do rio Tapajós, é o vai e vem das águas que redesenha as paisagens, dita o ritmo do cotidiano e exige diferentes mecanismos de adaptação ao longo do ano. São seis meses de cheia e seis meses de seca, quando a água chega a recuar 100 metros da margem.

BLOG DO INFOAMAZONIA. Disponível em: <http://infoamazonia.blogosfera.uol.com.br/2016/02/17/amazonia-extrema-sem-chuva-ribeirinhos-sao-obrigados-a-se-adaptar/>. Acesso em: 13 jun. 2016.

Vista aérea do rio Branco, em Roraima, durante período de seca. Foto de 2016.

ANALISE

1. O texto que você leu é uma reportagem. Qual é a fonte de onde ela foi retirada?

   _____

2. Em quais outros meios de comunicação é possível encontrar textos como esse?

   _____

3. Vamos observar detalhes da reportagem.

   a) Leia o título do texto e escreva qual é sua função na reportagem.

   _____

   _____

   b) Pouco abaixo do título aparece um nome. O que ele significa?

   _____

4. Contorne no texto todos os números e suas unidades de medida.

RELACIONE

5. Qual é o nome da floresta que a equipe do **InfoAmazonia** sobrevoou? Em qual estado ela se localiza?

   _____

   _____

6. Por que as populações que vivem na Amazônia têm de procurar novos meios de sobrevivência?

   _____

   _____

7. Quantos dias a região da Floresta Nacional do Tapajós ficou sem chuva na época em que foi feita a reportagem? Esse tempo equivale a quantos meses?

   _____

8. Junte-se com alguns colegas e façam uma pesquisa sobre a relação entre o desmatamento e a variação climática na Amazônia. Anotem em um cartaz suas principais descobertas.

O QUE APRENDI?

As imagens que você viu na abertura desta Unidade mostram registros da brincadeira regional **Bila**, do litoral do Ceará, feitos pelo projeto brasileiro **Território do brincar**.

1. Observe essas imagens.

   a) A figura desenhada no chão tem a forma de que polígono?
   _____

   b) Como pode ser classificado esse polígono, de acordo com a medida dos ângulos?
   _____

   c) Imagine que esse polígono tem lados medindo 20 cm, 25 cm e 35 cm. Qual é o perímetro desse polígono?
   _____

   d) As bilas, também conhecidas como bolinhas de gude ou bolitas, têm a forma de que corpo redondo?
   _____

   e) Qual unidade de medida de massa é mais adequada para indicar a massa de 1 bila?
   _____

   f) O que você acha que a criança que está ajoelhada no chão está fazendo?
   _____

2. Observe as bilas nesta imagem.

   a) Represente com uma fração a quantidade de bilas de cada jogador em relação ao total de bilas desta imagem.

   _____

   b) Qual das frações que você representou no item **a** indica que o jogador tem a maior quantidade de bilas? Registre-a: ―――

   c) Qual das frações que você representou indica que o jogador tem a menor quantidade de bilas? Registre-a: ―――

   d) Que fração representa todas as bilas desta imagem? E que porcentagem?

   Registre-as: ――― e _____

   e) Qual é a média aritmética da quantidade de bolinhas desses jogadores?

   _____

   _____

● MINHA COLEÇÃO DE PALAVRAS

Escreva o significado de cada expressão abaixo.

- Probabilidade: _____
- Média aritmética: _____
- Triângulo isósceles: _____
- Circunferência: _____
- Centímetro cúbico: _____

PARA SABER MAIS

LIVROS

A Matemática no museu de arte, de Majungmul.
São Paulo: Callis, 2012.

O livro ensina a analisar obras de arte com um olhar matemático: pontos que se unem para formar retas, braço em formato de cilindro, etc. Ele mostra vários detalhes de obras de artistas famosos, que utilizam elementos da Matemática para compor seus trabalhos.

Aritmetruques: 50 dicas de como somar, subtrair, multiplicar e dividir sem calculadora, de Edward H. Julius. Campinas: Papirus, 1997.

As 4 operações básicas da Matemática são mostradas nesse livro de maneira fácil e divertida, ensinando truques para chegar rapidamente aos resultados, sem usar calculadora e, em muitas situações, sem lápis nem papel.

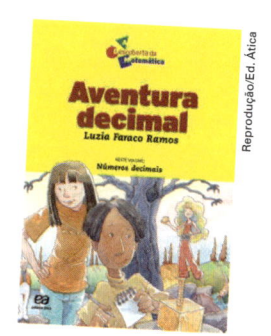

Aventura decimal: números decimais, de Luzia Faraco Ramos.
São Paulo: Ática, 2001

Paulo é craque no futebol, mas machucou o tornozelo e saiu do campeonato. O que não dava para imaginar é que por causa disso a aventura seria muito maior. Ele vai parar na Terra do Povo Pequeno, onde conhece uma garota misteriosa e interessada em números decimais.

Dinheiro, dinheirim – moeda no cofrim: fazendo poupança, o porquinho Dindim enche a pança, de Itamar Rabelo, Mauro Nogueira e Victor José Hohl. São Paulo: Senac, 2008.

Usando versos e linguagem simples, o porquinho Dindim dá uma aula sobre como poupar dinheiro, um hábito que deve começar na infância. Com esse livro o leitor perceberá que a educação financeira é um conhecimento que promove a qualidade de vida e a construção de uma sociedade melhor.

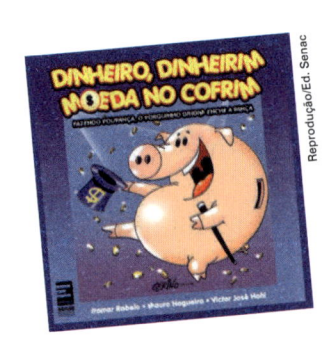

Em busca dos números perdidos, de Michael Thomson.
São Paulo: Melhoramentos, 2010.

Enquanto investiga o desaparecimento dos números e procura descobrir o culpado desse crime, o leitor vai resolvendo problemas matemáticos e avança nos desafios em busca da solução.

Espaguete e almôndegas para todos! Uma história matemática, de Marilyn Burns e Debbie Tilley. São Paulo: Brinque-Book, 2007.

Durante um almoço repleto de espaguete e almôndegas, são apresentados conceitos e demonstrações matemáticas sem deixar a história perder a graça.

Matemática: com este livro, você pode contar!, de Dan Green. São Paulo: Girassol, 2012.

Conceitos matemáticos são apresentados e ilustrados como se fossem personagens da "Galera dos números".

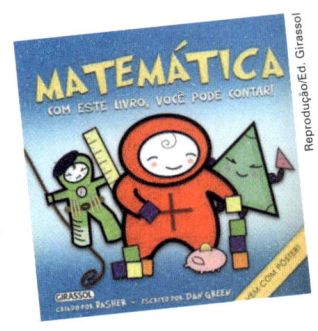

Matemática em mil e uma histórias – Uma ideia cem por cento, de Martins Rodrigues Teixeira. São Paulo: FTD, 1998.

Nesse livro, que faz parte da coleção "Matemática em mil e uma histórias", a porcentagem e as frações são apresentadas de maneira divertida e instigante.

Monstromática, de Jon Scieszka e Lane Smith. São Paulo: Companhia das Letrinhas, 2004.

Para a heroína dessa história, fazer cálculos se torna uma aventura a partir do momento em que a professora diz que tudo pode ser visto como um problema de Matemática.

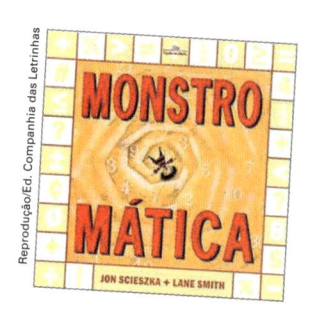

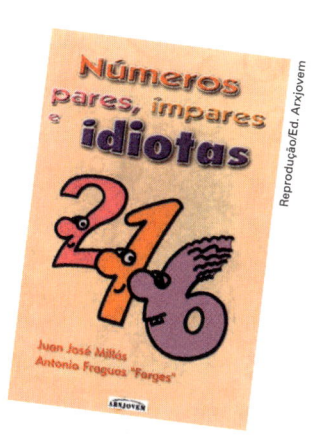

Números pares, ímpares e idiotas, de Juan José Millás e Antonio Fraguas "Forges". São Paulo: Arxjovem, 2003.

Nessa história os números realizam muitas operações, adicionam-se, subtraem-se, multiplicam-se e dividem-se em situações cômicas e muitas vezes até absurdas.

O livro das formas do sr. Formalindo, de Marcelo Cipis. São Paulo: Global, 2011.

Circunferência, triângulo, quadrado, retângulo e outras figuras geométricas desvendam as formas do mundo, contando uma história apenas por imagens.

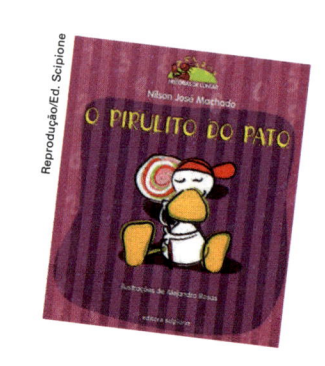

O pirulito do pato, de Nílson José Machado. São Paulo: Scipione, 2004.

Os patinhos Lino e Dino acabam de ganhar da mãe um pirulito dividido em 2. Aí chega o patinho Xato: mais 1 patinho para dividir o pirulito. Quando cada um dos 3 patinhos já estava com sua parte... Chega Zinho, e mais uma divisão para ser resolvida.

O rapto do professor de Matemática, de Philippe Barcinski. São Paulo: Girafinha, 2007.

Durante uma aula de Matemática o professor escreve na lousa o número 1,35273849827 e então muitas coisas estranhas começam a acontecer. O mistério só é desfeito quando o professor se encontrar com esse número, que está muito insatisfeito com sua posição na sequência numérica!

Operação risoto, de Eva Furnari. São Paulo: Ática, 1999.

O professor Boris viajou e deixou Nicolino cuidando de sua máquina duplicadora. Só que o garoto não contava com criminosos na cidade. Uma história contada com correspondências, anotações e notícias de jornais.

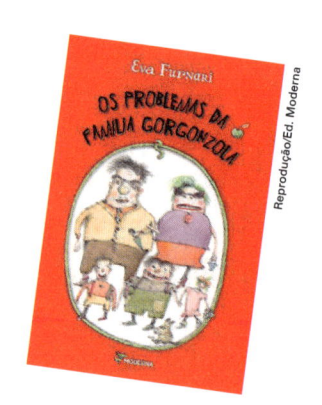

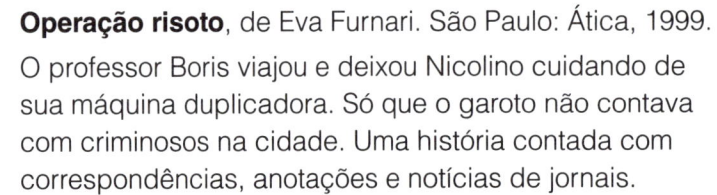

Os problemas da família Gorgonzola, de Eva Furnari. São Paulo: Moderna, 2015.

A família Gorgonzola está cheia de problemas. Será que você consegue ajudá-la resolvendo os desafios que aparecem nesse livro?

Polígonos, centopeias e outros bichos, de Nílson José Machado. São Paulo: Scipione, 2000.

Além de desenvolver de maneira divertida alguns conceitos sobre polígonos, esse livro propõe uma discussão inteligente sobre saber fazer e saber falar.

SITES

Todos os *sites* relacionados foram acessados em: 27 jun. 2016.

AKATU MIRIM. Disponível em: <www.akatumirim.org.br>.
Por meio de jogos, vídeos e atividades, aprenda nesse *site* sobre educação e preservação ambiental.

CIÊNCIA HOJE DAS CRIANÇAS. Disponível em: <http://chc.cienciahoje.uol.com.br/>.
Esse *site* disponibiliza materiais científicos, com temas gerais e específicos da Matemática, em linguagem própria para as crianças.

CURSOS IPED. **Reforço escolar.** Disponível em: <www.iped.com.br/reforco-escolar/curso/matematica-infantil>.
Esse *site* traz um curso *on-line* de Educação Infantil, indicado para crianças de 7 a 9 anos, com reforços e atividades avaliativas sobre as noções básicas das 4 operações matemáticas: adição, subtração, multiplicação e divisão.

ESTUDAMOS. **Matemática.** Disponível em: <www.estudamos.com.br/jogos_da_matematica/jogo_da_tabuada_multiplicacao_adicao_9.php>.
Esse *site* apresenta atividades sobre jogos, problemas, fração, gráficos, operações matemáticas e outros conteúdos matemáticos. Um exemplo: "Jogo da tabuada do 9".

IBGE 7 A 12. Disponível em: <www.7a12.ibge.gov.br>.
Esse *site* do IBGE é destinado às crianças de 7 a 12 anos de idade. Ele disponibiliza informações sobre o Brasil e sua população, jogos, brincadeiras, mapas e materiais para pesquisa.

RACHA CUCA. Disponível em: <www.rachacuca.com.br>.
Site indicado para quem gosta de jogos e passatempos, como sudoku, enigmas, palavras cruzadas e quebra-cabeça.

REVISTA RECREIO. Disponível em: <www.recreio.com.br>.
Esse *site* apresenta jogos educativos para crianças. Aprenda e divirta-se com os desafios de Matemática!

UOL CRIANÇAS. **Brincadeiras.** Disponível em: <criancas.uol.com.br/atividades/brincadeiras/desafio-de-matematica.jhtm>.
Esse *site* apresenta desafios matemáticos interativos, atividades de Geometria em 3-D, histórias infantis com conteúdos matemáticos e curiosidades sobre outras áreas do conhecimento.

BIBLIOGRAFIA

ASCHENBACH, Lena. *A arte-magia das dobraduras:* histórias e atividades pedagógicas com *origami*. São Paulo: Scipione, 1990.

BORIN, Júlia. *Jogos e resolução de problemas:* uma estratégia para as aulas de Matemática. São Paulo: CAEM/IME-USP, 2002.

BRASIL. *Elementos conceituais e metodológicos para a definição dos direitos da aprendizagem e desenvolvimento do ciclo de alfabetização (1º, 2º e 3º anos do Ensino Fundamental).* Brasília: DICEI/COEF, 2012.

_____. *Lei de Diretrizes e Bases da Educação Nacional (LDB):* lei n. 9 394, de 20 de dezembro de 1996, que estabelece as diretrizes e bases da educação nacional. Brasília: Câmara dos Deputados, Edições Câmara, 2011.

_____. Ministério da Educação. Secretaria de Educação Básica. Fundo Nacional de Desenvolvimento da Educação. *Ensino Fundamental de nove anos:* orientações para a inclusão da criança de seis anos de idade. Brasília, 2006.

_____. Ministério da Educação. Secretaria de Educação Básica. Fundo Nacional de Desenvolvimento da Educação. *Pró-letramento:* programa de formação continuada de professores das séries iniciais do Ensino Fundamental: Matemática. Brasília, 2006.

_____. Ministério da Educação. Secretaria de Educação Fundamental. *Parâmetros Curriculares Nacionais:* Matemática. Brasília, 1997.

_____. Ministério da Educação. Secretaria de Educação Fundamental. *Parâmetros Curriculares Nacionais:* temas transversais – ética, pluralidade cultural, orientação sexual. Brasília, 1997.

_____. *Pacto Nacional pela Alfabetização na Idade Certa (PNAIC).* Disponível em: <pacto.mec.gov.br/component/content/article/2-uncategorised/53-entendendo-o-pacto>. Acesso em: 16 set. 2015.

COLL, César; TEBEROSKY, Ana. *Aprendendo Matemática:* conteúdos para o Ensino Fundamental de 1ª a 4ª série. São Paulo: Ática, 2000.

D'AMBROSIO, Ubiratan. *Da realidade à ação:* reflexões sobre educação e Matemática. Campinas: Summus/Ed. da Unicamp, 1986.

FRIEDMANN, Adriana. *Brincar:* crescer é aprender. O resgate do jogo infantil. São Paulo: Moderna, 1996.

HAYDT, Regina Célia. *Avaliação do processo ensino-aprendizagem.* São Paulo: Ática, 2000.

KAMII, Constance. *A criança e o número.* Campinas: Papirus, 2003.

_____; DEVRIES, Rheta. *Jogos em grupo na educação infantil:* implicações da teoria de Piaget. São Paulo: Trajetória Cultural, 1991.

KISHIMOTO, Tizuko Morchida. *O jogo e a educação infantil.* São Paulo: Pioneira, 1994.

LERNER, Delia. *Didática da Matemática:* reflexões psicopedagógicas. Porto Alegre: Artmed, 1996.

_____. *Ler e escrever na escola:* o real, o possível e o necessário. Porto Alegre: Artmed, 2002.

MACHADO, Nílson José. *Conhecimento e valor.* São Paulo: Moderna, 2004.

_____. *Educação:* projetos e valores. São Paulo: Escrituras, 2004.

_____. *Educação e autoridade.* Petrópolis: Vozes, 2008.

NUNES, Terezinha et al. *Educação matemática:* números e operações numéricas. São Paulo: Cortez, 2005. v. 1.

PANIZZA, Mabel. *Ensinar Matemática na Educação Infantil e nas séries iniciais.* Porto Alegre: Artmed, 2006.

PERRENOUD, Philippe. *Construir as competências desde a escola.* Porto Alegre: Artmed, 1999.

SACRISTÁN, José Gimeno. *O currículo:* uma reflexão sobre a prática. Porto Alegre: Artmed, 2000.

SMOLE, Kátia Stocco; DINIZ, Maria Ignez; CÂNDIDO, Patrícia. *Brincadeiras infantis nas aulas de Matemática.* Porto Alegre: Artmed, 2000.

_____. *Resolução de problemas.* Porto Alegre: Artmed, 2000.

ZABALA, Antoni. *A prática educativa:* como ensinar. Porto Alegre: Artmed, 1998.

Projeto LUMIRÁ

MATEMÁTICA 5

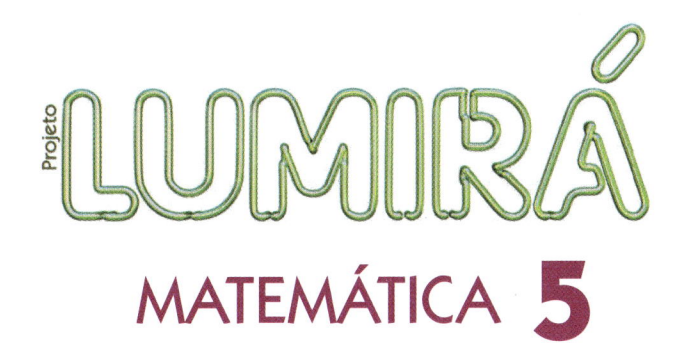

Caderno de Atividades

Aluno: ....

Escola: ....

editora ática

SUMÁRIO

UNIDADE 1

CAPÍTULO 1
O uso dos números 3
A classe dos milhares 4
Operações com números da classe
dos milhares 6
Medidas de tempo 7

CAPÍTULO 2
A classe dos milhões 8
Sistema de numeração romano 9
Arredondamentos 10
Ampliação e redução 11
Prismas 12
Organizar com tabela e gráfico 13

CAPÍTULO 3
A classe dos bilhões 14
Adição e subtração com bilhões 15
Características das adições
e das subtrações 16
Múltiplos 17
Medidas de comprimento 18
Possibilidades e combinações 19

UNIDADE 2

CAPÍTULO 4
Relembrando frações 20
Perímetro 21
Frações impróprias e números mistos ... 22
Frações nas medidas de tempo 23
Divisão: divisor de 3 algarismos 24
Estratégias da divisão 25
Números decimais 26
Os decimais nas unidades de medida ... 27
Tabela de dupla entrada 28

CAPÍTULO 5
Comparação de frações e frações
equivalentes 29
Comparação de decimais 30
Frações e decimais 31
Adição e subtração de frações
com o mesmo denominador 32
Segmento de reta, semirreta e reta 33
Ideia de ângulo 34
Unidades de medida de comprimento .. 35

CAPÍTULO 6
Frações, divisões e decimais 36
Adição e subtração de frações com
denominadores diferentes 37

Medidas de massa 38
Ângulo 39
Gráfico de colunas e tabela
de dupla entrada 40

UNIDADE 3

CAPÍTULO 7
Adição de decimais 42
Subtração de decimais 43
Leitura de tabela de dupla entrada 44
Porcentagem 45
Porcentagem de quantidade 46
Decimais e operações com medidas 47
Ângulos e unidade de medida 48
Expressões numéricas 49
Medidas de superfície 50

CAPÍTULO 8
Quadrado mágico com frações, decimais
e porcentagens 51
Multiplicação de decimal 52
Multiplicação de decimal por 10, 100
e 1 000 53
Retas concorrentes e retas paralelas 54
Quadriláteros 55

CAPÍTULO 9
Divisão de decimal 56
Divisão de decimal por 10, 100 e 1 000 ... 57
Área e perímetro 58
Gráfico de setores com porcentagens ... 59

UNIDADE 4

CAPÍTULO 10
Probabilidade 60
Multiplicação de frações 61
Média aritmética 62
Quilograma, grama e miligrama 63
Composição de figuras 64
Gráfico de setores e gráfico de colunas ... 65

CAPÍTULO 11
Medidas de tempo 66
Triângulos 67

CAPÍTULO 12
Retomando porcentagens 68
Figuras geométricas 69
Medidas de volume 70
Mais gráficos 71

UNIDADE 1 CAPÍTULO 1

PÁGINAS 12 E 13 DO LIVRO

O USO DOS NÚMEROS

1 Leia o texto abaixo.

> O edifício Copan, em São Paulo, foi concebido pelo arquiteto Oscar Niemeyer em 1954. O prédio tem 115 metros de altura, divididos em 32 andares. Os Correios decidiram designar para o condomínio do edifício um CEP especial: 01066-900.
>
> Fonte de consulta: CIDADE DE SÃO PAULO. **O que visitar**. Disponível em: <www.cidadedesaopaulo.com/sp/br/o-que-visitar/184-edificio-copan>. Acesso em: 14 jun. 2016.

Cada número do texto acima tem um uso diferente. Ligue cada número a seu uso.

1954	Contagem dos andares
115	Medida de comprimento
32	Código de endereçamento postal
01066-900	Contagem e medida de tempo

2 Para cada situação abaixo, indique qual é o uso dos números pedido. Responda usando um dos termos: **ordem**, **código**, **medida** ou **contagem**.

a) Luís, Pedro e Mário resolveram disputar uma maratona. Luís terminou a prova em 11º lugar, Pedro terminou em 18º lugar e Mário terminou em 21º lugar. Qual é o uso dos números que representam a posição de chegada dos corredores?

_____

b) Leandro escolheu o número 23456 para a sua senha do banco. Qual é o uso desse número? O que você acha da senha escolhida por Leandro?

_____

3

UNIDADE 1 CAPÍTULO 1

PÁGINAS 14 A 17 DO LIVRO

A CLASSE DOS MILHARES

1 Escreva cada um dos números abaixo com algarismos.

a) Três mil, quinhentos e doze: _____

b) Dezoito mil e quarenta e cinco: _____

c) Setecentos e trinta mil e quatro: _____

d) Noventa mil, duzentos e treze: _____

2 Quais destas quantidades podem ser expressas em milhares? Responda **sim** ou **não**.

a) Quantidade de alunos de sua turma. _____

b) Quantidade de pessoas que participaram do Ano-Novo de 2016 na avenida Paulista, em São Paulo. _____

c) Quantidade de pessoas na plateia de um teatro. _____

d) Capacidade de pessoas que o maior estádio do Brasil, o Maracanã, acomoda. _____

Reinauguração do Estádio do Maracanã, no Rio de Janeiro (RJ), para a Copa do Mundo de Futebol de 2014. Foto de 2013.

3 Escreva os números abaixo em ordem crescente:

23 564, 12 430, 123 098, 908 000, 32 045, 32 405

UNIDADE 1 CAPÍTULO 1

4 Represente os números nos ábacos a seguir.

a) 205 360

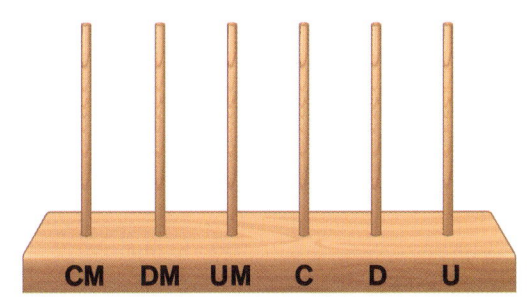

b) 41 023

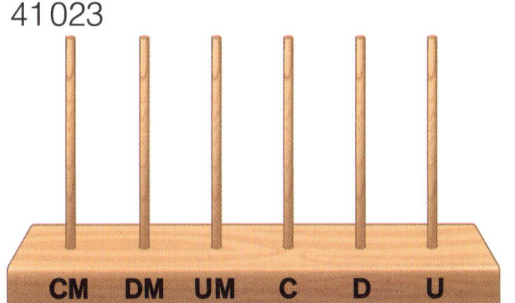

c) 100 740

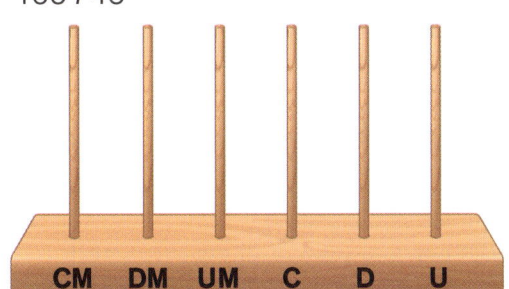

d) 103 022

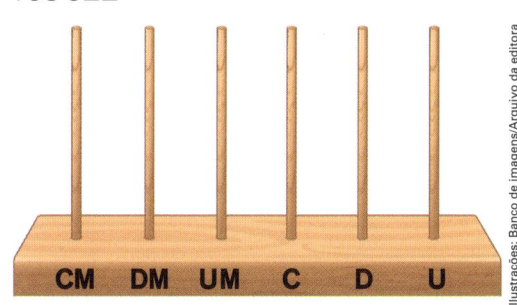

e) 343 020

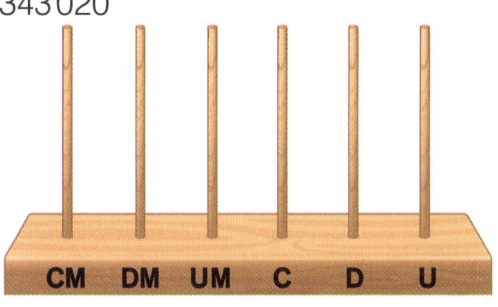

f) 750 004

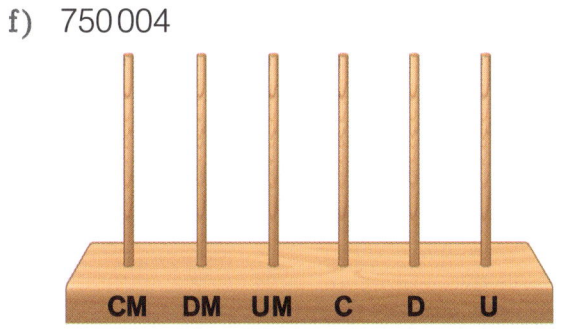

5 Decomponha cada número da atividade anterior de 2 formas diferentes.

a) _____

b) _____

c) _____

d) _____

e) _____

f) _____

UNIDADE 1 CAPÍTULO 1

PÁGINAS 18 A 21 DO LIVRO

OPERAÇÕES COM NÚMEROS DA CLASSE DOS MILHARES

1 Catarina é corretora de imóveis. Em agosto, ela vendeu uma casa por R$ 250 000,00 e um apartamento por R$ 325 000,00.

a) Qual é o valor dos 2 imóveis juntos?

_____

_____

b) Qual é a diferença entre o preço do apartamento e o preço da casa?

_____

_____

c) Sabendo que os 2 imóveis estão localizados bem próximos e ambos têm a mesma área, qual deles você escolheria? Por quê?

_____

_____

d) Quantos reais ao todo custam 3 apartamentos do mesmo valor que o vendido por Catarina?

_____

_____

2 Quantas cédulas de 100 reais são necessárias para formar cada valor abaixo?

a) R$ 10 000,00 _____

b) R$ 20 000,00 _____

c) R$ 50 000,00 _____

d) R$ 100 000,00 _____

MEDIDAS DE TEMPO

1 O professor de Geografia do 5º ano planejou desenvolver um projeto com seus alunos que teria a duração de um bimestre. Porém, os alunos encontraram muitos materiais e fizeram vários trabalhos. Por isso, o projeto levou 30 dias a mais do que o planejado. Então, a duração do projeto foi de um _____.

2 Um filme tem duração de 125 minutos. Ele tem, portanto, quantas horas e quantos minutos de duração?

3 Marcelo saiu de casa às 6 horas e 45 minutos. Era um dia de muito trânsito. Ele chegou ao trabalho às 7 horas e 40 minutos. Quanto tempo gastou no percurso?

4 Marina foi ao médico porque estava resfriada. O médico lhe receitou uma medicação que deverá ser tomada a cada 6 horas. No primeiro dia, Marina tomou a primeira dose do remédio às 05:00. Quantas vezes por dia Marina deverá tomar a medicação receitada? Em quais horários ela deverá tomar?

5 Sérgio visita seu tio Pedro no interior uma vez a cada 3 meses. A primeira visita é sempre em janeiro. Quantas vezes por ano Sérgio faz essas visitas? E em quais meses?

A CLASSE DOS MILHÕES

1 A estimativa de espécies de seres vivos existentes no Brasil é de 1,8 milhão, das quais apenas cerca de 11% foram descritas. Observe o quadro sobre a fauna brasileira.

Espécies da fauna brasileira

Grupo	Subgrupo	Quantidade de espécies descritas
Vertebrados	Mamíferos	720
	Aves	1 924
	Répteis	759
	Peixes	4 388
	Anfíbios	986
Invertebrados	Insetos	82 560
	Outros invertebrados	10 611

Fonte de consulta: SISTEMA DE INFORMAÇÃO SOBRE A BIODIVERSIDADE BRASILEIRA (SiBBr). **Biodiversidade brasileira**. Disponível em: <www.sibbr.gov.br/areas/?area=biodiversidade>. Acesso em: 15 jun. 2016.

a) Quais dos subgrupos têm quantidade de espécies descritas expressa em milhares?

_____

b) Quais dos subgrupos têm quantidade de espécies descritas expressa em milhões?

_____

c) Qual é a estimativa de espécies da fauna brasileira? Escreva esse número usando algarismos.

_____

2 Qual destas grandezas pode ser expressa em milhões: o número de habitantes de uma cidade grande, o número de pessoas que cabem em um estádio de futebol ou o número de alunos de uma escola?

_____

SISTEMA DE NUMERAÇÃO ROMANO

1 Complete o relógio ao lado com símbolos romanos.

2 Siga o exemplo e escreva os números abaixo por extenso.

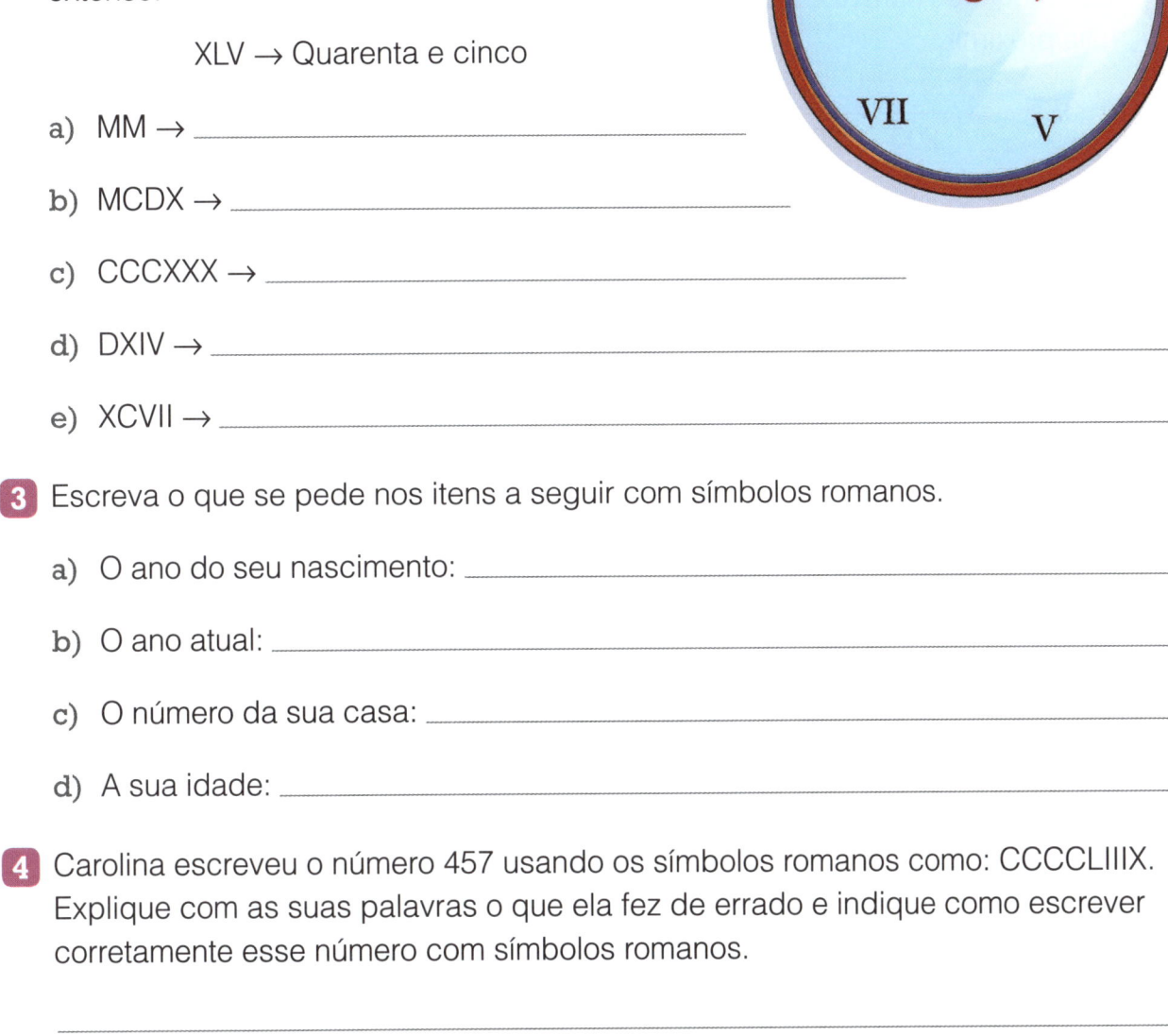

XLV → Quarenta e cinco

a) MM → _____

b) MCDX → _____

c) CCCXXX → _____

d) DXIV → _____

e) XCVII → _____

3 Escreva o que se pede nos itens a seguir com símbolos romanos.

a) O ano do seu nascimento: _____

b) O ano atual: _____

c) O número da sua casa: _____

d) A sua idade: _____

4 Carolina escreveu o número 457 usando os símbolos romanos como: CCCCLIIIX. Explique com as suas palavras o que ela fez de errado e indique como escrever corretamente esse número com símbolos romanos.

_____
_____
_____
_____
_____
_____

UNIDADE 1 CAPÍTULO 2

PÁGINAS 40 E 41 DO LIVRO

ARREDONDAMENTOS

1 Em sua opinião, para que servem os arredondamentos?

_____

2 Represente os números na reta numerada e faça o arredondamento para a ordem mais próxima.

a) 325: |—200—|—300—|—400—|—500—→   Arredondamento: _____

b) 17 997: |—17 000—|—18 000—|—19 000—|—20 000—→   Arredondamento: _____

3 Arredonde os números a seguir para a **unidade de milhar** mais próxima.

a) 207 342: _____

b) 34 789: _____

c) 6 782 650: _____

d) 598 211: _____

4 Arredonde os números a seguir para a **dezena de milhar** mais próxima.

a) 321 648: _____

b) 1 567 543: _____

c) 57 000: _____

d) 4 512 345: _____

5 Arredonde os números a seguir para a **centena de milhar** mais próxima.

a) 678 887: _____

b) 2 422 300: _____

c) 333 333: _____

d) 8 195 000: _____

6 Reescreva o texto abaixo usando as expressões **aproximadamente**, **mais de**, **cerca de** ou outras que indiquem que um número foi arredondado.

> O bioma Amazônia está presente em 5 estados brasileiros e ocupa 98,8% da área de Rondônia, 54% da área de Mato Grosso, 34% da área do Maranhão e 9% da área do Tocantins.
>
> Fonte de consulta: IBGE. **Fauna e flora**. Disponível em: <www.ibge.gov.br/home/presidencia/noticias/21052004biomashtml.shtm>. Acesso em: 20 jun. 2016.

_____

_____

UNIDADE 1 CAPÍTULO 2

PÁGINAS 42 E 43 DO LIVRO

AMPLIAÇÃO E REDUÇÃO

1 Reduza a figura verde abaixo nas 2 malhas quadriculadas de modo que a redução tenha metade do tamanho da figura original.

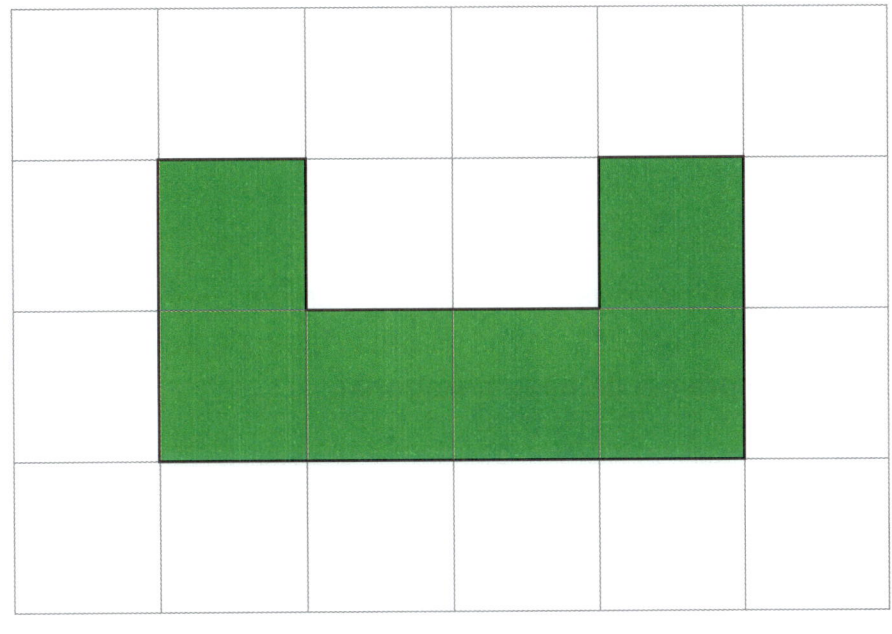

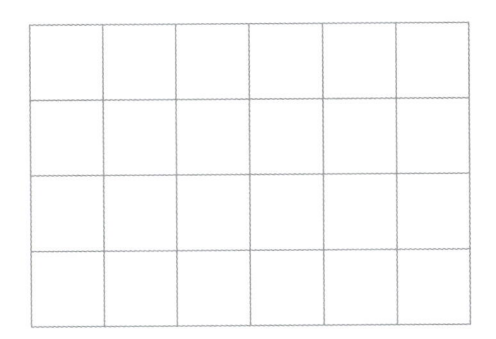

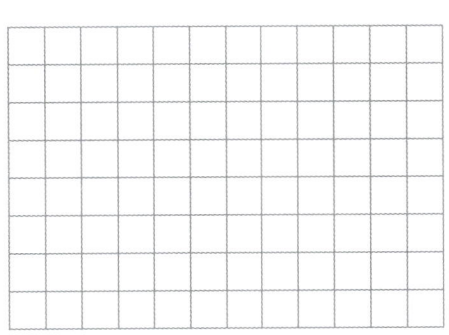

2 Pense nas figuras que você pintou na atividade anterior. Elas são reduções da figura verde ou a figura verde é uma ampliação das figuras que você pintou?

_____
_____
_____
_____

PRISMAS

1 A figura ao lado é a planificação de um poliedro.

a) Qual é o nome desse poliedro?

_____

b) Complete: Quando montado, esse poliedro terá

_____ faces, _____ vértices e _____ arestas.

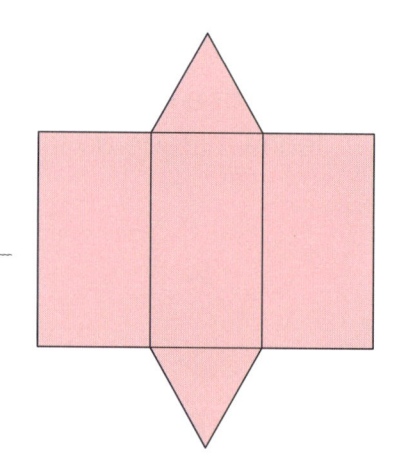

2 Qual das latas abaixo é mais adequada para embalar os biscoitos caseiros feitos pela avó de Lucas: a que tem forma de um **prisma de base pentagonal** ou a que tem forma de um **prisma de base hexagonal**?

_____

3 Indique qual é a quantidade de faces, de vértices e de arestas de cada poliedro abaixo.

a) Prisma de base pentagonal.

_____

_____

b) Prisma de base hexagonal.

_____

_____

ORGANIZAR COM TABELA E GRÁFICO

1 Leia o texto abaixo.

> O maior estado brasileiro é o Amazonas, com 1 559 148,89 km², seguido do Pará, com 1 247 954,32 km². O estado com menor área é Sergipe, com 21 918,493 km². Abaixo há uma lista com a área de alguns outros estados brasileiros:
> - Acre: 164 123,739 km²
> - Amapá: 142 828,52 km²
> - Piauí: 251 611,932 km²
> - Paraíba: 56 469,744 km²
> - Alagoas: 27 848,003 km²
> - Espírito Santo: 46 096,925 km²
> - Mato Grosso do Sul: 357 145,534 km²
> - Mato Grosso: 903 378,292 km²
>
> Fonte de consulta: IBGE. **Cartografia**. Disponível em: <www.ibge.gov.br/home/geociencias/areaterritorial/principal.shtm>. Acesso em: 16 jun. 2016.

a) Entre os estados citados no texto, qual tem a quarta maior área?

_____

_____

b) Você achou fácil ou difícil descobrir essa informação no texto?

_____

2 Vamos organizar os dados?

a) Monte uma tabela com as informações do texto da atividade anterior, de forma que os dados sejam organizados por ordem decrescente de área. A tabela deve conter somente os 5 estados com maior área.

Título: _____

Estado					
Área (km²)					

Fonte de consulta: IBGE. **Cartografia**. Disponível em: <www.ibge.gov.br/home/geociencias/areaterritorial/principal.shtm>. Acesso em: 16 jun. 2016.

b) Indique qual é o quinto estado com maior área entre os estados da tabela acima.

_____

UNIDADE 1 CAPÍTULO 3

PÁGINAS 52 E 53 DO LIVRO

A CLASSE DOS BILHÕES

As imagens destas páginas não estão representadas em proporção.

1 Leia as notícias e escreva as quantidades usando apenas algarismos.

a) _____

> População mundial chegará aos 10 bilhões em 2050, segundo estudo

G1-GLOBO. **Mundo**. Disponível em: <http://g1.globo.com/mundo/noticia/2015/09/populacao-mundial-chegara-aos-10-bilhoes-em-2050-segundo-estudo.html>. Acesso em: 3 jun. 2016.

b) _____

> Produção agropecuária deve faturar R$ 504 bilhões em 2016

PORTAL BRASIL. **Economia e emprego**. Disponível em: <www.brasil.gov.br/economia-e-emprego/2016/06/producao-agropecuaria-deve-faturar-r-504-bilhoes-em-2016>. Acesso em: 15 jun. 2016.

2 Qual é o antecessor de 1 bilhão? E o sucessor?

_____

_____

3 Escreva o que se pede com algarismos.

a) 1 unidade: _____

b) 1 unidade de milhar: _____

c) 1 unidade de bilhão: _____

4 Escreva o número 2 987 555 304 por extenso.

_____

_____

ADIÇÃO E SUBTRAÇÃO COM BILHÕES

1 O número 445 709 812 foi registrado em uma calculadora.

a) Como você pode adicionar 7 dezenas de milhar a esse número sem usar as teclas 7 e 5 ? Registre abaixo as teclas que você usaria.

_____

_____

b) E se você quisesse adicionar 9 centenas de milhar a esse número sem usar essas teclas? Registre abaixo as teclas que você usaria.

_____

_____

2 Leia o texto e responda às questões a seguir.

> A Companhia de Saneamento Básico de São Paulo (Sabesp) informou nesta segunda-feira (9) que o programa de bônus para quem reduzisse o consumo de água resultou na economia de 100 bilhões de litros na Grande São Paulo e cidades das regiões de Campinas e Bragança Paulista. O balanço leva em conta o período de um ano de desconto na conta.
>
> Proporcionalmente, o volume representa mais da metade do Sistema Guarapiranga cheio (capacidade total de 171 bilhões de litros) ou 10% do Cantareira (capacidade total de 982 bilhões de litros).
>
> G1-GLOBO. **São Paulo**. Disponível em: <http://g1.globo.com/sao-paulo/noticia/2015/02/bonus-na-conta-resulta-em-economia-de-100-bilhoes-de-litros-diz-sabesp.html>. Acesso em: 13 jun. 2016.

a) Qual é a diferença entre o total economizado em 1 ano e a capacidade total do Sistema Guarapiranga?

_____

_____

b) Qual é a diferença entre a capacidade total de água do Sistema Guarapiranga e do Sistema Cantareira?

_____

_____

CARACTERÍSTICAS DAS ADIÇÕES E DAS SUBTRAÇÕES

1 Aplique uma propriedade da adição ou use a calculadora para responder.

a) Se 31 987 + 8 977 = 40 964, então 40 964 − 8 977 = _____.

b) Se 10 000 + 6 543 = 16 543, então 16 543 − 10 000 = _____.

c) Se 54 000 + 23 000 = 77 000, então 77 000 − 54 000 = _____.

d) Se 20 987 + 20 987 = 41 974, então 41 974 − 20 987 = _____.

2 Martina calculou o preço total da compra de uma blusa e de uma saia adicionando R$ 45,00 a R$ 60,00. Sua colega, a vendedora Sueli, adicionou R$ 60,00 a R$ 45,00. Elas obtiveram o mesmo resultado? Por quê?

_____

_____

3 Descubra a parcela que está faltando e indique a subtração que você fez para encontrá-la.

a) 234 500 + _____ = 468 500   c) 12 020 + _____ + 100 = 12 130

b) _____ + 432 = 50 432   d) 43 111 + _____ = 43 222

UNIDADE 1 CAPÍTULO 3

PÁGINAS 58 A 61 DO LIVRO

MÚLTIPLOS

1 Pense nas tabuadas dos números 2, 3, 5 e 10 e complete cada item com 6 exemplos de múltiplos desses números.

a) Múltiplos de 2: _____

b) Múltiplos de 3: _____

c) Múltiplos de 5: _____

d) Múltiplos de 10: _____

2 Para descobrir se o número 12 é múltiplo de algum número, podemos pensar em quais multiplicações têm produto 12. Assim, 12 será múltiplo dos fatores dessas multiplicações.

a) Escreva abaixo todas as multiplicações que resultam em 12.

- _____ × _____ = 12
- _____ × _____ = 12
- _____ × _____ = 12
- _____ × _____ = 12

b) O número 12 é múltiplo de quais números?

_____

3 Repita o procedimento da atividade anterior para completar cada item abaixo.

a) O número 13 é múltiplo de _____.

- _____ × _____ = 13
- _____ × _____ = 13
- _____ × _____ = 13
- _____ × _____ = 13

b) O número 26 é múltiplo de _____.

- _____ × _____ = 26
- _____ × _____ = 26
- _____ × _____ = 26
- _____ × _____ = 26

c) O número 52 é múltiplo de _____.

- _____ × _____ = 52
- _____ × _____ = 52
- _____ × _____ = 52
- _____ × _____ = 52

UNIDADE 1 CAPÍTULO 3

PÁGINAS 64 A 67 DO LIVRO

MEDIDAS DE COMPRIMENTO

1 O quilômetro (km), o metro (m), o centímetro (cm) e o milímetro (mm) são unidades de medida de comprimento padronizadas. Qual delas você escolheria para medir os comprimentos abaixo?

a) A distância entre Florianópolis e Curitiba. _____

b) A altura de sua mesa. _____

c) A espessura de sua régua. _____

d) O comprimento da sala de aula. _____

2 João mediu a altura da mesa e obteve 80 cm. Tânia expressou a mesma medida em milímetros. Qual foi a medida expressa por Tânia?

_____

3 O tampo de uma mesa escolar tem 48 cm. Sandra mediu-o em palmos e obteve 4 palmos. Pedro fez a mesma medição, mas obteve 3 palmos.

a) Por que você acha que eles obtiveram medidas diferentes?

_____

b) Qual deles tem o maior palmo?

_____

c) Quantos centímetros mede o palmo de Sandra?

_____

d) E quantos centímetros mede o palmo de Pedro?

_____

POSSIBILIDADES E COMBINAÇÕES

1 A senha de um *site* é composta de 1 figura e 1 palavra. São disponibilizadas 14 figuras e 22 palavras para os clientes cadastrarem suas senhas.

a) Quantas combinações de senha o *site* disponibiliza?

_____

b) Se o criador do *site* quiser aumentar a quantidade de combinações de senha que o *site* disponibiliza, então ele deve aumentar a quantidade de figuras ou de palavras?

_____

_____

c) Complete as frases abaixo com **possibilidades** ou **combinações**.
Um usuário desse *site*, ao escolher sua senha, tem disponíveis

14 _____ de figuras e 22 _____ de palavras.

Ao todo o sistema tem 308 _____ de senhas diferentes.

2 O sistema de numeração que usamos tem 10 algarismos. Crie uma cartela para cada algarismo desse sistema de numeração. Use as cartelas para montar todas as combinações possíveis para cada item abaixo.

a) Um número menor do que 500 formado pelos algarismos 5, 2 e 3.

_____

b) Um número par formado pelos algarismos 9, 0 e 7.

_____

c) Um número par formado pelos algarismos 9, 0, 1, e 7.

_____

RELEMBRANDO FRAÇÕES

1 Represente cada número indicado com uma fração.

a) Um terço: ―――

b) Vinte e três centésimos: ―――

c) Treze milésimos: ―――

d) Dois décimos: ―――

e) Cinco sétimos: ―――

f) Onze doze avos: ―――

2 Mariana ganhou 57 figurinhas e deu $\frac{1}{3}$ delas para seu irmão.

a) Quantas figurinhas Mariana deu para seu irmão?

―――――――――――――――――――――――――――――――

b) Quantas figurinhas sobraram?

―――――――――――――――――――――――――――――――

3 Laura tem 1 hora de folga entre o horário que sai do trabalho e o horário de ir buscar sua filha na escola. Em um quarto desse tempo ela passeia com seu cachorro e em metade desse tempo, prepara o lanche da filha.

a) Quantos minutos dura o passeio de Laura com o cachorro?

―――――――――――――――――――――――――――――――

b) Em quanto tempo Laura prepara o lanche de sua filha?

―――――――――――――――――――――――――――――――

UNIDADE 2 CAPÍTULO 4

PÁGINAS 82 E 83 DO LIVRO

PERÍMETRO

1 Cássia fará um bordado em toda a volta de uma toalha retangular, que mede 120 cm de comprimento por 80 cm de largura. Quantos centímetros ela fará de bordado?

___

2 Marcelo vai cercar um terreno triangular, usando 4 fios de arame em toda a volta. Sabendo que os lados do terreno medem 30 m, 40 m e 50 m, quantos metros de arame ele gastará no mínimo?

___

3 Na malha quadriculada, os quadrinhos têm 1 cm de lado. Calcule o perímetro de cada figura.

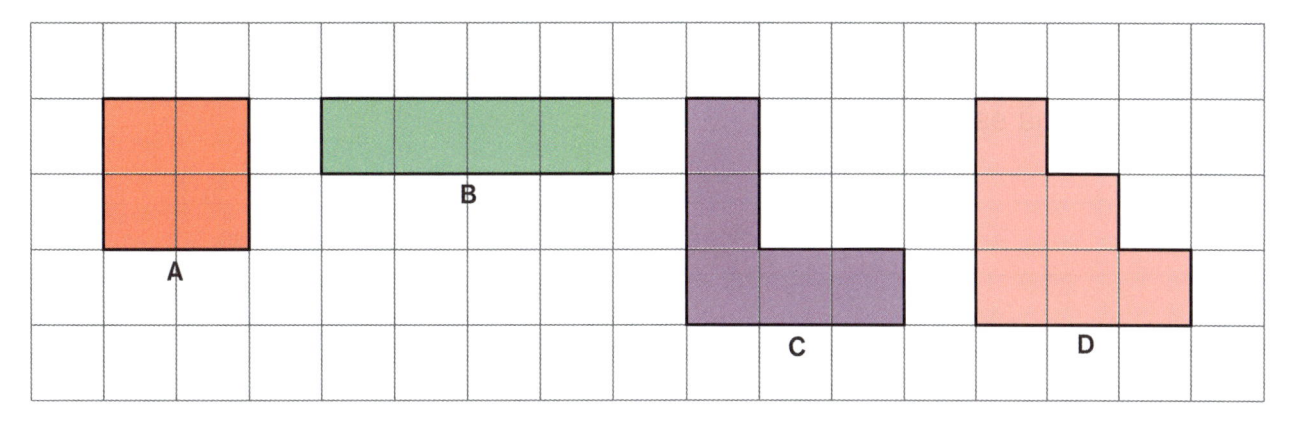

a) Figura **A**: ___

b) Figura **B**: ___

c) Figura **C**: ___

d) Figura **D**: ___

21

FRAÇÕES IMPRÓPRIAS E NÚMEROS MISTOS

1 As figuras abaixo foram divididas em partes iguais. Represente a parte pintada pela fração imprópria correspondente.

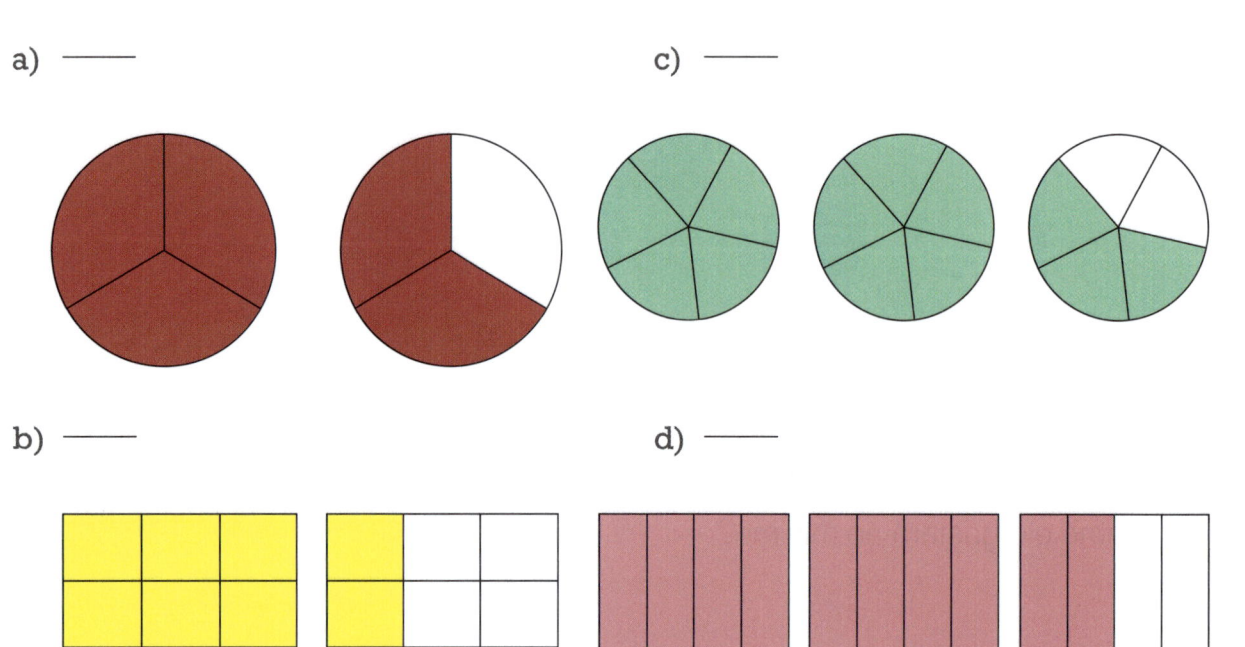

a) _____

c) _____

b) _____

d) _____

2 Represente cada fração imprópria da atividade anterior como número na forma mista.

a) _____

c) _____

b) _____

d) _____

3 Imagine que um colega seu está com dúvida sobre a diferença entre frações impróprias e números na forma mista. Escreva abaixo como você explicaria para o colega essa diferença.

_____
_____
_____
_____
_____

UNIDADE 2 · CAPÍTULO 4

PÁGINAS 86 E 87 DO LIVRO

FRAÇÕES NAS MEDIDAS DE TEMPO

1 Complete as frases a seguir.

a) A professora disse que faltava $\frac{1}{3}$ de 1 hora para a próxima aula. Isso significa que faltam _____ minutos.

b) A viagem da minha casa até a casa da minha avó dura $\frac{2}{6}$ de 1 dia. Isso equivale a _____ horas de viagem.

c) Para realizar uma prova da gincana da escola demorei exatamente $\frac{1}{4}$ de 1 minuto, então levei _____ segundos para completar a prova.

2 Represente nos relógios abaixo os horários pedidos nos itens.

a) 15 horas e $\frac{1}{4}$ de hora.

b) 6 horas e $\frac{1}{3}$ de hora.

c) 12 horas e $\frac{1}{2}$ de hora.

d) 17 horas e $\frac{4}{6}$ de hora.

e) 1 hora e $\frac{11}{12}$ de hora.

f) 8 horas e $\frac{17}{30}$ de hora.

UNIDADE 2 CAPÍTULO 4

PÁGINAS 88 E 89 DO LIVRO

DIVISÃO: DIVISOR DE 3 ALGARISMOS

1 Uma empresa vai dividir parte de seus lucros, no valor de R$ 204 000,00, entre 102 funcionários. Quantos reais cada funcionário receberá? Registre seus cálculos no quadro de valor posicional abaixo.

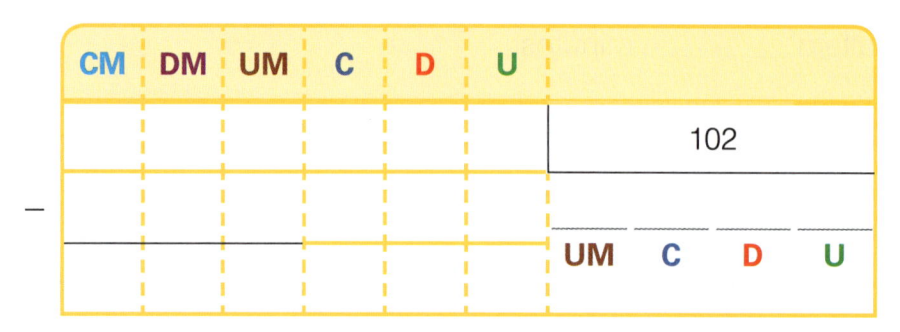

CM	DM	UM	C	D	U	
						102
					UM	C D U

_____

2 Arme as divisões abaixo e resolva-as.

a) 12 096 ÷ 216 = _____

b) 5 660 ÷ 283 = _____

c) 10 212 ÷ 851 = _____

24

UNIDADE 2 · CAPÍTULO 4

PÁGINAS 90 E 91 DO LIVRO

ESTRATÉGIAS DA DIVISÃO

1 Marcelo comprou o carro de um amigo, que decidiu não cobrar juros na venda. Se o carro custou R$ 19 728,00 e Marcelo vai pagar 36 parcelas iguais para seu amigo, então quantos reais ele vai pagar em cada parcela?

a) Sem resolver o problema, estime em qual das faixas abaixo está o resultado.

☐ De 1 a 50. ☐ De 301 a 700.

☐ De 51 a 300. ☐ De 701 a 1 000.

b) Agora, resolva o problema acima da forma que preferir.

_____

2 Leandro calculou a divisão de R$ 117 000,00 por 130 e obteve 90.

a) Por estimativa, confira se o resultado de Leandro está correto.

_____

b) Observe a explicação de Leandro para o seu cálculo. Em seguida, explique o que ele fez de errado.

> PENSEI EM 117 DIVIDIDO POR 13, QUE É IGUAL A 9. DEPOIS COMPLETEI O RESULTADO COM 1 ALGARISMO ZERO.

_____
_____

NÚMEROS DECIMAIS

1 Escreva os números abaixo no quadro de valor posicional a seguir, na ordem em que aparecem.

3,45   21,3   100,201   34,03

Parte inteira			Parte decimal		
C	D	U,	d	c	m
Centena	Dezena	Unidade	Décimo	Centésimo	Milésimo

2 Escreva por extenso de 2 formas diferentes o primeiro número do quadro acima.

_____

_____

_____

3 Taís dividiu um tecido em 10 partes iguais. Assim, 2 partes equivalem a dois décimos, que pode ser escrito: $\frac{2}{10}$ ou 0,2. Escreva com frações e com decimais o que é pedido abaixo.

a) 5 das 10 partes.

_____

b) 7 das 10 partes.

_____

c) 1 das 10 partes.

_____

d) 10 das 10 partes.

_____

OS DECIMAIS NAS UNIDADES DE MEDIDA

1 Complete as frases a seguir.

a) Eu tenho 1,33 m de altura e minha prima Juliana tem exatamente 1 décimo de metro a menos do que eu. Então, Juliana tem _____ m de altura.

b) Murilo tem R$ 3,55 e quer comprar um produto que custa 5 centésimos de reais a mais do que o dinheiro que ele tem. O preço do produto é R$ _____.

c) Hoje acordei às 7 horas da manhã e vi que a temperatura era 23,4 °C. Na hora seguinte, a temperatura aumentou 3 décimos. Então, às 8 horas da manhã a temperatura era _____ °C.

d) Vítor e Thaís compraram uma caixa de 1,5 litro de suco de laranja para beber na hora do lanche. Cada um bebeu 0,25 litro, então podemos dizer que juntos eles beberam _____ décimos de litro do suco.

2 Escolha 8 números que aparecem na atividade anterior e represente-os no quadro de valor posicional abaixo.

Parte inteira			Parte decimal		
C	D	U,	d	c	m

TABELA DE DUPLA ENTRADA

1 A tabela a seguir mostra o resultado de uma pesquisa realizada com os alunos do 4º e 5º anos da escola de Leonardo.

Quantidade de alunos por preferência de disciplina

Turma \ Disciplina	Português	Matemática	História	Geografia	Ciências
4º ano	5	7	3	2	4
5º ano	6	5	4	2	3

Tabela elaborada para fins didáticos.

a) Quantos alunos participaram da pesquisa ao todo?

_____

b) Quantos alunos do 4º ano participaram da pesquisa ao todo? E do 5º ano?

_____

_____

c) Quantos alunos preferem Matemática?

_____

d) Qual é a disciplina preferida pela mesma quantidade de alunos no 4º e 5º anos?

_____

2 Faça uma pesquisa com 10 amigos para saber a quantidade de irmãos e irmãs que cada um deles tem. Depois, complete a tabela abaixo e dê um título a ela.

Título: _____

	Quantidade de irmãos	Quantidade de irmãs
Meninas		
Meninos		

28

UNIDADE 2 CAPÍTULO 5

PÁGINAS 102 A 105 DO LIVRO

COMPARAÇÃO DE FRAÇÕES E FRAÇÕES EQUIVALENTES

1 Cada figura abaixo está dividida em partes iguais. Em cada item, indique a fração que representa a parte pintada. Em seguida, escreva uma fração equivalente a ela.

a) —— = ——

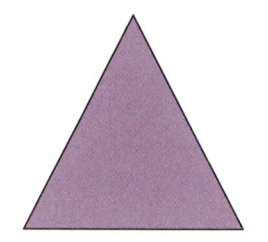

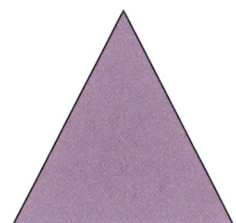

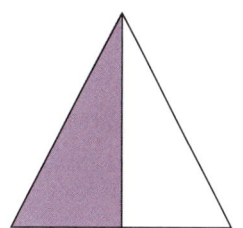

b) —— = ——

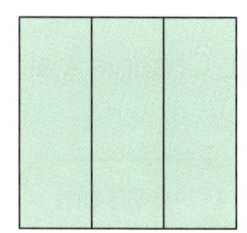

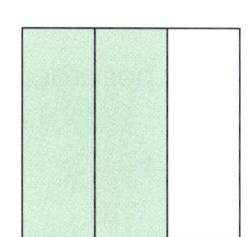

2 Encontre 2 frações equivalentes a cada fração a seguir.

a) $\dfrac{1}{4}$ = —— = ——

b) $\dfrac{6}{15}$ = —— = ——

c) $\dfrac{2}{13}$ = —— = ——

d) $\dfrac{11}{14}$ = —— = ——

e) $\dfrac{2}{4}$ = —— = ——

f) $\dfrac{1}{9}$ = —— = ——

3 Complete as comparações abaixo com uma fração da atividade anterior.

a) $\dfrac{1}{13}$ < ——

b) $\dfrac{3}{5}$ > ——

c) $\dfrac{7}{42}$ < ——

d) $\dfrac{22}{27}$ > ——

e) $\dfrac{8}{8}$ > ——

f) $\dfrac{5}{16}$ > ——

COMPARAÇÃO DE DECIMAIS

1 Contorne o maior número e sua unidade de medida em cada frase.

a) Ricardo comprou 1,5 kg de tomate e 1,05 kg de laranja.

b) Sandra mede 1,20 m e Caio, 1,15 m.

c) José abasteceu seu carro com 42,99 L de gasolina e Mara completou seu tanque com 43,5 L.

2 Em cada item, complete com os símbolos < e >.

a) 4,5 _____ 4,05

b) 5,01 _____ 5,00

c) 0,03 _____ 0,3

d) 1,10 _____ 1,01

e) 11,0 _____ 1,10

f) 0,79 _____ 0,97

3 Angélica está organizando os seus livros por ordem de altura. Observe a altura dos livros dela.

| 13,83 cm | 12,07 cm | 16,93 cm |
| 23,50 cm | 15,24 cm | 20,32 cm |

a) Escreva abaixo a altura dos livros de Angélica em ordem crescente.

_____

b) Imagine que Angélica ganhou mais 2 livros com 17,46 cm de altura e 24,77 cm. Escreva a altura dos livros dela em ordem crescente considerando esses dois novos livros.

_____

_____

c) Com uma régua, meça a altura do seu livro de Matemática e de um dicionário. Escreva abaixo quanto mede cada um e indique qual deles tem a maior altura.

_____

_____

FRAÇÕES E DECIMAIS

1 Escreva cada fração abaixo na forma decimal.

a) $\dfrac{2}{10} =$ _____

b) $\dfrac{21}{100} =$ _____

c) $\dfrac{75}{100} =$ _____

d) $\dfrac{3}{100} =$ _____

2 Agora, escreva os decimais abaixo na forma de fração com denominador 10, 100 ou 1 000.

a) $0,3 =$ ——

b) $0,31 =$ ——

c) $0,003 =$ ——

d) $3,5 =$ ——

e) $0,07 =$ ——

f) $0,701 =$ ——

3 Escreva as frações $\dfrac{7}{10}$ e $\dfrac{7}{100}$ na forma decimal e compare-as usando um símbolo matemático.

_____

_____

4 Susana resolveu as divisões com uma calculadora e representou cada fração abaixo com um decimal.

a) Com uma calculadora, confira os cálculos de Susana e corrija os itens que estão incorretos.

- $\dfrac{3}{5} = 0,6 \rightarrow$ _____

- $\dfrac{1}{8} = 0,120 \rightarrow$ _____

- $\dfrac{5}{500} = 0,05 \rightarrow$ _____

- $\dfrac{6}{100} = 0,06 \rightarrow$ _____

b) Escreva todos os decimais do item anterior em ordem decrescente.

_____

_____

ADIÇÃO E SUBTRAÇÃO DE FRAÇÕES COM O MESMO DENOMINADOR

1 Ana, Pedro e Beatriz pintaram partes de um tabuleiro circular dividido em 8 partes iguais. Ana pintou de **laranja**, Pedro pintou de **verde**, e Beatriz, de **roxo**.

a) Obtenha a fração que representa as partes indicadas nos itens abaixo com uma adição.

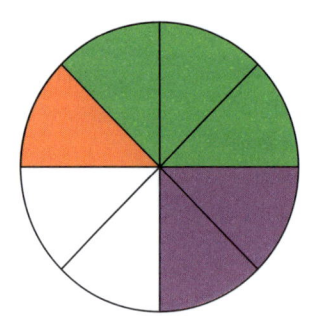

- verde e roxo

  —— + —— = ——

- laranja e roxo

  —— + —— = ——

- laranja e verde

  —— + —— = ——

- laranja, verde e roxo

  —— + —— + —— = ——

b) Obtenha a fração que representa as partes do tabuleiro da atividade anterior que ficaram em branco com uma subtração de frações.

—— − —— = ——

2 Efetue as adições e as subtrações abaixo.

a) $\dfrac{2}{4} + \dfrac{3}{4} =$ ——

b) $\dfrac{5}{6} - \dfrac{3}{6} =$ ——

c) $\dfrac{7}{10} + \dfrac{2}{10} =$ ——

d) $\dfrac{8}{9} - \dfrac{4}{9} =$ ——

SEGMENTO DE RETA, SEMIRRETA E RETA

1 Com uma régua, desenhe 7 linhas seguindo as instruções abaixo.

- Desenhe com lápis de cor **verde pelo menos** 1 reta.
- Desenhe com lápis de cor **roxa pelo menos** 2 segmentos de reta.
- Desenhe com lápis de cor **marrom somente** 1 semirreta.
- Desenhe com lápis de cor **laranja somente** 2 linhas que não se classifiquem como segmento de reta, reta ou semirreta.

2 Observe o enunciado e a sua resposta da atividade anterior.

a) Existe outra resposta para a atividade anterior? Explique.

_____

_____

_____

b) É possível medir com uma régua o comprimento de todas as linhas que você desenhou?

_____

_____

UNIDADE 2 CAPÍTULO 5

PÁGINAS 114 E 115 DO LIVRO

IDEIA DE ÂNGULO

1 Várias situações do dia a dia estão associadas à ideia de girar. Observe as situações abaixo e contorne a fração correspondente a cada giro.

a) $\frac{3}{4}$ $\frac{1}{4}$ $\frac{1}{2}$

b) $\frac{1}{4}$ $\frac{3}{4}$ $\frac{2}{4}$

2 Desenhe a posição dos ponteiros nos relógios abaixo conforme as informações.

a) São 2 horas.

b) O ponteiro dos minutos girou $\frac{3}{4}$ de volta.

3 Todos os alunos da sala estavam virados para a lousa e de costas para a parede do fundo da sala. Do lado direito está a porta da sala e do lado esquerdo está a janela. A professora pediu que dessem $\frac{1}{2}$ volta. Para onde os alunos estão virados agora?

_____

UNIDADES DE MEDIDA DE COMPRIMENTO

1 Com uma régua, meça o que se pede nos itens abaixo.

a) Quantos milímetros tem o menor lado do seu caderno?

___

b) Quantos centímetros tem o maior lado do seu caderno?

___

c) Quantos milímetros tem o menor lado da sua carteira?

___

d) Quantos centímetros tem o maior lado da sua carteira?

___

2 Agora, com base nas respostas dadas na atividade anterior, faça o que é pedido abaixo em milímetros e em centímetros.

a) Qual é o perímetro do seu caderno?

___

b) Qual é o perímetro da sua carteira?

___

c) Uma folha de papel A4 tem 21 cm de largura e 29,7 cm de altura. O seu caderno tem um perímetro maior ou menor do que o perímetro de uma folha de papel A4?

___

d) Escreva o perímetro do seu caderno, da sua carteira e da folha sulfite em ordem decrescente.

___

UNIDADE 2 CAPÍTULO 6

PÁGINAS 126 E 127 DO LIVRO

FRAÇÕES, DIVISÕES E DECIMAIS

1 Mário usou $\frac{2}{3}$ de 1 lata de tinta para pintar o interior de sua casa. Depois, usou $\frac{1}{6}$ da lata para pintar a varanda.

a) Se ele quiser saber a fração da lata que já usou, então o que ele deve fazer?

_____

_____

b) E se Mário quiser saber a fração da lata que sobrou?

_____

_____

c) Calcule a fração da lata que Mário usou e a fração que sobrou.

_____

d) Complete: Mário usou ____ a mais de tinta para pintar o interior de sua casa do que usou para pintar a varanda, pois ____ – ____ = ____.

2 Cada decimal abaixo está associado a 2 frações equivalentes. Descubra o denominador e o divisor que completam as igualdades. Se precisar, use a calculadora.

a) $\dfrac{}{10} = \dfrac{28}{} = 0{,}7$

b) $\dfrac{3}{} = \dfrac{}{15} = 0{,}6$

c) $\dfrac{}{8} = \dfrac{10}{} = 0{,}25$

d) $\dfrac{12}{} = \dfrac{}{5} = 0{,}6$

UNIDADE 2 · CAPÍTULO 6

PÁGINAS 128 A 131 DO LIVRO

ADIÇÃO E SUBTRAÇÃO DE FRAÇÕES COM DENOMINADORES DIFERENTES

1 Resolva as adições a seguir.

a) $\dfrac{1}{4} + \dfrac{3}{5} = \underline{\qquad} + \underline{\qquad} = \underline{\qquad}$

b) $\dfrac{2}{3} + \dfrac{7}{4} = \underline{\qquad} + \underline{\qquad} = \underline{\qquad}$

c) $\dfrac{1}{2} + \dfrac{2}{4} = \underline{\qquad} + \underline{\qquad} = \underline{\qquad}$

d) $\dfrac{5}{6} + \dfrac{1}{8} = \underline{\qquad} + \underline{\qquad} = \underline{\qquad}$

e) $\dfrac{3}{9} + \dfrac{1}{3} = \underline{\qquad} + \underline{\qquad} = \underline{\qquad}$

2 Resolva as subtrações a seguir.

a) $\dfrac{8}{9} - \dfrac{1}{3} = \underline{\qquad} - \underline{\qquad} = \underline{\qquad}$

b) $\dfrac{1}{2} - \dfrac{1}{3} = \underline{\qquad} - \underline{\qquad} = \underline{\qquad}$

c) $\dfrac{3}{5} - \dfrac{1}{4} = \underline{\qquad} - \underline{\qquad} = \underline{\qquad}$

d) $\dfrac{2}{3} - \dfrac{1}{2} = \underline{\qquad} - \underline{\qquad} = \underline{\qquad}$

e) $\dfrac{5}{6} - \dfrac{2}{7} = \underline{\qquad} - \underline{\qquad} = \underline{\qquad}$

3 Crie um problema que possa ser resolvido com a resolução abaixo.

$$\dfrac{1}{6} + \dfrac{2}{4} = \dfrac{4}{24} + \dfrac{12}{24} = \dfrac{16}{24} \qquad \dfrac{16}{24} - \dfrac{1}{3} = \dfrac{16}{24} - \dfrac{8}{24} = \dfrac{8}{24} = \dfrac{1}{3}$$

_____

_____

_____

MEDIDAS DE MASSA

1 Observe o exemplo abaixo e converta as unidades usando frações e decimais quando for o caso.

$$12 \text{ kg} = \frac{12}{1000} \text{ t} = 0{,}012 \text{ t}$$

a) 9 g = ─────── kg = _____ kg

b) 340 t = _____ kg

c) 1100 kg = ─────── t = _____ t

d) 56 kg = _____ g

2 Márcio picou $\frac{3}{2}$ kg de maçã, $\frac{5}{4}$ kg de banana e 1 kg de outras frutas para fazer uma salada de frutas.

a) Quantos quilogramas de frutas ele picou ao todo?

b) Imagine que ele vai servir a salada de frutas em potinhos iguais. Se ele quiser que cada potinho tenha 250 g de salada de frutas, então quantos potinhos ele pode fazer com essa quantidade de frutas?

ÂNGULO

1 Use o ângulo reto que você construiu para medir os ângulos abaixo e assinale com um **X** os ângulos retos.

a)

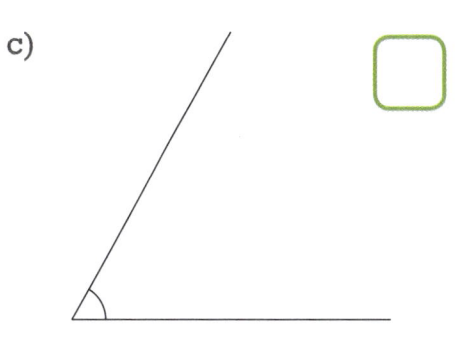

b)

c)

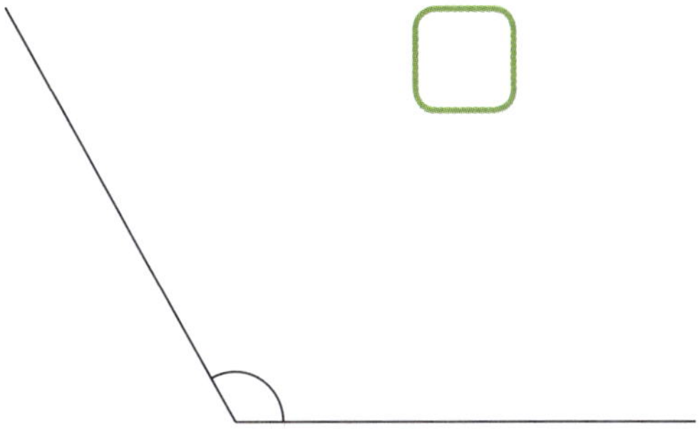

d)

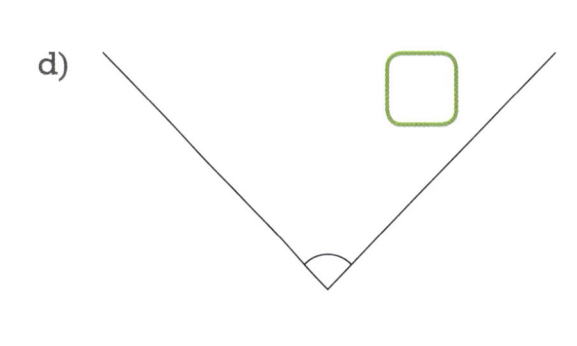

2 Em cada polígono, podemos identificar alguns ângulos que são formados sobre os lados do polígono. Em cada polígono abaixo, contorne os ângulos retos.

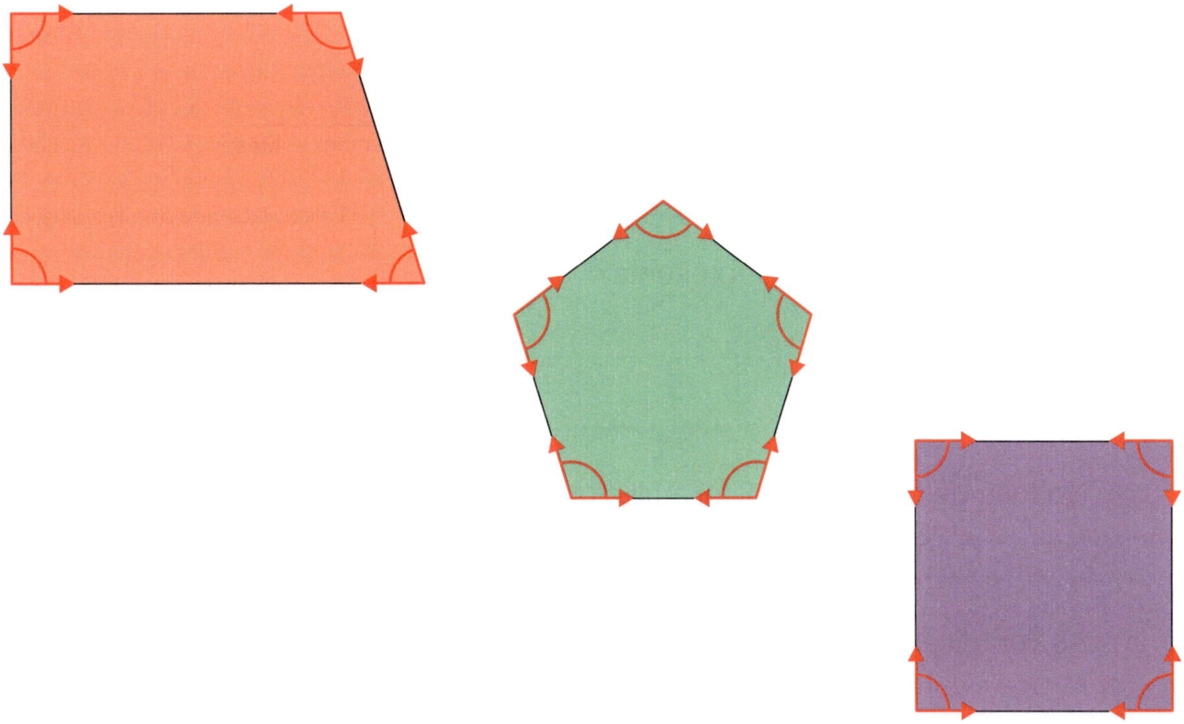

GRÁFICO DE COLUNAS E TABELA DE DUPLA ENTRADA

1 Observe o gráfico a seguir e responda às questões.

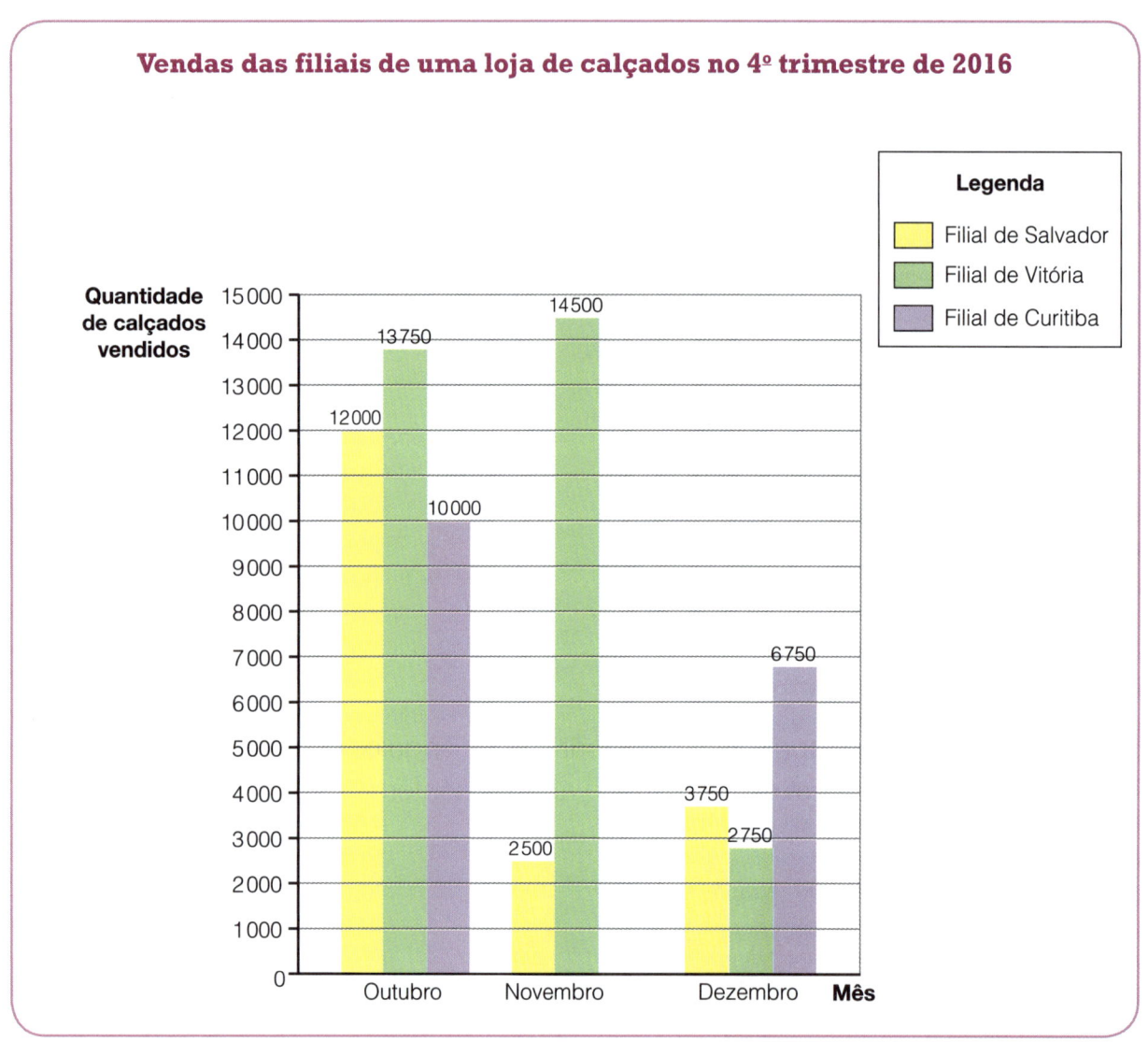

Vendas das filiais de uma loja de calçados no 4º trimestre de 2016

Legenda:
- Filial de Salvador
- Filial de Vitória
- Filial de Curitiba

Quantidade de calçados vendidos:
- Outubro: Salvador 12 000; Vitória 13 750; Curitiba 10 000
- Novembro: Salvador 2 500; Vitória 14 500
- Dezembro: Salvador 3 750; Vitória 2 750; Curitiba 6 750

Gráfico elaborado para fins didáticos.

a) O que o gráfico acima representa?

_____

_____

b) No mês de outubro, qual foi a filial que vendeu mais produtos?

_____

c) As vendas dessa filial aumentaram ou diminuíram no mês seguinte?

_____

UNIDADE 2 CAPÍTULO 6

2 Observe novamente o gráfico da página anterior.

a) No mês de novembro, está faltando uma coluna. O que ela representaria? O que pode ter acontecido?

_____

_____

b) Agora, preencha a tabela abaixo com os dados do gráfico da atividade 1.

Título: _____

Filial \ Mês	Outubro	Novembro	Dezembro
Salvador			
Vitória			
Curitiba			

c) Construa um novo gráfico para representar as informações da tabela de dupla entrada acima.

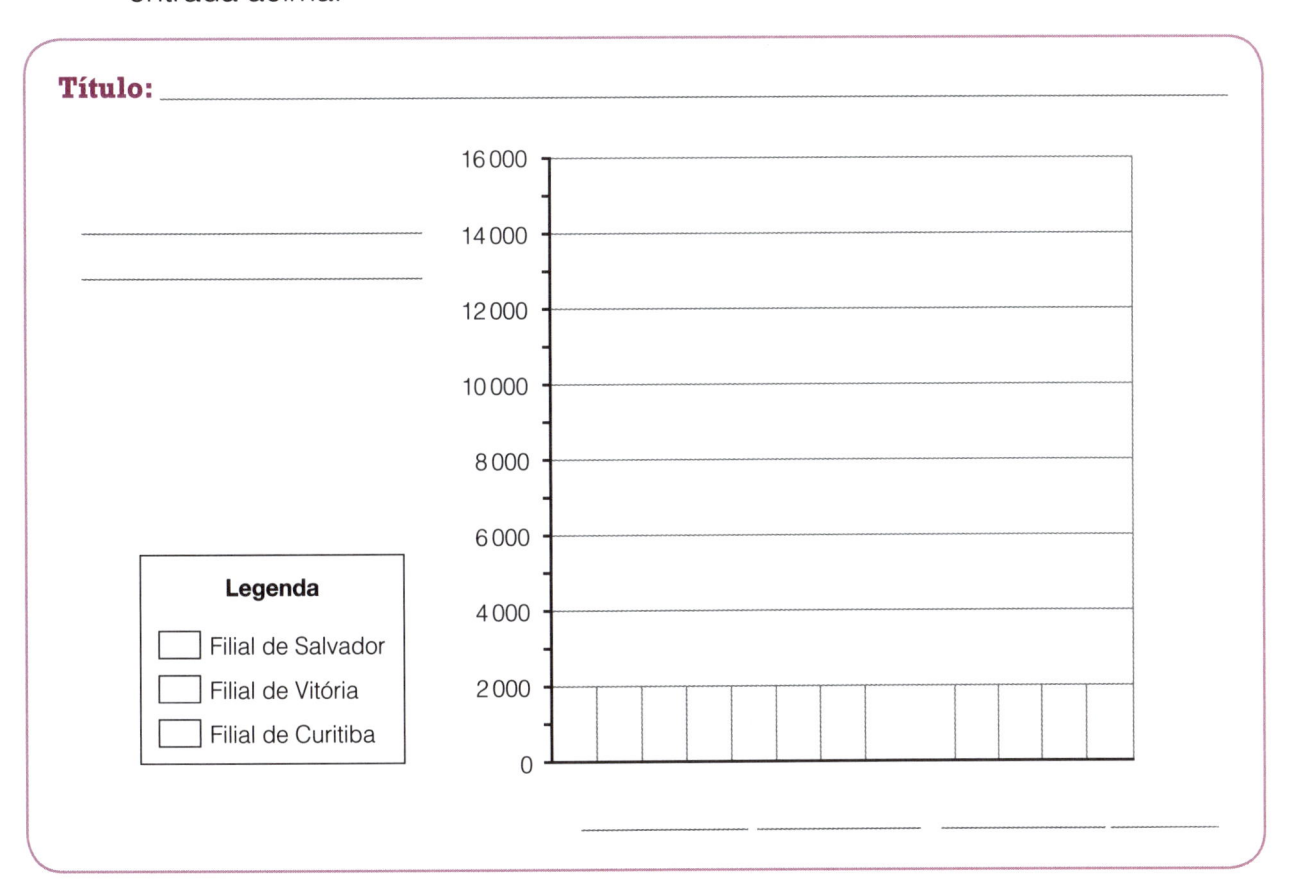

Título: _____

Legenda
☐ Filial de Salvador
☐ Filial de Vitória
☐ Filial de Curitiba

41

ADIÇÃO DE DECIMAIS

1 Resolva as adições abaixo no quadro de valor posicional.

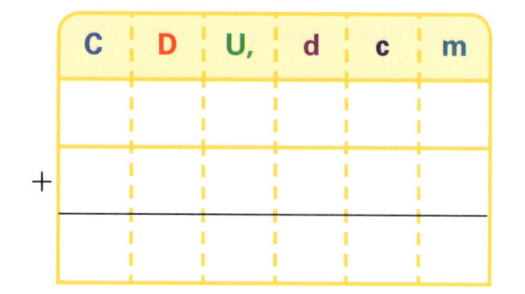

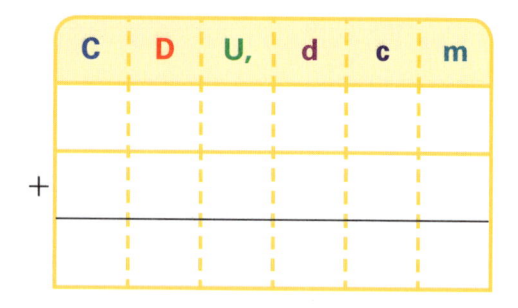

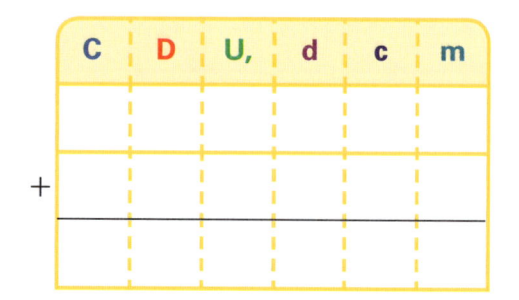

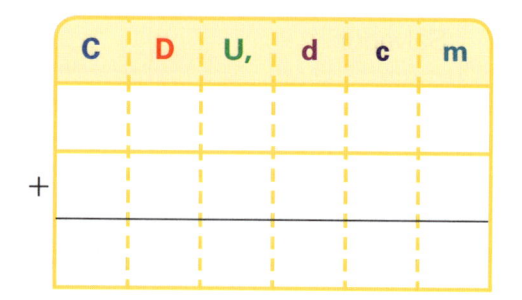

a) 53,298 + 32,901 = _____

C	D	U,	d	c	m
+					

c) 753 + 121,309 = _____

C	D	U,	d	c	m
+					

b) 63,5 + 9,528 = _____

C	D	U,	d	c	m
+					

d) 465,62 + 302,505 = _____

C	D	U,	d	c	m
+					

2 Resolva as adições abaixo por decomposição.

a) 3,08 + 10,45 = _____

b) 4,75 + 8,78 = _____

3 Agora, resolva as adições abaixo da forma que preferir.

a) 75,23 + 6,785 = _____

b) 409,23 + 52,908 = _____

SUBTRAÇÃO DE DECIMAIS

1 Resolva as subtrações abaixo no quadro de valor posicional.

a) 628,35 − 362,62 = _____

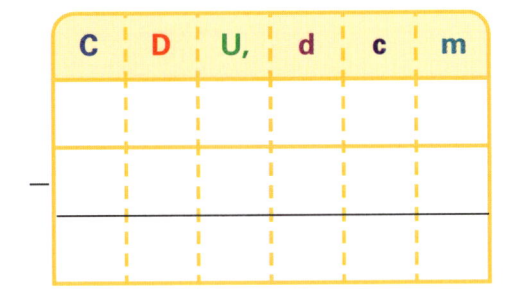

C	D	U,	d	c	m

c) 987,53 − 103,38 = _____

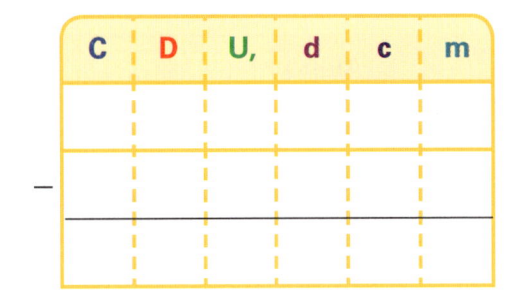

C	D	U,	d	c	m

b) 579,116 − 137,508 = _____

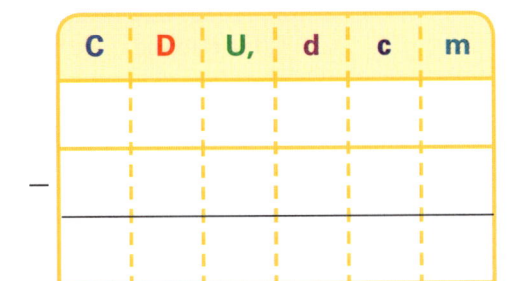

C	D	U,	d	c	m

d) 83,62 − 35,017 = _____

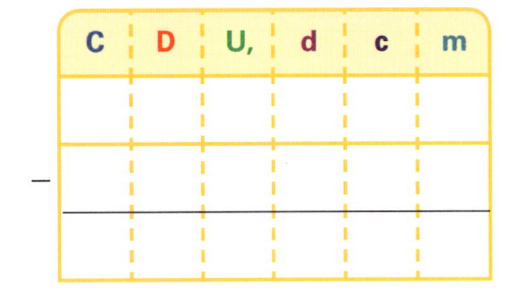

C	D	U,	d	c	m

2 Agora, resolva as subtrações abaixo da forma que preferir.

a) 605,295 − 512,302 = _____

b) 810,02 − 437,208 = _____

3 André tinha R$ 124,93 em sua conta bancária. Ele gastou R$ 14,27 em uma compra e R$ 35,11 em outra.

a) Quantos reais sobraram na conta de André após a primeira compra?

_____

b) Quantos reais sobraram na conta de André após a segunda compra?

_____

LEITURA DE TABELA DE DUPLA ENTRADA

- A tabela abaixo mostra as notas finais de Matemática de alguns alunos da professora Luana.

Notas finais dos alunos do 5º ano

Bimestre \ Aluno	Ana	Bianca	Bruno	Fernanda	Juliana	Nádia	Tadeu	Tatiana
1º	6,0	8,0	7,0		6,5	5,0		9,0
2º	8,0	7,0	6,5	6,0	8,0	7,0	9,0	
3º	7,0			5,0	7,0	6,0		
4º	6,5		6,5	5,0	7,0	6,5		

Tabela elaborada para fins didáticos.

a) Complete: os dados da tabela estão organizados por _____ e por _____.

b) A tabela está incompleta. Leia as informações abaixo e complete-a.

- Bianca obteve a mesma nota nos 3 últimos bimestres do ano.
- Fernanda obteve a mesma nota no 1º e no último bimestres do ano.
- Tadeu obteve nota máxima em 3 bimestres.
- No 3º bimestre, Ana e Bruno obtiveram a mesma nota.
- Tatiana obteve a mesma nota em todos os bimestres.

c) Com a tabela completa, indique qual aluno se encaixa em cada situação abaixo.

- Obteve a nota mais alta no 3º bimestre: _____
- Obteve a nota mais baixa no 4º bimestre: _____

d) Qual bimestre teve o maior número de alunos com nota 7,0?
_____

e) Em qual bimestre nenhum aluno obteve nota 10,0?
_____

PORCENTAGEM

1 Observe como foram expressos os descontos nos produtos abaixo.

As imagens desta página não estão representadas em proporção.

Caderno: desconto de 20%

Borracha: desconto de 35%

Compasso: desconto de 15%

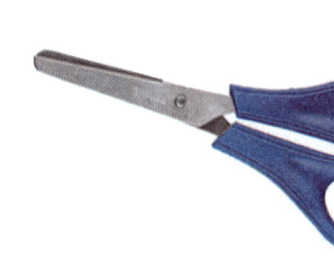

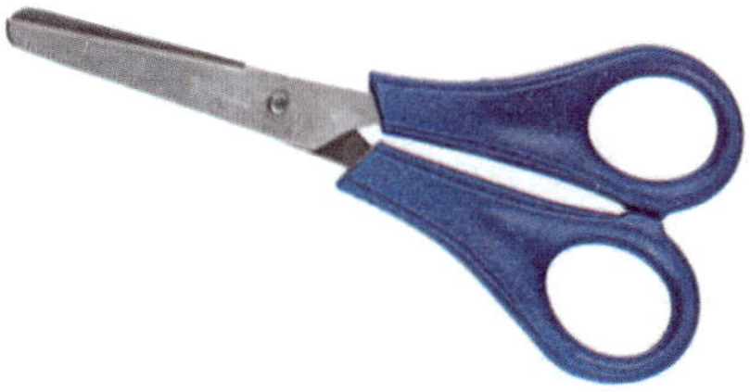

Tesoura: desconto de 40%

a) Qual é o item que apresenta o maior desconto em porcentagem?

_____

b) Qual é o valor do desconto em reais de cada produto?

_____

c) Indique abaixo a fração que corresponde ao desconto de cada produto.

- Caderno: $\dfrac{}{100}$
- Compasso: $\dfrac{}{100}$
- Borracha: $\dfrac{}{100}$
- Tesoura: $\dfrac{}{100}$

2 Pense nas porcentagens da atividade anterior e nas frações de denominador 100 que podem ser associadas a elas e complete os itens abaixo.

a) Quanto por cento do preço inicial uma pessoa vai pagar pela borracha?

_____ % − _____ % = $\dfrac{}{100} - \dfrac{}{100} = \dfrac{}{100}$ = _____ %

b) Quanto por cento do preço inicial uma pessoa vai pagar pela tesoura?

_____ % − _____ % = $\dfrac{}{100} - \dfrac{}{100} = \dfrac{}{100}$ = _____ %

PORCENTAGEM DE QUANTIDADE

1 Na escola de Fábio há 400 alunos, 40% nasceram no estado de Alagoas e o restante nasceu em outros estados. Quantos alunos da escola de Fábio nasceram em Alagoas? E quantos nasceram em outros estados?

_____

2 A biblioteca municipal de uma cidade tem ao todo 6 800 livros. Os livros foram classificados conforme as porcentagens indicadas abaixo.

- Livros infantis: 20%
- Biografias: 30%
- Livros de Ciências: 5%
- Livros de História: 25%
- Livros de Matemática: 10%
- Outros: _____%

a) Os livros que não se encaixavam em nenhuma das categorias foram classificados como **Outros**. Calcule a porcentagem de livros classificados como **Outros** e complete acima.

b) Calcule a quantidade de livros classificados em cada categoria abaixo.

- Biografias: _____
- Livros de Ciências: _____
- Livros de História: _____
- Outros: _____

DECIMAIS E OPERAÇÕES COM MEDIDAS

1 Daniela e seus amigos estão brincando de medir seus lápis usados. As regras são: cada um deve pegar o menor lápis que tiver no estojo e medir o lápis com uma régua. O vencedor é quem tiver o lápis com menor comprimento. Veja a tabela que eles montaram com os dados.

Comprimento do menor lápis de Daniela e seus amigos

Aluno	João	Eduardo	Daniela	Mauro	Fabiana
Comprimento do menor lápis	5,45 cm	7,3 cm	8,96 cm	5,9 cm	4,9 cm

Tabela elaborada para fins didáticos.

a) Escreva os comprimentos dos lápis em ordem crescente.

_____

b) Complete: _____ venceu a brincadeira.

c) Meça o comprimento do menor lápis que você tem no estojo e anote o seu comprimento abaixo.

_____

2 Gabriel vai comprar renda para fazer o acabamento de uma toalha de mesa. Ele mediu a toalha e verificou que o lado maior tem 145,5 cm e o lado menor tem 54,5 cm.

a) Qual é o menor comprimento de renda em centímetros que Gabriel precisa comprar para que toda a borda da toalha tenha renda? E em metros?

_____

b) Cinco metros da renda que Gabriel escolheu custam R$ 37,90. Gabriel também vai comprar um carretel de linha por R$ 5,50. Quantos reais ele vai gastar nessa compra? Essa quantidade de renda é suficiente para toda a borda da toalha?

_____

UNIDADE 3 CAPÍTULO 7

PÁGINAS 166 E 167 DO LIVRO

ÂNGULOS E UNIDADE DE MEDIDA

1 O relógio ao lado está marcando 3 horas.

a) Qual é o ângulo formado pelos 2 ponteiros?

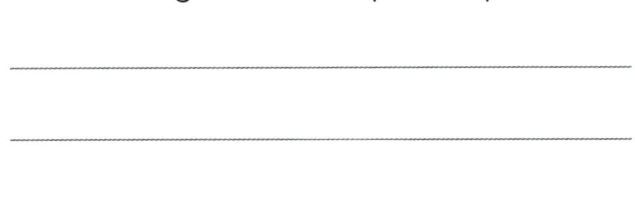

_____

_____

_____

b) Desenhe os ponteiros no relógio abaixo formando um ângulo reto.

2 Pense na dobradura que você fez ao construir o ângulo reto.

a) Ao dividir o círculo em 2 partes iguais, cada parte corresponderá a um ângulo de quantos graus? Esse ângulo equivale a qual fração de 1 volta?

_____

_____

b) Complete: ao dividir o círculo em 9 partes iguais, cada parte corresponderá a um ângulo de _____ graus, pois $\frac{360°}{}$ = _____.

c) Calcule a medida do ângulo que você encontrará ao dividir um círculo na quantidade de partes indicada abaixo.

- 18 partes iguais: $\frac{360°}{}$ = _____
- 36 partes iguais: $\frac{360°}{}$ = _____
- 30 partes iguais: $\frac{360°}{}$ = _____
- 40 partes iguais: $\frac{360°}{}$ = _____

EXPRESSÕES NUMÉRICAS

1 Observe esta expressão numérica: 32 ÷ 8 + 17 − 2.

a) Explique passo a passo como calcular o resultado dessa expressão numérica.

_____

_____

b) Resolva a expressão numérica abaixo.
32 ÷ 8 + 17 − 2

2 Calcule o valor das expressões. Lembre-se de efetuar, primeiro, as multiplicações e as divisões e, depois, as adições e subtrações.

a) 65 + 45 ÷ 9 = _____

b) 90 + 34 × 2 = _____

c) 12 × 3 + 30 × 2 = _____

d) 63 ÷ 3 − 42 ÷ 6 = _____

3 A professora Regina propôs um novo desafio: criar 2 expressões numéricas diferentes do **Desafio dos quatro 4** com o mesmo resultado. Siga o exemplo abaixo e tente encontrar pares de expressões numéricas diferentes com o mesmo resultado.

44 ÷ 44 = 1   e   (4 ÷ 4) × (4 ÷ 4) = 1

a) _____ e _____

b) _____ e _____

UNIDADE 3 CAPÍTULO 7

PÁGINAS 172 A 175 DO LIVRO

MEDIDAS DE SUPERFÍCIE

1 Observe as figuras abaixo.

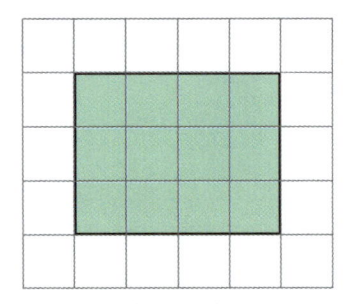

Figura A

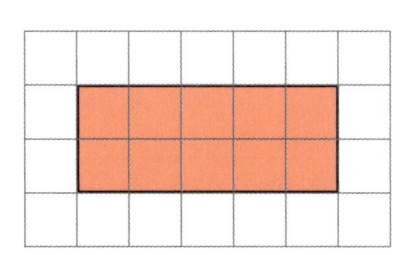

Figura B

a) Usando os quadradinhos das malhas como unidade de medida de área, determine as áreas das figuras acima.

Figura **A**: _____

Figura **B**: _____

b) Agora, indique uma multiplicação para calcular a área das figuras **A** e **B**.

Figura **A**: _____

Figura **B**: _____

2 Para calcular a área de um retângulo ou de um quadrado, você pode multiplicar as medidas de seus lados.

a) Meça os lados dos retângulos abaixo.

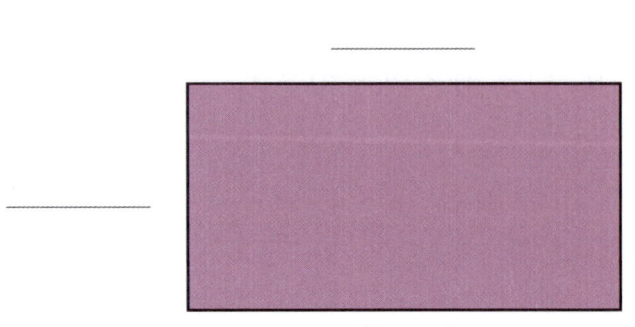

Figura A

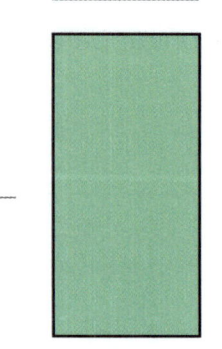

Figura B

b) Calcule a área dos retângulos do item anterior.

Figura **A**: _____

Figura **B**: _____

UNIDADE 3 CAPÍTULO 8

PÁGINAS 182 E 183 DO LIVRO

QUADRADO MÁGICO COM FRAÇÕES, DECIMAIS E PORCENTAGENS

1 Gustavo estava brincando com o jogo **Quadrado mágico**. Em uma das fases, ele precisava completar o quadrado mágico ao lado com os números $\frac{1}{50}$; $\frac{4}{100}$; 0,03; $\frac{6}{100}$; $\frac{2}{25}$ e 0,05. A soma das linhas, colunas e diagonais é 15%.

	9%	
		7%
	1%	

a) Escreva cada um dos números do enunciado na forma de porcentagem.

- $\frac{1}{50}$ = _____ %

- $\frac{4}{100}$ = _____ %

- 0,03 = _____ %

- $\frac{6}{100}$ = _____ %

- $\frac{2}{25}$ = _____ %

- 0,05 = _____ %

b) Agora, complete o quadrado mágico com as porcentagens.

c) Converta em decimais as porcentagens do quadrado mágico que você completou no item anterior. Em seguida, complete o quadrado mágico ao lado com essas porcentagens.

	0,09	
		0,07
	0,01	

2 Para criar novas fases para o jogo **Quadrado mágico**, um programador começa criando um quadrado mágico completo como o do exemplo ao lado. Em seguida, ele converte algumas porcentagens em frações e outras em decimais.

12%	22%	8%
10%	14%	18%
20%	6%	16%

a) Converta 2 porcentagens do quadrado mágico ao lado em decimais. Em seguida, converta-as em frações com denominador 100.

- _____ % = _____ = $\frac{}{100}$

- _____ % = _____ = $\frac{}{100}$

b) O programador deve indicar no jogo qual é a soma das linhas, colunas e diagonais. Para esse quadrado mágico, qual é essa soma?

MULTIPLICAÇÃO DE DECIMAL

1 Resolva as multiplicações abaixo no quadro de valor posicional.

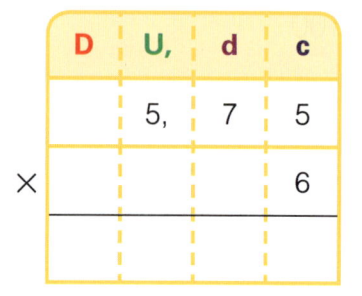

a) 8 × 100,87 = _____

C	D	U,	d	c
1	0	0,	8	7
				8

c) 4 × 8,98 = _____

D	U,	d	c
	8,	9	8
			4

b) 7 × 91,002 = _____

C	D	U,	d	c	m
	9	1,	0	0	2
					7

d) 6 × 5,75 = _____

D	U,	d	c
	5,	7	5
			6

2 Resolva as multiplicações abaixo da forma que preferir.

a) 2 × 2,3 = _____

b) 3 × 4,1 = _____

c) 5 × 0,5 = _____

d) 4 × 1,2 = _____

3 Escreva uma expressão que represente o problema a seguir e resolva-a.
Teresa comprou 3 revistas a R$ 4,50 cada uma e 2 jornais a R$ 2,50 cada um. Quantos reais Teresa gastou ao todo?

_____

UNIDADE 3 CAPÍTULO 8

PÁGINAS 186 E 187 DO LIVRO

MULTIPLICAÇÃO DE DECIMAL POR 10, 100 E 1 000

1 Resolva as multiplicações abaixo no quadro de valor posicional.

a) $100 \times 23{,}1 =$ _____

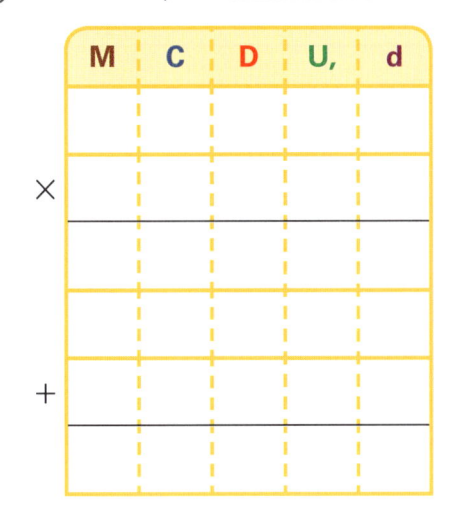

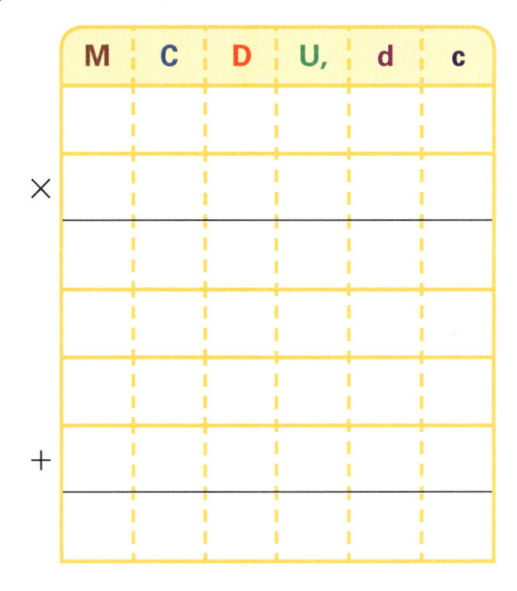

b) $1\,000 \times 1{,}23 =$ _____

2 Resolva as multiplicações abaixo da forma que preferir.

a) $10 \times 10{,}03 =$ _____

c) $1\,000 \times 1{,}2 =$ _____

b) $100 \times 8{,}007 =$ _____

d) $10 \times 0{,}005 =$ _____

3 Represente a situação a seguir com uma expressão numérica. Depois, resolva-a. Francisco faz coleção de álbuns de figurinhas. Ele comprou 1 álbum por R$ 32,50 e 10 envelopes de figurinhas a R$ 5,90 cada pacote. Quantos reais ele gastou ao todo?

UNIDADE 3 CAPÍTULO 8

PÁGINAS 188 E 189 DO LIVRO

RETAS CONCORRENTES E RETAS PARALELAS

1 Ligue cada termo a sua característica.

| Retas concorrentes | | Retas que não se cruzam. |

| Retas paralelas | | Retas que se cruzam. |

2 Complete a frase: Quando podemos identificar ângulos iguais a _____ entre 2 retas concorrentes, dizemos que elas são retas _____.

3 Observe o mapa a seguir. Catarina redesenhou o mapa, transformando cada rua em um segmento de reta.

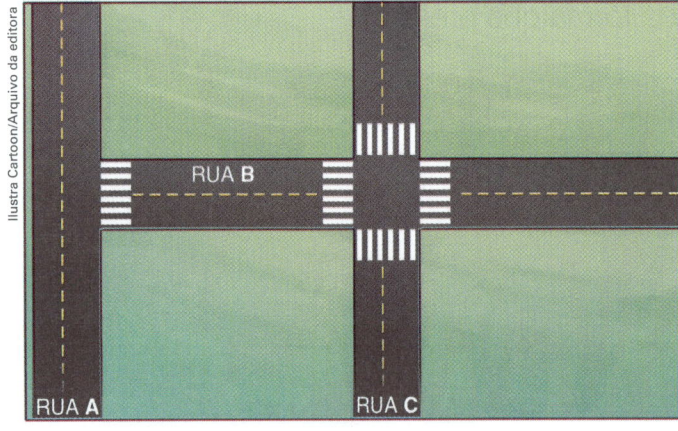

Mapa

Desenho de Catarina

a) Sobre cada segmento de reta no desenho de Catarina, desenhe 1 reta.

b) Agora, complete as frases abaixo com os termos **paralela**, **perpendicular** ou **concorrente**.

- A reta desenhada sobre a rua **A** é _____ à reta desenhada sobre a rua **C**.

- A reta desenhada sobre a rua **A** é _____ à reta desenhada sobre a rua **B**.

- A reta desenhada sobre a rua **C** é _____ à reta desenhada sobre a rua **B**.

QUADRILÁTEROS

1 Desenhe quadriláteros conforme as instruções.

a) Quadrilátero com um lado medindo 4 cm e apenas um ângulo reto.

b) Quadrilátero sem ângulos retos e com lados de medidas iguais.

c) Quadrilátero com 4 ângulos retos e os 4 lados com a mesma medida.

d) Quadrilátero, diferente do quadrado, que também tenha os quatro ângulos retos.

2 Vanda queria desenhar um quadrado com diagonais com medidas diferentes. Ela conseguiu? Por quê?

_____

_____

3 Marília conseguiu traçar um trapézio com 2 ângulos retos. Como ele ficou? Desenhe no espaço abaixo.

UNIDADE 3 CAPÍTULO 9

PÁGINAS 202 A 205 DO LIVRO

DIVISÃO DE DECIMAL

1 Resolva as divisões abaixo no quadro de valor posicional.

a) 340,5 ÷ 5 = _____

C	D	U,	d
3	4	0,	5

D U, d

c) 257,6 ÷ 7 = _____

C	D	U,	d
2	5	7,	6

D U, d

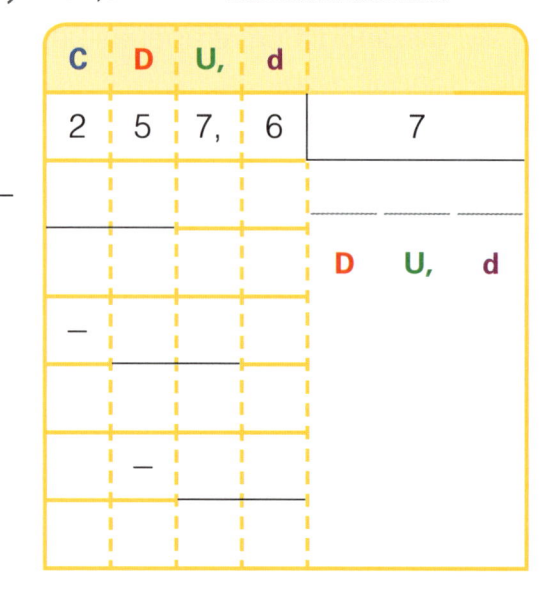

b) 426,66 ÷ 6 = _____

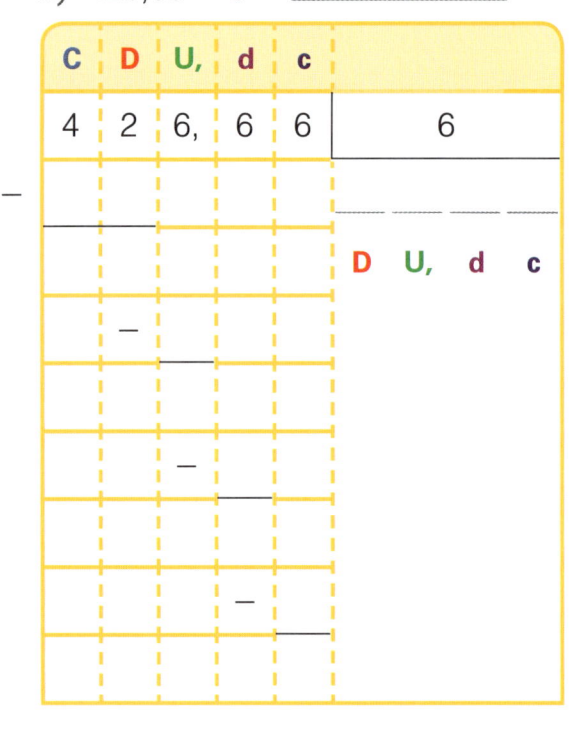

C	D	U,	d	c
4	2	6,	6	6

D U, d c

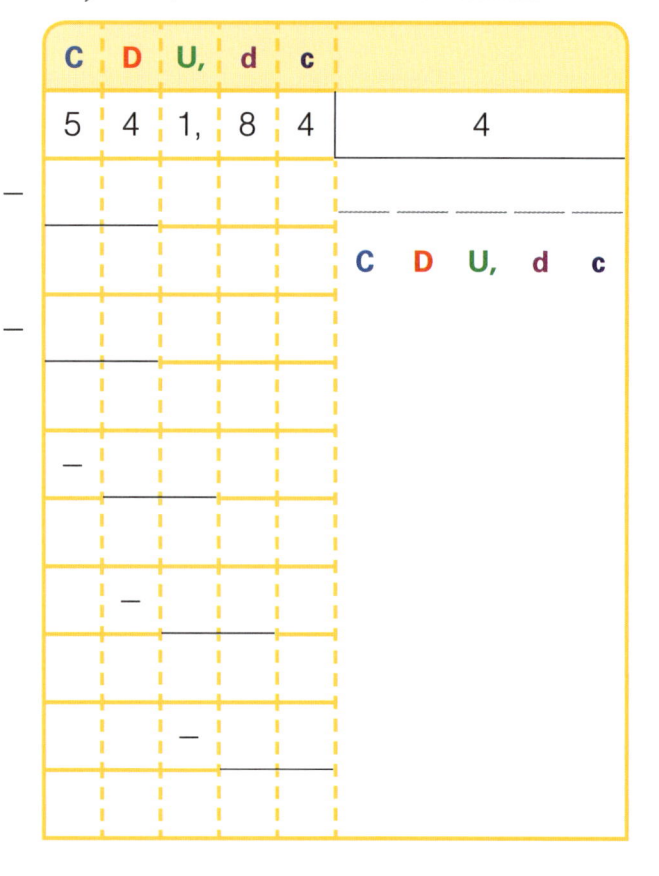

d) 541,84 ÷ 4 = _____

C	D	U,	d	c
5	4	1,	8	4

C D U, d c

2 Resolva as divisões abaixo da forma que preferir.

a) 7 ÷ 2 = _____

b) 480,6 ÷ 6 = _____

DIVISÃO DE DECIMAL POR 10, 100 E 1 000

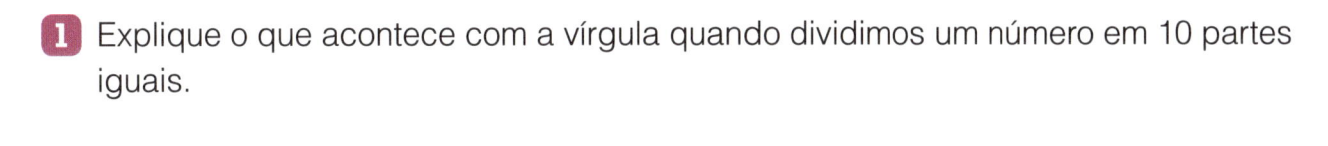

1 Explique o que acontece com a vírgula quando dividimos um número em 10 partes iguais.

_____

_____

_____

2 Resolva as divisões por 10, 100 e 1 000 abaixo da maneira que preferir.

a) 32 567 ÷ 1 000 = _____

b) 450 ÷ 10 = _____

c) 405 ÷ 100 = _____

d) 67,3 ÷ 10 = _____

3 Lúcia está projetando uma estante que vai ocupar toda a extensão de uma parede de 915,5 centímetros de comprimento.

a) Se ela quiser dividir essa parede em 10 colunas iguais, então quantos centímetros terá cada uma das colunas?

_____

_____

b) E se ela quiser dividir essa parede em 100 colunas iguais, então quantos centímetros terá cada uma das colunas?

_____

_____

ÁREA E PERÍMETRO

1 Os quadradinhos da malha abaixo têm 1 cm de lado. Desenhe na malha quadriculada as figuras pedidas.

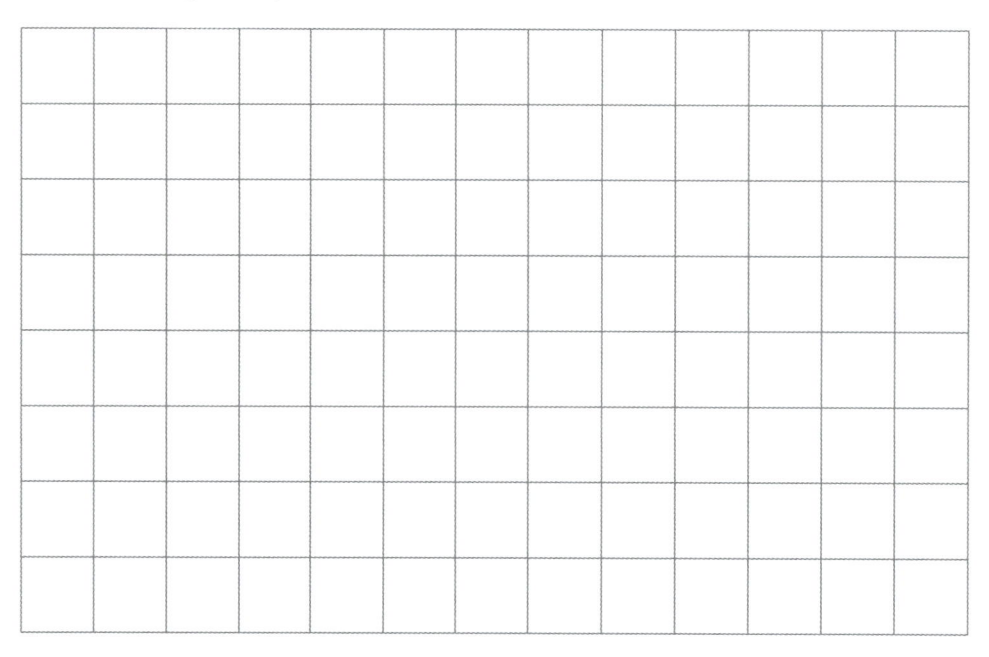

a) Figura **A**: 18 cm² de área e 18 cm de perímetro.

b) Figura **B**: 18 cm² de área e 22 cm de perímetro.

c) Figura **C**: 4 cm² de área e 8 cm de perímetro.

2 Marília vai colocar carpete no chão do seu quarto. O cômodo mede 5 m de comprimento por 4 m de largura. Como acabamento, ela vai colocar em toda a volta do carpete um cordão da mesma cor do carpete.

a) Qual é a área mínima de carpete que ela deverá comprar?

b) Qual é o comprimento mínimo de cordão que ela deverá comprar?

GRÁFICO DE SETORES COM PORCENTAGENS

1 Em uma pesquisa sobre economia de água, perguntou-se para os participantes se o tempo que levavam para tomar banho era por volta de 4 minutos, 8 minutos ou 12 minutos. Veja os resultados na tabela abaixo.

Tempo aproximado de banho dos entrevistados

Tempo aproximado de banho	4 minutos	8 minutos	12 minutos
Quantidade de pessoas	13	26	13

Tabela elaborada para fins didáticos.

a) Represente os dados da tabela no gráfico de setores abaixo. O gráfico foi dividido em setores iguais.

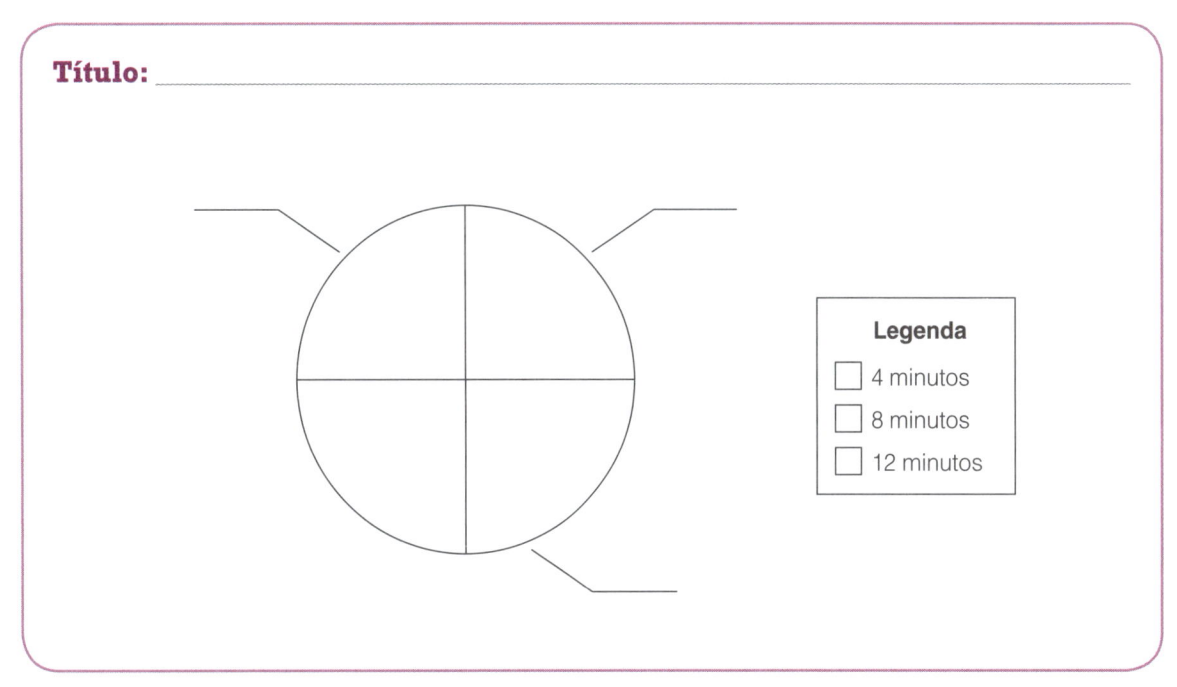

Título: _____

Legenda
☐ 4 minutos
☐ 8 minutos
☐ 12 minutos

Gráfico elaborado para fins didáticos.

b) Complete: Respectivamente, as frações que representam o número de pessoas que levam aproximadamente 4 minutos, 8 minutos e 12 minutos para tomar banho são: ——, —— e ——.

2 Quais sugestões você daria para o seu vizinho para que ele economizasse água?

_____
_____
_____

PROBABILIDADE

1 O dado do jogo que Cláudio ganhou tem a forma de pirâmide de base triangular, com 2 faces **laranja**, 1 face **roxa** e outra face **vermelha**. Cada face do dado tem a mesma chance de sair quando ele é lançado.

a) Quantas faces tem uma pirâmide de base triangular?

_____

b) Qual é o total de resultados possíveis quando esse dado é lançado?

_____

c) Indique abaixo a probabilidade de sair cada uma das cores em um lançamento do dado.

- **laranja**: ____ ou _____%

- **roxa**: ____ ou _____%

- **vermelha**: ____ ou _____%

2 Laura tem uma caixa com 24 lápis de cor idênticos e 2 deles são cinza. Marina tem uma caixa com 12 lápis idênticos aos de Laura, mas somente 1 deles é cinza.

a) Qual é o total de resultados possíveis se Laura tirar 1 lápis de sua caixa?

_____

b) Qual é o total de resultados possíveis se Marina tirar 1 lápis de sua caixa?

_____

c) Qual delas tem maior probabilidade de tirar 1 lápis cinza de sua caixa? Por quê?

_____

_____

MULTIPLICAÇÃO DE FRAÇÕES

1 Represente as situações descritas abaixo com uma adição de frações e uma multiplicação de uma fração por um número. Em seguida, determine o resultado.

a) Marco usou metade de uma lata de tinta para pintar seu quarto, dois quartos de uma lata de tinta para pintar o quarto de seus filhos e metade de uma lata de tinta para pintar o corredor da casa. Que fração da lata de tinta Marco usou ao todo?

——— + ——— + ——— = ——————— × ——— = ———

b) Larissa distribuiu os docinhos que sobraram de sua festa entre as amigas Ana, Marli, Júlia e Felícia. Sabendo que cada uma delas recebeu $\frac{1}{20}$ dos doces da festa, qual fração elas receberam ao todo?

——— + ——— + ——— + ——— = ——————— × ——— = ———

c) A professora Carla distribuiu folhas do seu bloco aos seus 2 alunos. Para cada um deles, ela deu $\frac{1}{45}$ do bloco. Qual fração representa a quantidade de folhas que os alunos receberam?

——— + ——— = ——————— × ——— = ———

2 Observe a resolução abaixo.

$$\frac{1}{13} + \frac{1}{13} + \frac{1}{13} + \frac{1}{13} = 5 \times \frac{1}{13} = \frac{5}{13}$$

a) A resolução acima está correta? Se não estiver correta, corrija-a.

b) Crie um problema que possa ser solucionado com essa resolução.

MÉDIA ARITMÉTICA

1 Dólar é o nome da moeda dos Estados Unidos e seu valor varia diariamente com relação ao valor do Real. Por exemplo, em 16/6/2016, era possível comprar 10 dólares com R$ 34,68. A tabela abaixo mostra os valores aproximados de compra do dólar para alguns dias de junho de 2016.

Valor aproximado de compra de 10 dólares

Data	13/6/2016	14/6/2016	15/6/2016	16/6/2016	17/6/2016
Valor aproximado de compra de 10 dólares	34,86	34,79	34,65	34,68	34,20

Fonte de consulta: UOL ECONOMIA. **Câmbio**. Disponível em: <http://economia.uol.com.br/cotacoes/cambio/dolar-comercial-estados-unidos/?historico>. Acesso em: 18 jun. 2016.

a) Qual é a média aritmética do valor aproximado de compra de 10 dólares de 13 a 17 de junho de 2016?

_____

b) Imagine que a média aritmética do valor de compra de 10 dólares na semana passada tenha sido R$ 47,98. É possível saber quais foram os valores de compra do dólar em cada dia da semana?

_____

2 Pesquise a temperatura máxima nos próximos 6 dias da cidade em que você vive.

a) Complete a tabela abaixo com esses dados. Não se esqueça de indicar a fonte dos dados e de preencher o título.

Temperatura máxima de _____/_____/_____ a _____/_____/_____

Data						
Temperatura máxima (em °C)						

Fonte de consulta: _____

b) Calcule a média aritmética da temperatura máxima nesse período.

_____

QUILOGRAMA, GRAMA E MILIGRAMA

- Observe a tabela abaixo.

Quantidade de cálcio em 100 g de alguns alimentos crus

Produto	Quantidade de cálcio (em mg)	Quantidade de cálcio (em g)
Milho verde	2	
Agrião	133	
Cenoura	23	
Couve-flor	18	
Abacaxi	22	
Pitanga	18	

Fonte de consulta: UNIVERSIDADE ESTADUAL DE CAMPINAS (Unicamp). **Tabela brasileira de composição de alimentos (Taco)**. 4. ed. rev. e ampl. Campinas: Unicamp/Nepa, 2011. 161 p. Disponível em: <www.unicamp.br/nepa/taco/tabela.php?ativo=tabela>. Acesso em: 22 jun. 2016.

a) Converta todos os valores para grama e complete a tabela.

b) Qual dos alimentos da tabela tem a maior quantidade de cálcio?

c) Qual dos 2 produtos tem quantidade maior de cálcio: 100 g de pitanga ou 100 g de couve-flor?

d) Quantos miligramas de cálcio há em 200 g de cenoura crua?

e) Quantos gramas de cálcio há em 200 g de milho verde cru? E em 1 kg?

UNIDADE 4 CAPÍTULO 10

PÁGINAS 242 A 245 DO LIVRO

COMPOSIÇÃO DE FIGURAS

1 Bruno está jogando um jogo eletrônico de criar figuras em malhas. Em cada fase, ele tem de criar figuras de acordo com as instruções. Faça como ele e pinte figuras de acordo com o que se pede em cada item a seguir.

a) Pintando os triângulos na malha triangulada abaixo, crie 2 quadriláteros com 2 pares de lados paralelos e perímetros diferentes.

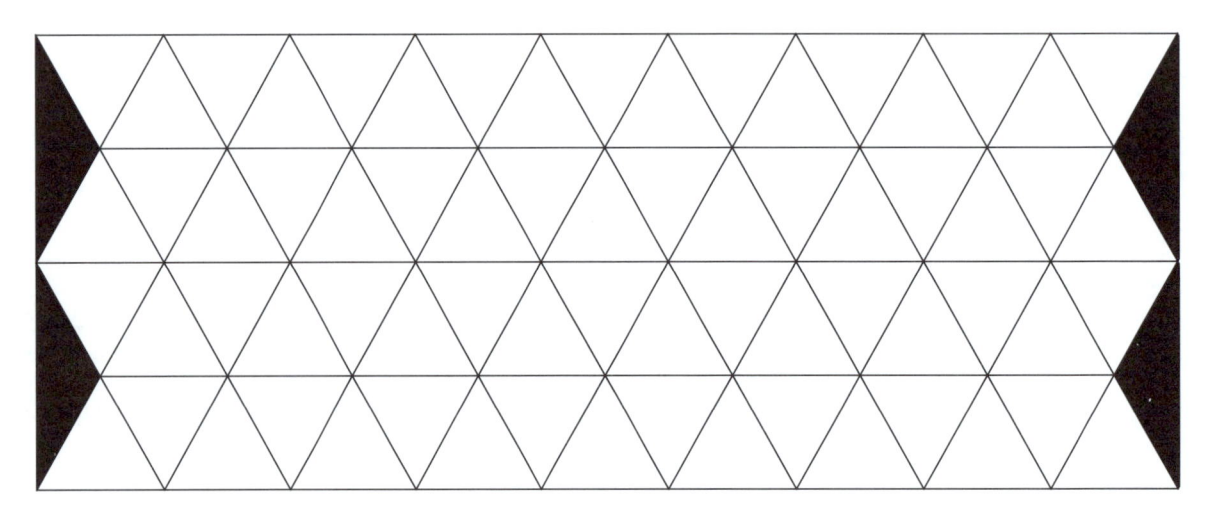

b) Pintando os triângulos na malha triangulada abaixo, crie 2 polígonos diferentes e que não sejam quadriláteros.

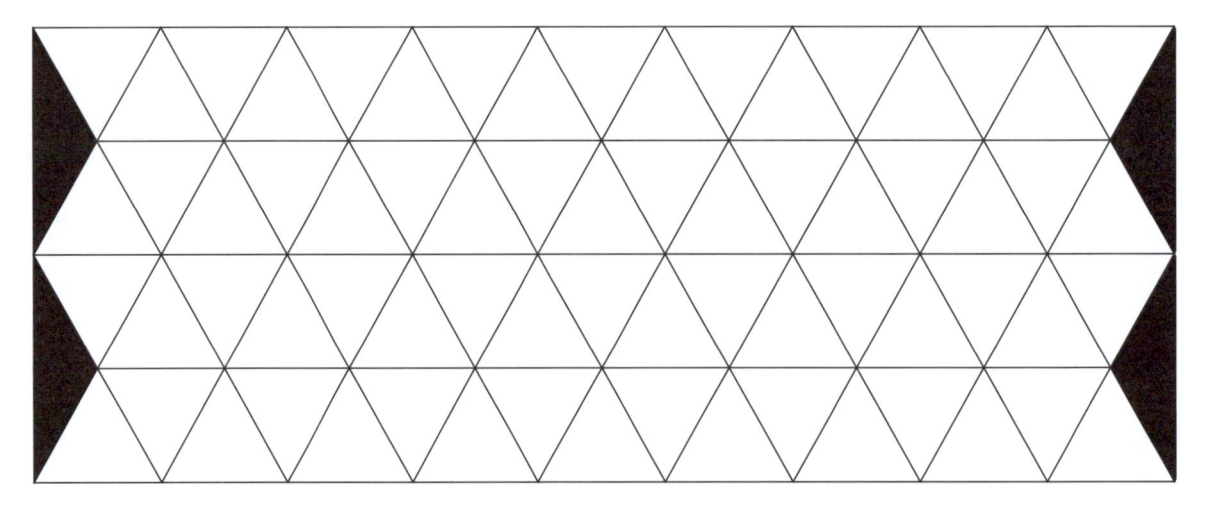

c) Qual é o nome das figuras que você pintou no item **a**? E no item **b**?

_____

2 Há algum quadrilátero que não pode ser pintado em uma malha triangulada como as malhas da atividade anterior? Qual é o nome desse(s) polígono(s)?

_____

64

GRÁFICO DE SETORES E GRÁFICO DE COLUNAS

- Veja abaixo o resultado de uma pesquisa que a professora Rosana realizou com seus 40 alunos do 5º ano.

Tipos de livros favoritos do 5º ano B

Tipo de livro	Quantidade de alunos	Porcentagem
Contos	10	
Poesia	4	
Crônicas	2	
História em quadrinhos	16	
Passatempos ou jogos	8	

Tabela elaborada para fins didáticos.

a) Calcule as porcentagens de cada tipo de livro e complete a tabela.

b) O gráfico de setores abaixo está dividido em partes iguais. Preencha-o com os dados da tabela acima. Não se esqueça de indicar o título do gráfico e as porcentagens de cada setor.

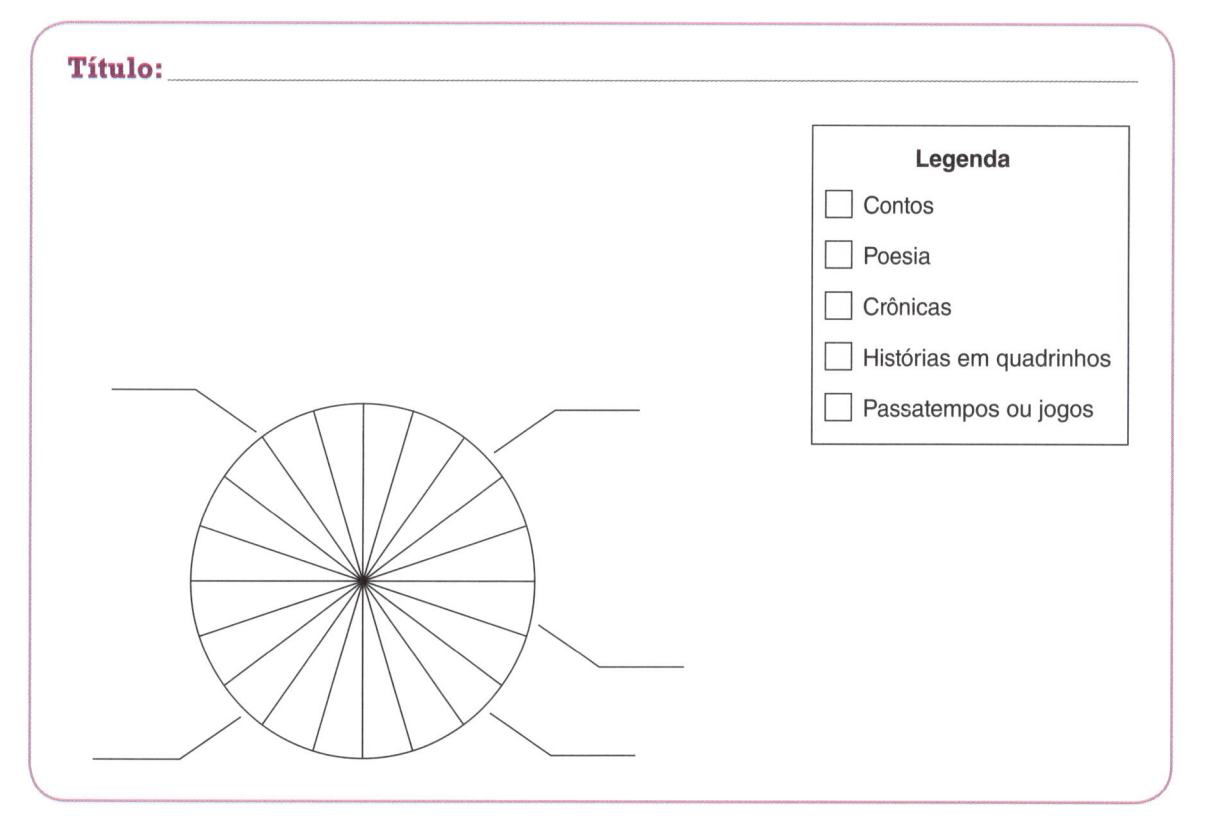

Título: _____

Legenda
- ☐ Contos
- ☐ Poesia
- ☐ Crônicas
- ☐ Histórias em quadrinhos
- ☐ Passatempos ou jogos

Gráfico elaborado para fins didáticos.

UNIDADE 4 CAPÍTULO 11

PÁGINAS 252 A 255 DO LIVRO

MEDIDAS DE TEMPO

1 Os amigos Mauro, Roberto e Alexandre nasceram, respectivamente, em maio de 2002, 2006 e 2004.

a) Quem é o mais velho? E o mais novo?

_____

b) Qual é a diferença de idade entre o mais velho e o mais novo?

_____

c) Quantos anos Mauro vai completar em maio de 2040?

_____

d) Qual é a diferença de idade entre Roberto e Alexandre?

_____

e) Quantos anos Roberto terá em agosto do ano da próxima Copa do Mundo de Futebol?

_____

2 Complete: Sem contar com a Copa do Mundo de Futebol de 2018, as últimas edições dessa competição aconteceram, de 4 em 4 anos, em 2014, 2010, 2006, _____, _____, _____, _____, _____ e _____.

3 Observe a linha do tempo abaixo.

1982

a) Indique, na linha do tempo, os anos que você escreveu na atividade **2**.

b) Nessa linha do tempo, cada tracinho indica quanto tempo?

_____
_____

UNIDADE 4 CAPÍTULO 11

PÁGINAS 256 A 257 DO LIVRO

TRIÂNGULOS

1 Use a régua para medir os lados de cada triângulo e escreva as medidas encontradas.

a) _____

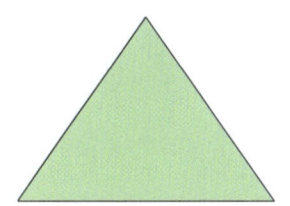

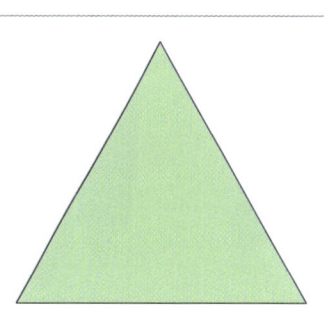

b) _____

c) _____

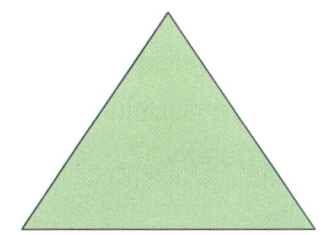

d) _____

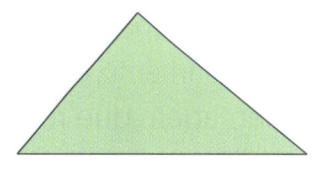

2 Classifique os triângulos da atividade anterior em: escaleno, isósceles e equilátero.

a) _____

b) _____

c) _____

d) _____

3 O desenho abaixo é composto de triângulos. Meça os lados dos triângulos e calcule o perímetro de cada um deles. Em seguida, classifique-os em: escaleno, isósceles e equilátero.

a) Triângulo **vermelho**:

_____

b) Triângulo **verde**:

_____

c) Triângulo **roxo**:

_____

UNIDADE 4 — CAPÍTULO 12

PÁGINAS 268 A 271 DO LIVRO

RETOMANDO PORCENTAGENS

1 Resolva os problemas abaixo, lembrando que 100% representa o inteiro ou toda a quantidade tomada como referência na situação.

a) O computador de Vinícius já baixou 37% de um arquivo. Qual é a porcentagem restante para baixar o arquivo?

_____

b) Flávia guardou suas fotos e vídeos digitais em um dispositivo eletrônico. As fotos ocuparam 21% e os vídeos ocuparam 62% da capacidade de armazenamento do dispositivo. O restante do espaço está livre. Qual é a porcentagem que representa o espaço livre no dispositivo?

_____

2 Ricardo tem uma coleção de jogos eletrônicos e os classificou entre: estratégia, ação, aventura e corrida. Veja abaixo a descrição que ele fez de sua coleção.

- Metade dos jogos é de estratégia.
- 26% dos jogos são de aventura.
- 3% dos jogos são de ação.
- O restante dos jogos é de corrida.

Complete a tabela a seguir, de acordo com a descrição de Ricardo.

Classificação da coleção de jogos eletrônicos de Ricardo

Tipo de jogo	Estratégia	Ação	Aventura	Corrida
Porcentagem de jogos				

Tabela elaborada para fins didáticos.

UNIDADE 4 CAPÍTULO 12

PÁGINAS 272 A 275 DO LIVRO

FIGURAS GEOMÉTRICAS

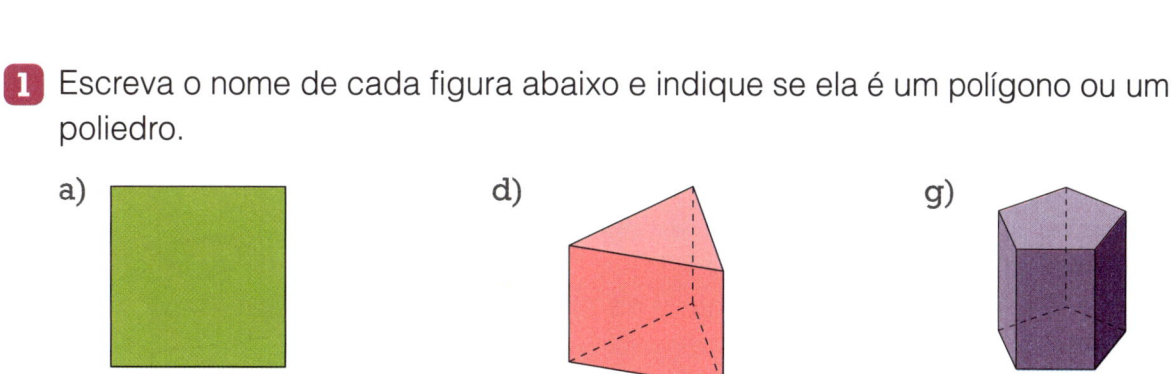

1 Escreva o nome de cada figura abaixo e indique se ela é um polígono ou um poliedro.

a) _____

b) _____

c) _____

d) _____

e) _____

f) _____

g) _____

h) _____

i) _____

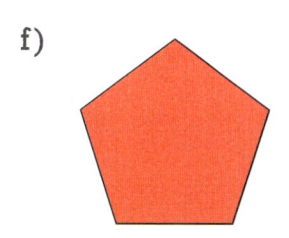

2 Complete a frase abaixo com os termos: **planas** ou **arredondados**.

Todas as faces de um poliedro são _____. Os sólidos geométricos que são _____ são chamados de corpos redondos.

3 Explique a diferença entre um círculo e uma circunferência.

_____
_____

69

MEDIDAS DE VOLUME

1 Rodolfo montou o objeto abaixo com cubinhos de 1 cm de lado.

a) O objeto que Rodolfo montou tem a forma de qual sólido geométrico?

_____

b) Indique a quantidade de cubinhos que Rodolfo usou na largura, no comprimento e na altura desse objeto.

Largura: _____

Comprimento: _____

Altura: _____

c) Calcule a quantidade de cubinhos que Rodolfo usou para montar o objeto usando uma multiplicação.

_____ × _____ × _____ = _____

d) Qual é o volume desse objeto?

_____

e) Imagine que Rodolfo vai montar um paralelepípedo com 6 cubos iguais a esse. Quantos cubinhos ele usará ao todo?

_____

2 Escolha, entre cm³ e m³, a unidade de medida mais adequada para medir os volumes dos objetos descritos abaixo.

a) O volume da carga de um caminhão. _____

b) O volume deste livro. _____

3 Uma caixa mede 30 cm de comprimento, 20 cm de largura e 10 cm de altura. Calcule o volume dessa caixa, completando a multiplicação e a frase abaixo.

_____ × _____ × _____ = _____

Então, o volume dessa caixa é _____ cm³.

UNIDADE 4 CAPÍTULO 12

PÁGINAS 282 E 283 DO LIVRO

MAIS GRÁFICOS

1 Veja na tabela abaixo a quantidade de horas que Catarina e Luís passaram brincando com jogos eletrônicos nas últimas 3 semanas.

Quantidade de horas que Catarina e Luís brincaram com jogos eletrônicos

Jogador / Semana	1ª semana	2ª semana	3ª semana
Catarina	8,5	8	5,5
Luís	9,0	6,5	5,5

Tabela elaborada para fins didáticos.

a) Represente os dados dessa tabela no gráfico de colunas abaixo. Desenhe as colunas e escreva a quantidade que cada uma delas representa. Escreva também o título do gráfico.

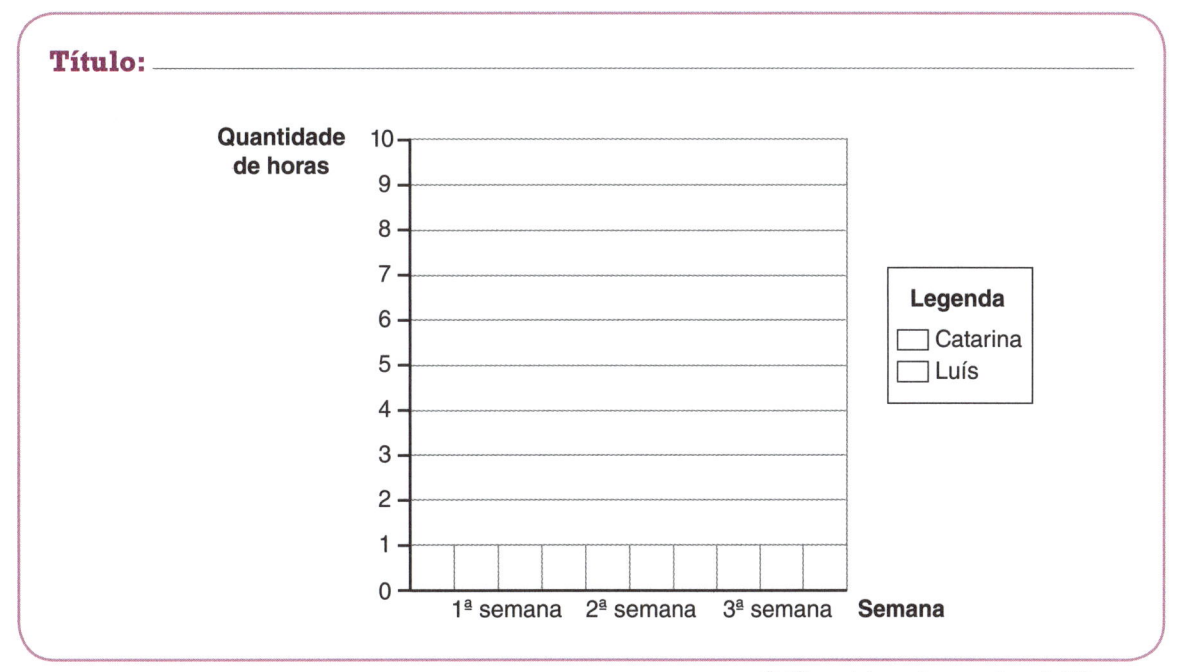

Título: _____

Quantidade de horas (eixo y: 0 a 10)
Semana (eixo x: 1ª semana, 2ª semana, 3ª semana)

Legenda
☐ Catarina
☐ Luís

Gráfico elaborado para fins didáticos.

b) Indique quem passou mais horas brincando em cada semana.

1ª semana: _____   2ª semana: _____   3ª semana: _____

c) Calcule a média de horas que Luís passou brincando com jogos eletrônicos nessas 3 semanas.

_____

_____

71

2 Hugo começou a ler um livro de 200 páginas no domingo. O gráfico abaixo mostra a quantidade de páginas que ele leu nos primeiros 7 dias.

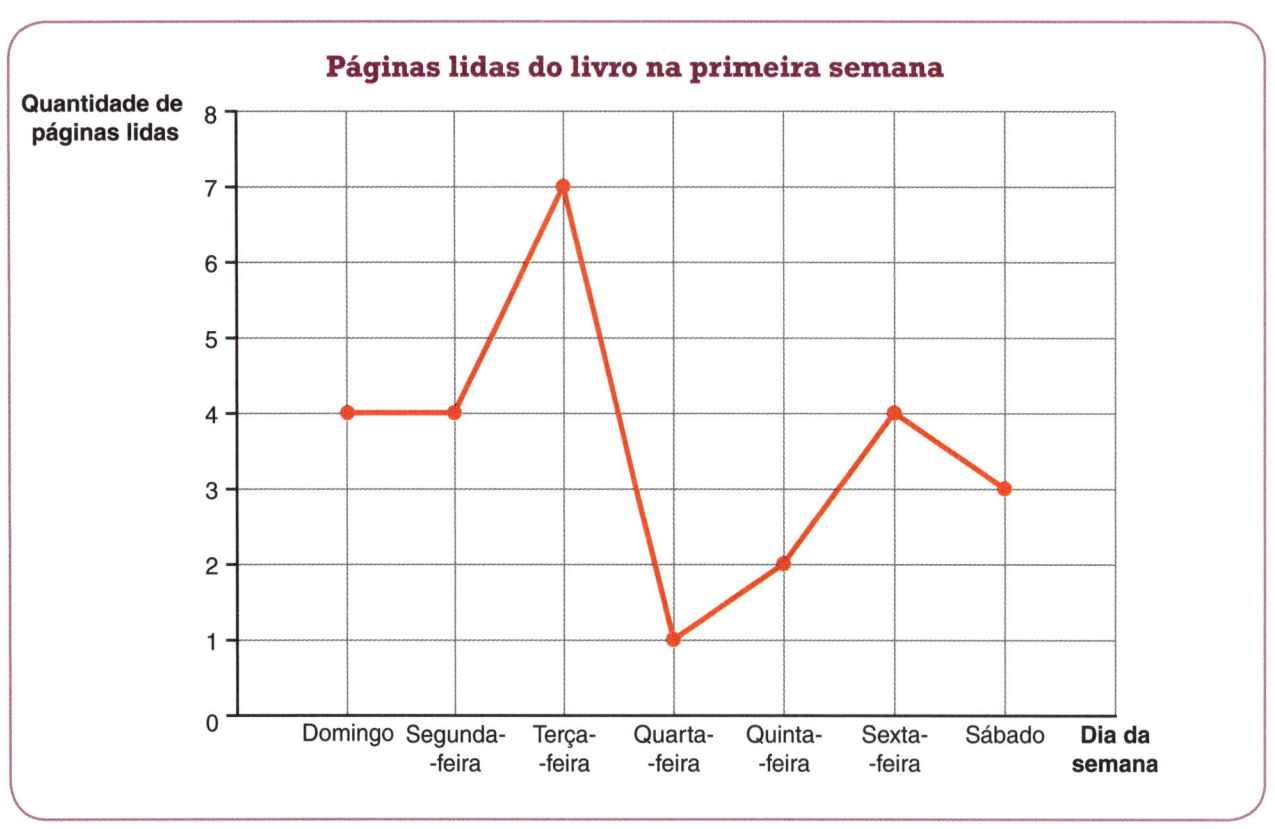

Páginas lidas do livro na primeira semana

Quantidade de páginas lidas / Dia da semana

- Domingo: 4
- Segunda-feira: 4
- Terça-feira: 7
- Quarta-feira: 1
- Quinta-feira: 2
- Sexta-feira: 4
- Sábado: 3

Gráfico elaborado para fins didáticos.

a) Qual é o nome desse tipo de gráfico?
_____

b) Em qual dia Hugo leu mais páginas? E em qual dia ele leu menos páginas?
_____

c) Quantas páginas Hugo leu na primeira semana?
_____

d) Se Hugo continuar lendo essa mesma quantidade de páginas por semana, então em quantas semanas ele completará a leitura desse livro?
_____

PÁGINAS 36 E 37 DO LIVRO

CARTAS NUMERADAS DO JOGO O MAIOR LEVA

0	0	5	5
1	1	6	6
2	2	7	7
3	3	8	8
4	4	9	9

PÁGINAS 100 E 101 DO LIVRO

TABULEIRO DO JOGO AVANÇANDO COM O RESTO

PÁGINAS 100 E 101 DO LIVRO

DADO DO JOGO AVANÇANDO COM O RESTO

3
5 1 2
4
6

_____ DOBRE

▱ COLE

MOEDAS DO REAL

PÁGINA 145 DO LIVRO

7

Fotos: Casa da Moeda do Brasil/Ministério da Fazenda

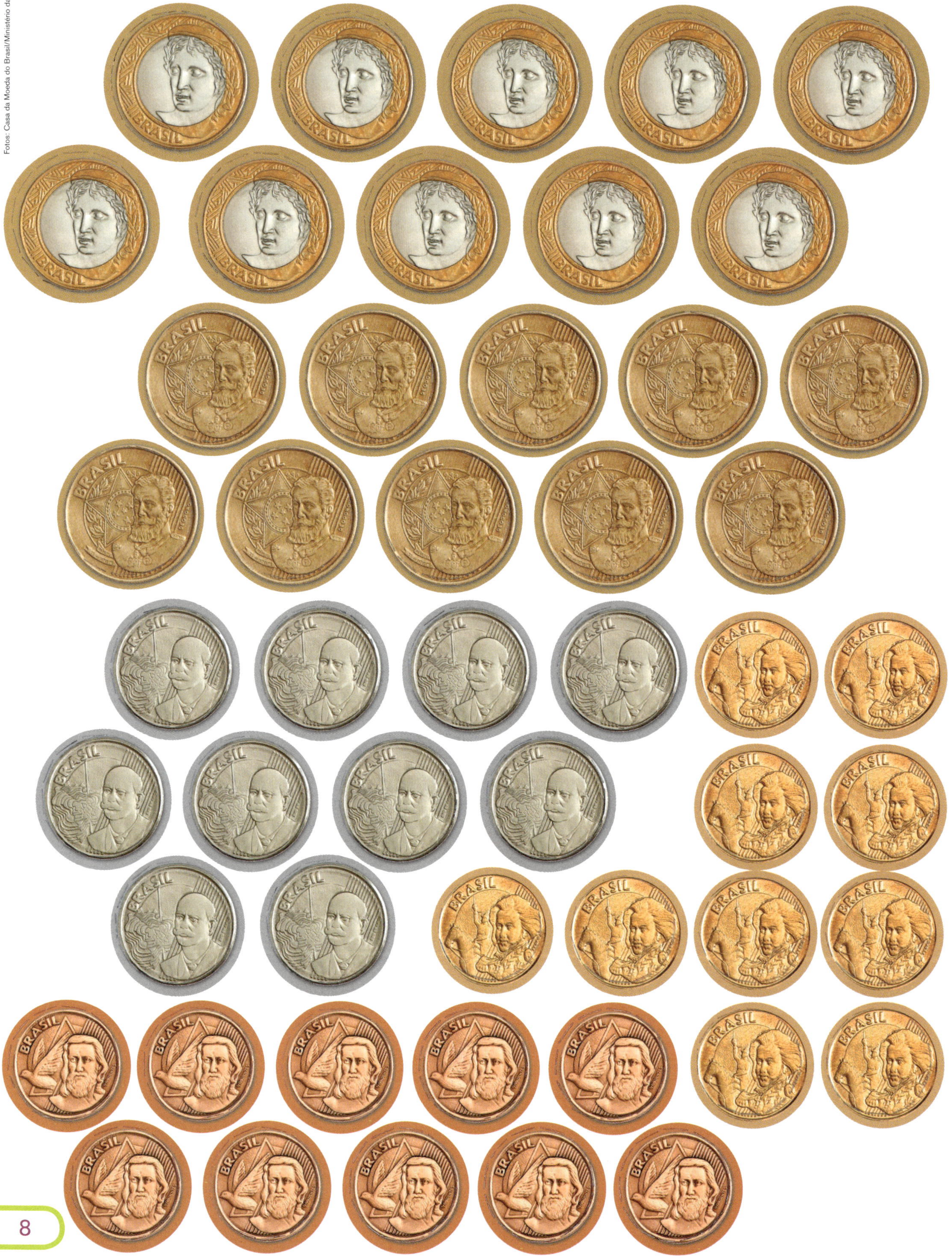

CÉDULAS DO REAL

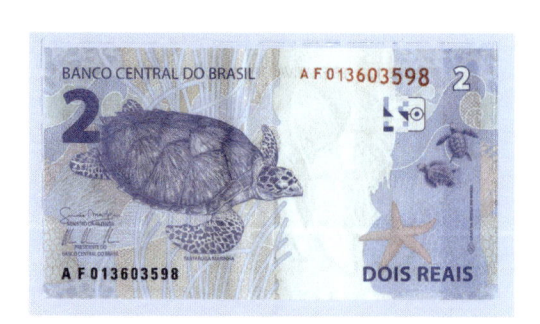

Fotos: Casa da Moeda do Brasil/Ministério da Fazenda

CÉDULAS DO REAL

Fotos: Casa da Moeda do Brasil/Ministério da Fazenda

12

CÉDULAS DO REAL

Fotos: Casa da Moeda do Brasil/Ministério da Fazenda

14

CÉDULAS DO REAL

PÁGINA 145 DO LIVRO

16

QUADRADINHOS

PÁGINAS 250 E 251 DO LIVRO

TANGRAM

TRIÂNGULOS

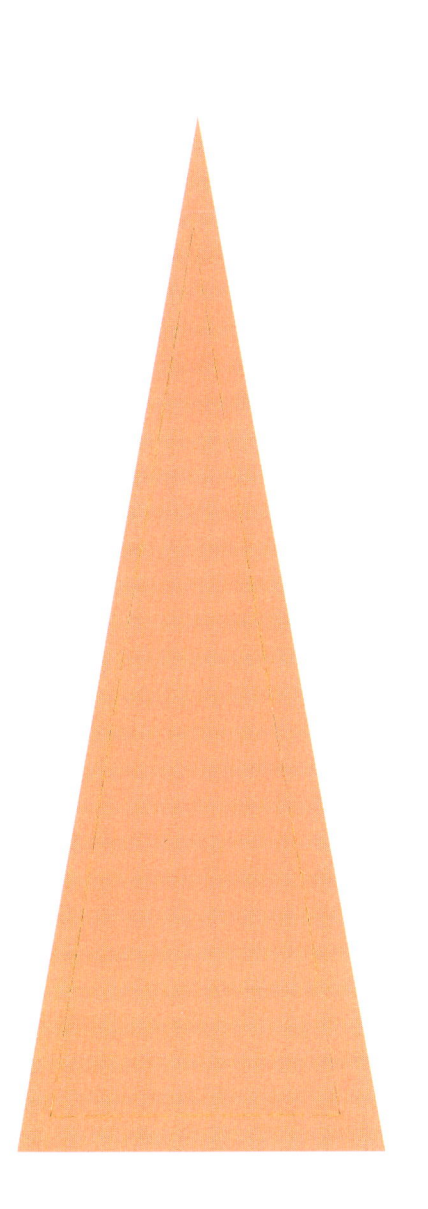

MALHA QUADRICULADA